Ina G. Sommermeier · Pferdeschule – Menschenbildung

Nova Hippologica

Begründet von
Dr. Reiner Klimke
und
Wolf Kröber

Herausgegeben von
Dr. Dr. Johannes E. Flade
und
Richard Hinrichs

2000
Olms Presse
Hildesheim · Zürich · New York

Ina G. Sommermeier

Pferdeschule – Menschenbildung

Wege zur Harmonie
zwischen
Mensch und Pferd

2000
Olms Presse
Hildesheim · Zürich · New York

Das Werk ist urheberrechtlich geschützt. Jede Verwendung
außerhalb der engen Grenzen des Urheberrechtsgesetzes
ist ohne Zustimmung des Verlages unzulässig und strafbar.
Das gilt insbesondere für Vervielfältigungen, Übersetzungen,
Mikroverfilmungen und die Einspeicherung
und Verarbeitung in elektronischen Systemen.

Die Deutsche Bibliothek – CIP-Einheitsaufnahme

Sommermeier, Ina G. :
Pferdeschule – Menschenbildung : Wege zur
Harmonie zwischen Mensch und Pferd./
Ina G. Sommermeier.-
Hildesheim; Zürich; New York :
Olms Presse, 2000 (Nova Hippologica)
ISBN 3-487-08418-X

∞ ISO 9706
© Georg Olms AG, Hildesheim 2000
Alle Rechte vorbehalten
Printed in Hungary
Gedruckt auf säurefreiem und alterungsbeständigem Papier
Umschlagentwurf: Prof. Paul König, D-31137 Hildesheim
ISBN 3-487-08418-X
ISSN 0948-5708

Inhalt

Einleitung 7

Der „Kluge Hans" 11

KAPITEL 1 – Takt 13
       Der Schritt 24
       Der Trab 32
       Der Galopp 35

KAPITEL 2 – Losgelassenheit 59

KAPITEL 3 – Anlehnung 101

KAPITEL 4 – Schwung 143

KAPITEL 5 – Geraderichten 179

KAPITEL 6 – Versammlung 213

Nachwort 245

Dank 261

Literaturverzeichnis 263

Bildnachweis 268

*Hamasa Massouda (Maysoun-Nafteta), asil-ägyptische Vollblutaraberstute.
Foto: Reinhard, 1999*

Einleitung

Für die Grundausbildung von Pferden steht seit Jahrhunderten eine Reihe bestimmter Übungs-Schwerpunkte zur Verfügung, die in der Mitte des zwanzigsten Jahrhunderts zu der sogenannten „Ausbildungsskala" zusammengefaßt wurden. Diese wurde im Laufe der Zeit wiederholt differenziert und schließlich von Kurd Albrecht von Ziegner in überzeugender Weise erweitert und als „Trainingsbaum" neu herausgegeben. Sechs Ausbildungselemente bilden die Basis für den gesunden Bewegungsablauf eines Pferdes, das damit die Fähigkeiten entwickelt, seinen Reiter zu tragen, ohne dabei Schaden zu nehmen. Diese Ausbildungselemente heißen: „Takt" – „Losgelassenheit" – „Anlehnung" – „Schwung" – „Geraderichten" und „Versammlung". Diese Begriffe sind allerdings inzwischen so verdichtet, daß sie oft nicht mehr ohne weiteres verstanden werden und einer detaillierten Erklärung bedürfen. Ich folge in meiner Darstellung dieser Ausbildungsskala und benutze auch ihre Begriffe, setze sie aber in diesem erweiterten Sinne ein.

Takt ist das erste Element. In der Ausbildung junger Pferde wird angestrebt, die Reinheit der Gänge zu entwickeln, das heißt, dem Pferd beizubringen, seine Füße räumlich und zeitlich gleichmäßig zu setzen, so daß Schritt, Trab und Galopp als solche an der Fußfolge zu erkennen sind und gleichzeitig der Rhythmus entwickelt wird.

Als Nächstes muß das Pferd lernen, sich in der Bewegung und unter dem Gewicht des Reiters auszubalancieren, so daß es aus der *Losgelassenheit* Gleichgewicht und Zufriedenheit entwickelt. Das dritte Thema ist die *Anlehnung*, das heißt, das Pferd lernt die Zügel kennen, sich vertrauensvoll auf den Reiter einzulassen und eine stete Verbindung zu seiner Führung aufzunehmen und beizubehalten. Es beginnt, sich selbst zu tragen, und wird in der folgenden Entwicklung eine Körperhaltung lernen, aus der es auch den Reiter immer sicherer und kraftvoller trägt. Je selbstverständlicher diese Haltung wird, desto feiner und wirkungsvoller wird die Anlehnung, so daß sie schließlich zur

Begegnung und Beziehung zwischen Pferd und Reiter heranwächst.

Spätestens an dieser Stelle wird klar, daß auch der Reiter seinen Part zu lernen hat und wie hoch die Anforderungen an ihn, mindestens an seine körperliche Schulung sind, damit das bedingungslose Vertrauen des Tieres nicht bitter enttäuscht wird. Schließlich geht es noch um den *Schwung*, der mit den drei genannten Elementen (Takt, Losgelassenheit und Anlehnung) eine untrennbare Einheit bildet. Schwung bedeutet, daß die Bewegungen des Pferdes dynamischer werden und kraftvoller, so daß das Pferd nun energisch vorwärtsgeht. Gleichzeitig sind diese vier Ausbildungselemente das Arbeitspensum des ersten Jahres in der Pferdeschule. Im zweiten Jahr wird dann – während die Grundlagen weiter geübt und verfeinert werden – das nächste Ausbildungselement, das *Geraderichten*, erarbeitet, das dem Pferd eine erhebliche Geschmeidigkeit abverlangt. Es wird nun gezielt so geritten, daß sich seine angeborene Schiefe ausgleichen kann. Das eigene Gewicht und das des Reiters werden gleichmäßig auf seine rechte und linke Seite verteilt. Und gleichzeitig beginnt die Arbeit an der *Versammlung*. Hier werden die Hinterbeine des Pferdes geübt, mit jedem Schritt, Tritt oder Sprung stärker unter den Schwerpunkt, also weiter nach vorne zu treten, die Tragkraft des Rückens wird entwickelt. Dabei richtet sich das Pferd mit seinem vorderen Bereich etwas auf, der Hals wölbt sich, der Kopf wird getragen – und das Pferd vermittelt mit seiner Haltung einen „erhabenen Eindruck", eine Haltung, die ausdrucksvoll und kraftvoll – ohne sichtbare Anstrengung – die Grundlage für Höchstleistungen darstellt. Allerdings müssen wir das Wort „Grundlage" betonen, denn mit der Versammlung, wie sie im Rahmen der Grundausbildung erarbeitet werden kann, sind lediglich Voraussetzungen geschaffen, ist sozusagen „die Lehre" beendet.

Leider gilt auch für Pferde-Lehrlinge, daß sie nicht einfach eine Schule für die Grundlagenausbildung absolviert und dann das Erlernte ein für alle Mal als Fähigkeit verankert haben! Zum Beispiel wird der Takt des Pferdes immer wieder für Störungen anfällig sein, immer dann, wenn Verspannungen auftreten. Dabei wird auch die Losgelassenheit und das Vertrauen jedes Mal wieder in gleichem Maße gefährdet. Wenn sich das Pferd verspannt, fängt es an zu trippeln oder seine Füße ungenau zu setzen. Verspannungen führen aber auch dazu, daß das Pferd den Rücken wegzudrücken versucht, sich gegen das Gebiß – und die Hand des Reiters – stemmt, ebenso wie eine gefühllose Reiterhand das Vertrauen, die Losgelassenheit und die Reinheit der Gänge immer wieder aufs neue verunsichert. Das Gleiche gilt für den Schwung, ebenso wie für das Geraderichten und die Versammlung. Die einzelnen Ausbildungselemente bauen aufeinander auf, durchdringen und ergänzen einander, so daß sie in der täglichen Arbeit als Einzelelement nicht mehr ohne weiteres in Erscheinung treten. Dennoch müssen sie in jeder Arbeitseinheit immer wieder bewußt einzeln angelegt, erweitert und geübt werden. Das Nacheinander dieser Elemente ist für die Ausbildung der Pferde unerläßlich und dient ihrer Gesundheit. Denn von Natur aus und nach ihrer Anatomie sind sie zunächst nicht darauf eingerichtet, ein Reitergewicht zu tragen. Erst in der eben beschriebenen Ausbildung werden in systematischer Gymnastizierung ihre körperlichen Möglichkeiten entfaltet.

Soviel zur Ausbildung der Pferde, doch welche Ausbildungsskala durchlaufen die Reiter? Welche Lernschritte sind ihnen zuzumuten? Durch welche Ausbildung festigen sie ihren Führungsanspruch und rechtfertigen das Vertrauen, das die Pferde in sie setzen? Für den einzelnen Reiter entsteht hier eine Herausforderung, die noch weit über das hinausgeht, was wir von den Pferden verlangen. Zunächst ergibt sich auch für den Reiter die Frage nach seinen körperlichen Voraussetzungen und seinem körperlichen Training. Während er sich bemüht, die Seele seines Pferdes und dessen soziale Strukturen kennenzulernen, muß er sich gleichzeitig selbst auch alle die Fragen stellen, die sein eigenes Wesen berühren, seine eigene Haltung, seine Ängste, sein Vertrauen und seine Lebensbasis. Was bedeutet „Schwung" für uns, welche Form von Energie klingt dabei in unserem Organismus an, was bremst diesen Schwung, und wo können wir aus alten Quellen schöpfen und neue Ressourcen finden? Und im zweiten Ausbildungsjahr, wenn es um die Entwicklung der Tragkraft, um Geraderichten und Versammlung geht, tauchen diese Fragen auf neuer Ebene und mit neuem Anspruch wieder auf. Was ist „Geraderichten" für uns, was heißt es, unser „Maß" und unsere „Mitte" zu finden? Und schließlich sollten wir in der „Versammlung", wie es bei den Pferden auch der Fall ist, das Handwerkszeug zusammen haben, um unsere volle menschliche Kompetenz entfalten zu können.

Damit ist das Anliegen dieses Buches beschrieben: Die Ausbildung des Pferdes immer auch als Herausforderung an die Persönlichkeit des Reiters zu erleben. Lassen Sie uns also die einzelnen Ausbildungsinhalte nacheinander erlernen und sie gleichzeitig in ihrer Reichweite und Auswirkung auf unser eigenes Wesen erspüren und überprüfen. Lassen Sie uns auf diesem Weg im ganzheitlichen Erfahrungslernen zu Reiterinnen und Reitern werden, die ihre eigenen, besonderen Fähigkeiten entdecken und weiter zur Entfaltung bringen. Und lassen Sie uns den Spielraum unserer menschlichen Möglichkeiten entwickeln, um aus ihm Sicherheit und Kraft und Vertrauen zu schöpfen – im Sinne einer umfassenden Gesundheit. Ich lade Sie ein, mit mir diesen Ausbildungsgang zu erleben und dann so zu reiten, daß Mensch und Pferd im Einklang sind und in diesem Einklang tiefe Zu-Frieden-heit finden – in einem ständig weiterführenden Lernprozeß und in einer Schule, in der die Lernenden lehren und die Lehrenden lernen. So verstanden sei Reiten Herausforderung, Entspannung und ein Quell reiner Freude.

Der „Kluge Hans"

Diese Geschichte ereignete sich um 1900 in Berlin und handelt von einem Pferd, das (scheinbar) rechnen konnte. Natürlich fiel es auch damals schwer, zu glauben, daß ein Pferd rechnen könne, und so wurden viele Versuche angestellt, um herauszubekommen, ob der Besitzer ihm nicht vielleicht doch irgendein heimliches Zeichen gäbe. Die Menschen der damaligen Zeit waren brennend an allen psychologischen Fragen interessiert, Sigmund Freud hatte gerade seine Untersuchungen zur Psychologie und zur Psychoanalyse des Menschen veröffentlicht, Carl Gustav Jung seine Forschungsergebnisse über das Unterbewußte. Ein Pferd, das rechnen konnte, war also etwas für die Wissenschaftler. Sollten Pferde eine Seele haben? So kursierten bald viele Geschichten und Veröffentlichungen über den „Klugen Hans". Ich halte mich hier an die Version, wie sie Stefan von Máday (1912) beschrieben hat.

„Hans" hieß das Pferd und war ein russischer Traberhengst. Er gehörte einem pensionierten Mathematiklehrer, der beschlossen hatte, seinem Pferd das Rechnen beizubringen. Nach vier Jahren intensiver Beschäftigung kannte das Pferd die vier Grundrechenarten, kannte die Worte für Farben, konnte sogar die Uhr lesen und beherrschte das ganze Alphabet. Die Aufgaben löste es durch Kopfnicken, durch Auswählen von Gegenständen, hauptsächlich aber durch Scharren oder Treten mit dem Vorderfuß. Den Buchstaben des Alphabets war jeweils eine Zahl zugeordnet worden, so daß das Pferd auch hier durch eine Zahl, beziehungsweise durch entsprechend häufiges Scharren, den gefragten Buchstaben bezeichnen konnte. Stellte man ihm also eine Aufgabe, zum Beispiel „sieben mal zwölf", dann trat das (geduldige!) Tier vierundachtzig mal mit dem Vorderhuf auf den Boden. Es wurden verschiedene Versuchsanordnungen getroffen. Hans rechnete und rechnete, zählte, zeigte auf farbige Tücher oder trat unermüdlich mit dem Vorderhuf die richtigen Zahlen, die richtigen Antworten. Es gab nur drei Ausnahmesituationen, in denen er sich verrechnete: Wenn derjenige, der die Aufgabe stellte, die Antwort selbst nicht wußte, wenn er sich ein falsches Ergebnis im Kopf vorstellte oder wenn Hans den Fragesteller nicht sehen konnte. Sonst fand der Hengst immer die richtige Antwort, egal, in welchem Tonfall die Frage gestellt wurde, egal, von wem, und egal auch, in welcher Sprache sie formuliert wurde.

Dann wurde eines Tages beobachtet, daß ein Fragesteller das Scharren des Hengstes mit einem winzigen Kopfnicken begleitete. Nun wurden schleunigst physiologische Meßapparate und photographische Aufnahmetechniken herangezogen, und man konnte schließlich nachweisen, daß *jeder* Mensch *minimale* Kopfbewegungen ausführt, wenn er in Gedanken eine Zahlenreihe mitzählt. Auch die Haltung des Oberkörpers spielt dabei eine Rolle. Sie ändert sich in dem Augenblick, in dem die Erwartung erfüllt ist: Hat der Beobachter sich eben noch ganz leicht vorgeneigt, dann streckt er sich jetzt fast unmerklich in die Höhe. Diese Bewegungen sind tatsächlich kaum wahrnehmbar. Das Ausmaß der Kopfbewegungen des Pferdebesitzers betrug gerade einmal den fünften Teil eines Millimeters! Winzige Körper- oder auch nur Augenbewegungen konnte der Hengst wahrnehmen. Er löste die Aufgaben nicht, indem er rechnete, sondern indem er den Fragesteller genau beobachtete, und las dann an dessen Reaktionen ab, wann die Erwartung erfüllt war und er mit dem Treten aufhören mußte. Damals wurde ein Geheimnis der Pferde entdeckt, nämlich daß sie allerfeinste Wahrnehmungen haben, solche, die wir Menschen vielleicht schon als „Gedankenlesen" bezeichnen würden.

KAPITEL 1
Takt

> *Wer reitet um sich fortzubewegen, wer reitet um sich körperliche Bewegung zu machen, wer reitet um einen Sport zu treiben und es könnte auch ein anderer sein, weiß nichts von der Gewalt der Gänge, weiß nichts von der Magie, weiß nichts von ihrem Geheimnis. ... Du aber lausche, Geliebte. Erlebe Bewegung. Unter dir regt sich ein lebendiger Leib.*
>
> Rudolf G. Binding

Erinnern Sie sich noch an Ihre Vorstellungen, als Sie zum ersten Mal über das Reiten nachdachten und sich die Frage stellten, ob das für Sie eine geeignete Betätigung sein könnte? – Und wie sind jetzt Ihre Vorstellungen, Ideen und Ziele, wenn Sie davon träumen, es doch endlich einmal mit dem Reiten zu versuchen? Träume von weichem Waldboden, auf dem die Hufe sanft widerhallen, von grünem Laub und Himmel über Ihnen, von Wind auf Ihrem Gesicht und wehenden Haaren? Oder sind es Bilder und Gefühle von der Freiheit der Menschenseele, Visionen vom schnellen Ritt über unendliche Weiten, hinein in die Farben von Sonne und Wolken? Oder am Flutsaum des Meeres, entlang der sich brechenden Wellen, im schimmernden Mondlicht? Welches sind Ihre Bilder, Ihre Träume und Wünsche, wenn Sie sich „Reiten" vorstellen? Und stimmen Ihre Vorstellungen überein mit der Realität eines üblichen Reitunterrichts? Müssen sich Reiter beim Reitenlernen nicht unerbittlich in staubigen Reithallen auf endlosen Zirkeln und Geraden bewegen und auf die Kommandos eines Reitlehrers hin jeweils in die nächsthöhere oder langsamere Gangart wechseln?

Die Kontraste zwischen den inneren Bildern und den äußeren Gegebenheiten erscheinen in der Tat häufig unvereinbar und halten heute viele Menschen davon ab, sich einer soliden Grundausbildung zu unterziehen. Es schreckt sie die Vorstellung von Dressur und Abrichten. Das klingt nach Uniformierung, nach mechanischer Ausführung von Anweisungen und Befehlen – das kann doch für die Pferde nicht gut sein! Und wir selbst stecken in unserem Alltag, in unserer beruflichen Tätigkeit häufig in so vielen Zwangsjacken, sind so vielen Anordnungen unterworfen, daß wir davon in unserer Freizeit nicht noch weitere wollen! Nein, für unsere Freizeit wünschen wir uns am ehesten Mustangs, wilde Pferde, die nie einen Menschen gesehen haben und mit denen wir uns in einer eigenen Sprache verständigen können, so daß sie uns schließlich gestatten, uns auf ihren Rücken zu schwingen, um dann in eine gemeinsame Freiheit zu galoppieren. Ist es nicht so?

Eine solche Vision hat der amerikanische Pferdeausbilder Monty Roberts verwirklicht und in seinem Buch „Shy Boy" hinreißend beschrieben. Allerdings erzählt er auch etwas von seinem kaputten Rücken, und wer sein erstes Buch aufmerksam liest, bekommt eine Ahnung davon, wie früh Monty Roberts reiten gelernt hat und mit wie viel Hunderten von Pferden er gearbeitet hat. Auch die Pferdesprache ist ihm nicht im Traum eingefallen, sozusagen als Eingebung, sondern aus konsequenter und sorgfältiger Beobachtung heraus Wort für Wort durchbuchstabierend gelernt worden.

Ja, Reitenlernen ist kein Kinderspiel, wir haben viel an uns zu arbeiten; aber uns beflügelt die Aussicht, daß wir zu der ursprünglich ersehnten inneren und äußeren Freiheit gelangen; und auf dem Weg dorthin werden wir immer sensibler und können Schritt für Schritt spüren, wie wir dieser Freiheit näherkommen.

Lassen Sie sich auf diesen intensiven Lernprozeß ein und beginnen Sie damit, daß Sie, wann immer Sie können, Pferde beobachten – sei es auf Wiesen, in Ställen oder in der Reitbahn. Schauen Sie einem Reiter zu, der mit seinem Pferd arbeitet. Versuchen Sie, die besonderen Eigenheiten einzelner Pferde herauszubekommen. Wie verhalten sich Fohlen, wie Jährlinge, wie im Unterschied dazu Remonten (Pferde in der Ausbildung) und wie erwachsene Pferde? Was fällt Ihnen an Stuten auf, was an Wallachen (kastrierten männlichen Pferden), was an Hengsten? Wie kommunizieren Pferde untereinander? Wie bewegen sie sich? Welche typischen Verhaltensweisen zeigen sie? Lesen Sie Bücher, die Ihnen zur Verhaltensforschung in die Hände fallen. Da wir bedauerlicherweise heute kaum noch Gelegenheit haben, Pferde in freier Wildbahn zu beobachten, sind wir auf dieses Lesen angewiesen. Aber wenn Sie sich die Mühe machen, das Gelesene an konkreten Pferdebegegnungen zu überprüfen, dann bilden Sie auch auf diese Art und Weise Ihren „Pferdeverstand" aus.

Je mehr Sie über das „Wesen Pferd" erfahren, desto besser verstehen Sie Ihr Pferd und lernen, mit ihm umzugehen. So ist es zum Beispiel eine wesentliche Hilfe, wenn Sie wissen, daß das Pferd seiner Herkunft nach ein Fluchttier ist, das sich seinen Angreifern in der Wildnis durch Flucht entzieht. Oder es wird Ihnen klar, welche Schwierigkeiten ein Pferd aufgrund seines Körperbaus mit seinem Reiter hat. So werden Sie mit wachsender Kenntnis immer mehr Verständnis gewinnen und allmählich sogar auch die Pferde-Sprache zu sprechen lernen.

Zum Reiten nun steht dem Pferd und dem Menschen – jeweils bezogen auf deren ganz spezielle Aufgabe in der bevorstehenden Zusammenarbeit – eine vergleichbare und in vieler Hinsicht sogar erstaunlich ähnliche Ausbildung bevor. Für die Pferde wurde dazu schon vor langer Zeit die sogenannte „Skala der Ausbildung" erstellt. François Robichon de la Guérinière hatte bereits 1733 geschrieben: „Das Ziel ... besteht allein darin, das Pferd losgelassen, locker, biegsam, willig und gehorsam zu machen und die Hinterhand zu senken; ohne alles dies wird das Pferd ... weder gute, freie Bewegungen zeigen noch den Reiter bequem sitzen lassen." Die klassische Forderung Gustav Steinbrechts wird in fast jedem Buch über das Reiten zitiert: „Reite dein Pferd vorwärts und richte es gerade" (1884). Solche alten Grundsätze wurden später in der Ausbildungsskala zusammengefaßt und auf die Entwicklung des jungen Pferdes bezogen. Auch wenn diese Aufstellung heute differenzierter betrachtet werden muß (Kurd Albrecht von Ziegner), hat sie im ganzen doch ihre Gültigkeit behalten. Jeder, der Pferde ausbildet, kennt die unverzichtbaren Grundsätze, nach denen das junge Pferd an seine Aufgabe, den Reiter zu tragen und mit dem Menschen zu arbeiten, herangeführt werden muß, und auch von den Reitern

Die Ausbildungsskala

wird diese Kenntnis zumindest bei den Prüfungen für die Leistungsabzeichen gefordert.

Doch haben wir uns jemals Gedanken darüber gemacht, was denn diese einzelnen Begriffe der Ausbildungsskala „Takt" – „Losgelassenheit" – „Anlehnung" – „Schwung" – „Geraderichten" – „Versammlung" bedeuten? Was genau sollen sich der Reiter oder die Reiterin darunter vorstellen, solange sie selbst noch am Beginn ihrer Reitausbildung stehen? Ich selbst habe mit großem Staunen erst im Laufe der Jahre die Zusammenhänge und Prozesse zu verstehen gelernt, die dieser Ordnung der Ausbildung zugrunde liegen, und erst in der Begleitung meiner Schüler und Patienten wurde mir allmählich klar, in welch tiefen Zusammenhängen die Ausbildung des Pferdes und die Entwicklung des Reiters miteinander verknüpft sind.

Grundlage für gesundes Reiten

Die Skala der Ausbildung beabsichtigt nicht eine Dressur in dem Sinne, daß das Pferd stufenweise darauf abgerichtet werden soll, bestimmte Kunststücke zu vollbringen. Sie ist vielmehr eine Reihenfolge von Gesichtspunkten, auf die die Gymnastik des Pferdes abgestimmt wird, damit es unter uns Reitern nicht allzusehr leidet und mit uns zusammen zu gesunden, ihm gemäßen Bewegungen findet. Damit wird sozusagen der Grundstein für alle weitere Entwicklung und spezielle Ausrichtung gelegt. Von dieser Basis aus kann sich dann entscheiden, was wir mit dem Pferd weiter tun wollen. Suchen wir den Gefährten für Spaziergänge im Wald, fühlen wir uns zu den klassischen Disziplinen Dressur, Springen oder Vielseitigkeit hingezogen, fasziniert uns die Kunst des Westernreitens, die fröhliche Atmosphäre der Reiterspiele oder die eigene Disziplin der Distanzreiter?

Die Grundausbildung ist für alle diese Richtungen immer dieselbe. Sie ist die Basis, die sowohl das Pferd als auch den Reiter in seine spezifischen Aufgaben einführt, und zwar in einer Weise, die beiden Spaß macht. Beide üben miteinander und entwickeln sich in diesen Übungen im Sinne einer qualifizierenden Ausbildung. Die einzelnen Schwerpunkte der Ausbildungsskala greifen dabei eng ineinander. Wir werden diese im weiteren noch genauer anschauen und ein immer tieferes Verständnis dafür erwerben, was einerseits das Pferd zu lernen hat und andererseits der Mensch lernen muß, um ein Pferd zu reiten.

Doch es geht nicht nur um ein einfaches, eindimensionales Lernen, und so werden wir uns vor Augen führen, daß dabei auf vielen anderen Ebenen weitere Lernprozesse angeregt werden. Denn während wir reiten, ist unsere gesamte Lebendigkeit herausgefordert, und zwar in neuer und kreativer Weise. Das bedeutet, daß zugleich mit der bewußten Auseinandersetzung immer auch unsere unbewußten Ebenen aktiviert werden. Unsere Energien werden freigesetzt, Bilder entstehen – innere Bilder und Prozesse, sprachliche, archaische, poetische, märchenhafte. Wie dem auch sei, die Wachheit, mit der wir uns – vom Rhythmus des Pferdes getragen – auf unsere reiterlichen Aufgaben konzentrieren und dabei den Alltag hinter uns lassen, ihn wirklich loslassen, diese Präsenz, sich ganz dem jetzt gerade wirksamen Augenblick zu stellen, hat schon manch ein Wunder vollbracht oder manch eine Blockade gelöst. So habe ich selbst oft Fragen, auf die ich keine Antwort wußte, „mit aufs Pferd" genommen, bin in den Wald geritten und hatte die ursprüngliche Frage bald vollkommen vergessen. Aber dann fiel mir, wenn wir uns dem Stall wieder näherten, ganz überraschend eine unerwartete Lösung ein, dann wußte ich plötzlich, was ich dem Patienten auf die Frage nach seiner Lebenserwartung antworten konnte oder ich hatte plötzlich das richtige Geschenk vor Augen, das die Freundin zum Geburtstag bekommen sollte. Viele Reiter kennen dieses Phänomen, daß sie vor einer ungelösten Aufgabe stehen, aber dann, während sie sich beim Reiten völlig auf das Pferd und die Arbeit konzentrieren, plötzlich die Lösung finden.

Diese Lösungen sind insofern überraschend, als man sie nicht findet, wenn man angestrengt sucht. Ist man nämlich auf dem Pferd mit einem Problem beschäftigt und versucht eine Lösung zu erzwingen, grübelt und grübelt, dann hat man mit Sicherheit im Handumdrehen ein zusätzliches Problem: das Pferd merkt genau, wie die Energie „versackt", und wird seinerseits aktiv. Es springt zur Seite – sei es, weil es sich langweilt und die Aufmerksamkeit seines Reiters sucht, sei es, weil es sich nicht mehr sicher fühlt und selbst die Führung übernehmen will. Das Geheimnis solch überraschender Lösungen scheint darin zu liegen, daß wir

Grundausbildung ist Lernen in mehreren Dimensionen

das Problem wirklich vergessen, während wir uns mit hochkonzentrierter Aufmerksamkeit dem Pferd, der eigenen Bewegung, dem Zusammenspiel der Bewegungen zuwenden und in dieser Zuwendung so präsent sind, daß alles andere von uns abfällt, vergessen wird. In diesem Vergessen entsteht – wie von selbst – ein Abstand, der Raum für Lösungen anbietet. Mit der Zeit wird es Ihnen zunehmend gelingen, in dieser Aufmerksamkeit und Achtsamkeit zu reiten, und dann werden sich ungeahnte Türen öffnen: Das Üben wird den Charakter des Sports verlieren und zur Begegnung werden, zu einer beglückenden Begegnung zwischen Mensch und Tier. Und dann kann sich vielleicht auch der Traum erfüllen, den wir ursprünglich einmal im Sinn hatten, als wir beschlossen, reiten zu lernen.

Die Ausbildung des jungen Pferdes

Wenden wir uns jetzt den Pferden zu. Die Ausbildung zum Reitpferd beginnt, wenn ein Pferd drei bis fünf Jahre alt ist. Je länger es Zeit hatte, sich erst einmal selbst zu entwickeln, desto bessere Voraussetzungen wird es körperlich und seelisch mitbringen. In dieser Zeit hatte es natürlich bereits mit dem Menschen Kontakt, hat spielerisch gelernt, am Kopf ein Halfter zu tragen, damit spazierengeführt zu werden, sich putzen und die Hufe vom Schmied behandeln zu lassen.

In diesem Stadium befindet es sich sozusagen noch im Kindergarten, und bei allem Ernst des Übens wird der verantwortliche Ausbilder vor allem Wert auf die Kontaktaufnahme mit dem jungen Pferd legen und ihm keine Leistungen oder gar Belastungen zumuten. Aber schon in dieser Zeit muß er dem jungen Pferd beibringen, daß Menschen keine Artgenossen sind, die es beißen oder ansteigen darf, sondern daß hier ein Respekt zu herrschen hat, wie er ranghöheren Tieren gegenüber selbstverständlich ist. Wir werden darüber noch ausführlich in dem Kapitel „Anlehnung" sprechen, in dem es um die soziale Ordnung unter den Pferden geht.

Im ersten Jahr der Ausbildung muß schwerpunktmäßig an vier Aufgaben gearbeitet werden, die die Ausbildungsskala „Takt", „Losgelassenheit", „Anlehnung" und „Schwung" nennt. Dabei handelt es sich um Schwerpunkte, die wir in den folgenden Kapiteln einzeln und ausführlich erarbeiten werden und die zwar theoretisch, niemals jedoch in der tatsächlichen Arbeit voneinander getrennt werden können. Beginnen wir also mit dem „Takt".

Was ist unter „Takt" bei Pferden zu verstehen? Im Ausbildungsbuch der Deutschen Reiterlichen Vereinigung („Richtlinien für Reiten und Fahren") steht dazu: *„Takt ist das räumliche und zeitliche Gleichmaß in den drei Grundgangarten, also in Schritten, Tritten und Sprüngen."* Nun liegt natürlich die Frage nahe, weshalb ein Pferd, dem als Fluchttier doch das Laufen angeboren sein sollte, seine Schritte, Tritte und Sprünge erst ausbilden muß. Diese Frage beantwortet sich aber, wenn wir uns klarmachen, daß das Pferd eben nicht als Reittier geboren wird.

Bedeutung von „Takt"

Schon Fohlen, die erst wenige Stunden alt sind, können kleine Entfernungen überwinden, wenn auch zunächst noch auf sehr wackeligen Beinen. Aber dann kann man fast zusehen, wie das junge Tier seinen Körper und seine Bewegungsmöglichkeiten erobert, sein Gleichgewicht und seine Beweglichkeit ausbildet und zunehmend unternehmungslustig, ja mutig in seine Umgebung hineinspringt. Kürzlich hatte ich Gelegenheit, ein Fohlen dabei zu beobachten, wie es herausfand, daß es auf drei Beinen stehen und sich mit dem Hinterfuß am Kopf kratzen konnte, übrigens eine Akrobatik, die auch bei erwachsenen Pferden immer wieder erstaunt. Das Fohlen war gerade vierundzwanzig Stunden alt, wackelte auf seinen drei Beinen und konnte sich gerade so weit ausbalancieren, daß es nicht nach vorn überkippte. Diese Entdeckung, sich am Kopf kratzen zu können, schien für das Tier selbst unglaublich faszinierend. Eine halbe Stunde lang hob es immer wieder den Hinterfuß und schabte mit dem kleinen Huf am Kinn entlang, stellte den Fuß zwischendurch kurz wieder auf, um ihn gleich darauf erneut zum Kopf zu führen. Dann allerdings verließen es die Kräfte, und die Entdeckung endete damit, daß es doch das Gleichgewicht verlor und kopfüber ins Stroh kippte.

Nach wenigen Tagen laufen die Fohlen dann schon recht sicher, ihre Gliedmaßen werden kräftiger, und bald schon toben sie mit ihren Müttern über die Wiesen. Ihre Beine aber werden ihnen, solange sie leben, das Kostbarste bleiben. – Wir werden über die

Die Beine sind für ein Pferd das Wichtigste

Fluchtnatur des Pferdes und seine Instinkte im nächsten Kapitel noch ausführlich sprechen, hier geht es nur darum zu betonen, daß für ein Tier, für das die Flucht eine wesentliche Überlebensstrategie darstellt, die Beine das wertvollste Kapital darstellen. Schon die Fohlen scheinen darum zu wissen. Wir können beobachten, daß die noch jungen Tiere sich bereits nach kurzer Zeit vom Menschen berühren lassen. Manche nehmen ausgesprochen neugierig Kontakt auf. Sobald wir aber versuchen, die Beine anzufassen, vielleicht als Vorübung für die Hufpflege, wird das junge Tier unruhig und versucht davonzuspringen. Man könnte sagen, Pferde hüten ihre Beine wie Menschen ihren Augapfel, und darin liegt wohl auch die Erklärung dafür, daß Pferde nur ungern und nur, wenn sie ihrem Reiter völlig vertrauen, Boden betreten, dessen Beschaffenheit sie nicht erkennen können. Manche Pferde haben eine unüberwindliche Abneigung gegenüber Pfützen, deren spiegelnde Oberflächen den Grund nicht einsehen lassen, während sie bei günstigerem Lichteinfall den Boden sehen können und dann behutsam den Schritt ins Wasser wagen.

Wenn man Fohlen zuschaut, wie sie über die Wiese toben, dann erscheint die Forderung nach „Takt" und dessen Ausbildung paradox: Ein derartiges Gleichmaß an Bewegung und eine solche wachsende Kraft scheinen doch jede Einmischung zu verbieten! Aber Ähnliches könnte man auch über den Menschen sagen: Auch er kann von Natur aus „sitzen" – und kann es immerhin schon eine lange Zeit, wenn er sich als Erwachsener zum ersten Mal auf ein Pferd setzt. Was gibt es da noch zu lernen – außer Anspornen, Lenken und Bremsen? – Ich greife solche Fragen auf, weil sie deutlich machen, daß jeder, Mensch wie Pferd, seinen Teil beherrscht, solange er sich dabei nicht um den andern kümmern muß. Erst im Zusammenspiel ergeben sich die Schwierigkeiten. – Nun, was beim Sitz auf einem Pferd das Besondere ist und inwiefern es sich von dem auf einem Sofa unterscheidet, darauf kommen wir gleich. Zunächst noch einmal zurück zum Pferd.

Ein Sattel kann ziemlich stören

Solange das Pferd sich nach seinen eigenen Gesetzen und in seinem ureigenen Rhythmus auf natürlichem Boden in der Weite bewegen kann, braucht es über seine Schritte in der Gangart

„Schritt", seine Tritte im Trab und seine Sprünge im Galopp nicht weiter nachzudenken. Anders wird das erst, wenn es auf einmal einen Gurt um den Bauch trägt, das Gewicht eines Sattels auf seinem Rücken spürt und durch eine – aus der Sicht des Pferdes – ziemlich enge Reithalle begrenzt wird. Da zwickt hier etwas, drückt dort etwas, entsteht körperliche und seelische Enge – das ist doch zum Davonlaufen! So ähnlich mag es dem jungen Pferd durch den Kopf gehen. Andererseits hat es inzwischen gelernt, dem Menschen weitgehend zu vertrauen. Es merkt, daß ihm nichts Böses geschieht, es wird gefordert und gelobt, belohnt – das ist wiederum angenehm und nicht zum Weglaufen! So hat sich das Pferd in einer Fülle von Informationen zurechtzufinden – im ganzen eine verwirrende Situation! Da kann es schnell zu Spannung und Verspannung kommen.

Verspannungen aber führen beim Pferd fast zwangsläufig zu Störungen im Gangrhythmus. Es stolpert, es zieht sich im Rücken zusammen und macht tänzelnde, trippelnde Schritte. Eigentlich möchte es, seinem Wesen entsprechend, fliehen, die entstandenen Spannungen in der Flucht abbauen. Wenn es jetzt keine Gelegenheit bekommt, diese Spannungen wieder loszuwerden, dann wird es als Reaktion anfangen zu buckeln. Könnte es fliehen, dann würde sich die für die Flucht bereitgestellte Energie im Dahinjagen wieder verbrauchen. Wenn der Pferdeorganismus jedoch Fluchtenergie bereitstellt und das Pferd nicht fliehen kann, dann muß es förmlich explodieren und versuchen, die Energie auf andere Art und Weise wieder loszuwerden. Unter dem Reiter kann es jetzt zu gefährlichen Bocksprüngen kommen. In die Enge getrieben könnte das Pferd zu seiner Verteidigung sogar auch beißen und schlagen.

Verspannungen stören den Takt, führen zu Taktfehlern

Über diese Reflexe Bescheid zu wissen, ist für den Reiter von größter Wichtigkeit. Immer wieder werde ich zu Pferden geholt, die „sich das Bocken angewöhnt haben", und finde hierfür dann die verschiedensten Ursachen. Einmal mögen diese in einem unpassenden Sattel liegen, der dem Pferd einfach unangenehm ist und den es loszuwerden versucht, ein anderes Mal in eingeengter Bewegungsfreiheit, so daß das Pferd dem Schmerz, der bei bestimmten Bewegungen entsteht, auszuweichen versucht. Vor allen Dingen aber läßt sich immer wieder feststellen, daß die

Reiter zu wenig über die Fluchtreflexe ihrer Pferde wissen. Da sieht man dann zum Beispiel, wie ein Pferd sich zunächst nur ganz leicht anspannt und wie daraufhin der Reiter ebenfalls eine Anspannung erkennen läßt. Er spürt: „Oh, jetzt geht's gleich los" und klammert sich mit den Beinen an. Dadurch verstärkt er das unangenehme Gefühl für das Pferd noch weiter, die Spannung steigt. Als Nächstes versucht er, das „Pferd zu zügeln", es über die Zügel zu bremsen, wodurch die Fluchtenergie aber gerade nicht abgearbeitet wird, sondern sich vielmehr ins Unerträgliche steigert. Bis plötzlich der Fluchtreflex des Pferdes ausgelöst wird und es mit dem Reiter auf seinem Rücken davonrennt. Dem kann man zuvorkommen, indem man das Pferd geregelt vorwärtsreitet. Das kostet manchmal Überwindung und braucht den ganzen Mut des Reiters, weil das erhöhte Tempo bei ihm zunächst das entgegengesetzte Bedürfnis aufruft, nämlich das Bedürfnis, sofort anzuhalten. Es liegt eben in der Natur der Sache, daß „Sicherheit" für ein Pferd in der Flucht liegt, für einen Menschen aber im Schutz durch ein ruhiges Versteck.

Für das junge Pferd gibt es also genug Irritationen, die sein Körpergefühl verändern und damit auch seine Stimmung beeinträchtigen, Faktoren, die auch uns Menschen aus dem Takt bringen können. Darüber hinaus muß das junge Pferd ein völlig neues Gleichgewichtsgefühl entwickeln, wenn es sich mit dem Reiter auf seinem Rücken zu arrangieren beginnt. Selbst wenn dieser Reiter ein sehr erfahrener Ausbilder ist, der weich mit den Bewegungen des Pferdes mitzugehen weiß, werden sich die Bewegungen im Körper des Pferdes dennoch zunächst verändert anfühlen, besonders in Kurven. Dieses „Sich-in-der-eigenen-Haut-nicht-mehr-auskennen" kann nur durch ein hohes Maß an Vertrauen zu dem Reiter überwunden werden. Das Pferd braucht Zeit, um körperlich die notwendige Muskulatur aufzubauen und die neuen Erfahrungen seelisch zu verarbeiten. Besonders die Muskeln an Bauch und Rücken müssen nicht nur an Masse, sondern mindestens genauso viel an Beweglichkeit zunehmen.

Wenn Sie Gelegenheit haben, jungen Pferden dabei zuzusehen, wenn sie eingeritten werden, wird Ihnen hin und wieder auffallen, daß viele zunächst ein paar ruhige Schritte gehen, daß sich dann aber der ganze Leib anspannt, irgendwie kürzer zu werden scheint und in einer „zackeligen" Bewegungsfolge der Beine ausläuft. Dieses verspannte kurze Treten, das vom Bewegungsmaß irgendwo zwischen Schritt und Trab einzuordnen wäre, zählt zu den sogenannten Taktfehlern. Hierbei ist der Pferderükken hart und fest, der Reiter wird regelrecht über den Pferderükken geschoben, und wenn das Pferd die Spannung, die sich aus dieser Bewegung zusätzlich aufbaut, jetzt nicht ganz schnell wieder los wird, dann muß es einfach ausbrechen und davonlaufen.

Schon diese ersten Betrachtungen machen uns klar, daß wir uns mit der Ausbildung des Pferdes und des Reiters auf ein weites Lernfeld begeben.

Der Schritt

Da ist der Schritt: die Bewegung der Gelassenheit. Ausgreifend ist sie, ruhig und dennoch schnell. Ein Mensch zu Fuß, der dir folgte, käme sehr rasch außer Atem, begänne zu laufen, wenn er auch nur das Viertel einer Stunde an deiner Seite bleiben wollte. Dein Pferd aber übereilt sich nicht. ... Es hat Zeit. ... Der Takt nimmt dich hin. Es ist keine Zeit zum Träumen. Der Gang wird melodisch wie ein Geläut das mit dir geht. Doch nur wenn du selbst in deiner Seele gelassen bist, ruhig und ohne Hintergedanken, großer gelöster Bewegung zugetan, wenn du durch Ausschreiten schnell sein willst und nicht durch Eile, ist es der Schritt der dir ansteht.

Rudolf G. Binding

Die Ausbildungsstufe „Takt" verlangt, daß alle Grundgangarten in ihrer charakteristischen Bewegungsfolge deutlich erkennbar werden. Im Schritt werden die Bewegungen „geschritten", dagegen spricht man im Trab von „Tritten" und im Galopp von „Sprüngen". Wenn Pferde im Schritt über eine Asphaltstraße geritten oder geführt werden, dann kann man den rhythmischen Viertakt dieser Gangart deutlich hören, da jeder Huf einzeln nacheinander am Boden aufgesetzt wird. „Klapp – klapp – klapp – klapp" klingt das, und wenn Sie genau hinsehen, dann können Sie erkennen, wie das Pferd tatsächlich schreitet, nämlich jeden Fuß einzeln entlastet und anhebt – vorträgt – absetzt und wieder belastet. Es ist nicht ganz einfach, den Blick für diese Vorgänge zu schulen. Dadurch, daß das Pferd sich auf vier Beinen fortbewegt, durchläuft ständige Bewegung jede einzelne Gliedmaße, und das menschliche Auge ist mit dieser Vielzahl an Informationen zunächst überfordert. Da hilft es sehr, wenn Sie sich anfangs nur einen Teilaspekt der Bewegung herausgreifen. Konzentrieren Sie sich zum Beispiel nur auf die Bewegungen eines Hinterfußes, auf den, der Ihnen am nächsten ist, und beobachten Sie dessen Ablauf. Prägen Sie sich alle Einzelheiten ein, derer Sie ansichtig werden. Wie sieht es aus, wenn der Fuß abgehoben wird, wenn er vorschwingt, welche Veränderungen vollziehen sich dadurch am ganzen Pferd? Können Sie einzelne Muskeln sehen? Wo setzt das Pferd seinen Hinterfuß auf? Setzt es den Fuß gerade auf oder dreht es den Huf – vielleicht sogar das ganze Bein – während es ihn wieder vom Boden abhebt? Jedes Pferd hat einen etwas anderen Schritt, und im Moment geht es uns nur darum, das Auge dafür zu schulen.

Wenn Sie dann eine Weile, möglicherweise auch an mehreren Tagen nacheinander, zugeschaut haben, dann nehmen Sie sich einen Vorderfuß vor – wieder den, der Ihnen am nächsten ist – und erst wenn Ihnen auch dessen Bewegungen ganz vertraut sind, dann versuchen Sie eine Zusammenschau mit dem Hinterfuß und beobachten wieder nur diese zwei Beine, was jedes für sich allein tut und wie sie sich in ihrem Zusammenspiel bewegen. Und danach nehmen Sie das andere Hinterbein dazu und schließlich auch das andere Vorderbein.

Das ist auch die Reihenfolge, in der das Pferd seine Füße im Schritt bewegt: ein Hinterbein, darauf das gleichseitige Vorderbein, dann das andere Hinterbein und schließlich das andere Vorderbein. Jeder Fuß wird einzeln aufgesetzt, zu hören ist das als ein Viertakt.

Wenn Sie dann einen Blick dafür entwickelt haben, wie das Pferd im Schritt den Fuß aufhebt, ihn vorträgt und wieder absetzt, wie jeder Fuß mit den anderen in ein Zusammenspiel eingebunden ist, dann werden Sie Ihr Pferd viel besser verstehen. Sie werden zum Beispiel eventuelle Lahmheiten erkennen und bestimmen können, aus welcher „Gelenk-Etage" das Pferd sich etwa schmerzhaft verspannt, und Sie werden sich auch nicht mehr täuschen lassen. Es ist nämlich manchmal zu beobachten, daß Pferde sich nur ungern von einem Krankenstand trennen. Wurde zum Beispiel eine Lahmheit behandelt und das Pferd in dieser Zeit besonders gut versorgt, bekam besonders viele Leckerbissen, dann kann es das alles so angenehm finden, daß es nicht wieder zu lahmen aufhört, obwohl der Tierarzt es schon lange als geheilt bezeichnet hat. Je sorgfältiger wir Bewegungen zu beobachten gelernt haben, desto eher werden wir solchen Verhaltensweisen auf die Schliche kommen!

Takt – das muskuläre Zusammenspiel des Schrittes in der Erfahrung des Reiters

Um das Pferd in seinen Bewegungen unterstützen zu können, sollte der Reiter die einzelnen Phasen im gesamten Bewegungsablauf genau kennen. Im Reitunterricht beginnen wir deshalb bei denjenigen, die zum ersten Mal auf ein Pferd steigen, die Rückenbewegung des Pferdes im Schritt zu erarbeiten, das heißt, diese fühlen zu lernen. Haben Sie als Erwachsene damit Schwierigkeiten, dann gibt es für Sie einen „Trick". Kinder brauchen den in der Regel nicht, da sie sich meistens unbefangen auf neue Bewegungsmuster einlassen können. Der „Trick" besteht darin, daß Sie mit den Händen einen Halt suchen, am Sattel oder in der Mähne des Pferdes, und dann einfach die Augen schließen. Jetzt können Sie versuchen, sich – genauso schrittweise wie Sie vorher das Zuschauen geübt haben – in die Bewegungen hineinzufühlen. Sie können beispielsweise zunächst beobachten, wo Ihr Gesäß, Ihre Oberschenkel den Sattel berühren, wie hart oder weich diese Berührungen sind. Je deutlicher Sie dabei Ihre Sitzmuskeln entspannen, desto breitflächiger wird der Kontakt. In diesem Kontakt erspüren Sie mit der Zeit immer genauer die vorher nur mit dem Auge wahrgenommenen Bewegungsabläufe, so daß der vorher nur theoretisch begriffene Rhythmus nun zu Ihrer eigenen Körpererfahrung wird.

Sie erfahren also körperlich das Muster, nach dem sich der Pferderücken unter Ihnen bewegt. Den meisten Reitschülern fällt dabei als erstes ein Wechsel der Seiten auf: da geschieht etwas auf der rechten, dann auf der linken Seite, dann wieder auf der rechten und so weiter. Einige haben das Gefühl, als ob da abwechselnd rechts und links eine Welle angerollt komme, für andere sind es zwei Räder, und wieder andere erleben Berge und Täler, die rechts und links abwechselnd entstehen.

Wenn es Ihnen gelingt, mit diesem Gefühl zu reiten, haben Sie ein gutes und tragfähiges Fundament gelegt, auf dem alles Weitere aufgebaut werden kann. Wenn Ihnen nämlich die Bewegungen des Pferderückens vertraut sind und Sie sich ihm mit Ihrem eigenen Körper wirklich anpassen können, dann entsteht aus dieser Vertrautheit und der zunehmenden Geschmeidigkeit eben jener Sitz eines Reiters, der mit seinem Pferd verwachsen zu sein scheint. Und weiter: In dem Maße, in dem Ihnen diese Bewegungen im Tiefsten geläufig werden, beginnen Sie einen Teil der

Pferdesprache zu verstehen. Sie haben von nun an unmittelbaren Zugang zu den inneren Prozessen, die in dem Tier unter Ihnen ablaufen, und werden dort auch mit der Zeit die kleinste Veränderung wahrnehmen, zum Beispiel spüren, wenn das Pferd erschrickt, wenn es aus dem Takt kommt, wenn ihm langweilig wird und es nach Abwechslung sucht oder wenn es etwa von einem Gebüsch am Wegesrand in Unruhe versetzt wird und sich innerlich auf „Flucht" einstellt.

Die Hinterbeine des Pferdes sind von ihrer Anlage her auf Vorwärtsbewegung, für den Schub eingerichtet. Die Vorwärtsimpulse werden also von den Hinterbeinen des Pferdes umgesetzt, während die Vorderbeine mehr dazu dienen, das Körpergewicht abzufangen und zu stützen. Wir betonen und werden immer wieder darauf zurückkommen, daß die wichtigste Aufgabe in der Grundausbildung darin besteht, dem Pferd zu zeigen und mit ihm zu üben, wie es seine Hinterbeine trotz des zusätzlichen Reitergewichtes genügend nach vorne unter den eigenen Schwerpunkt tragen kann und wie es diesen Schwerpunkt dabei immer weiter nach hinten verlagert, so daß es mit den Hinterbeinen zunehmend Last aufnimmt. Und da die Hinterbeine mit dem Gehirn der Pferde unmittelbar in Verbindung stehen – schließlich muß ein Fluchtimpuls sofort umgesetzt werden – können wir auch als Reiter diese Verbindung nutzen und uns über die Rückenmuskeln des Pferdes direkt an seine Hinterbeine – und damit an sein Gehirn – wenden, wenn wir mit dem Pferd Zwiesprache halten, ihm zum Beispiel mitteilen wollen, daß es jetzt schneller gehen soll oder daß es keinen Grund zur Beunruhigung gibt.

Die Hinterbeine des Pferdes sind für das „Vorwärts" verantwortlich

Allerdings gilt für die körperliche Verständigung des Reiters mit seinem Pferd das „Gesetz des rechten Augenblickes", wenn der Reiter Wert darauf legt, daß auf seine Signale auch die entsprechende Reaktion erfolgt. Wollen der Reiter und besonders auch die Reiterin ihre Körperkraft nicht nutzlos verbrauchen, dann müssen sie wissen, daß die Verständigung mit dem Pferd nur in kurzen Einwirk-Momenten möglich ist, nur wenn die Impulse zur richtigen Zeit und an der richtigen Stelle gegeben werden. Gelingt es ihnen nicht, den richtigen Moment zu nutzen, verpufft die eingesetzte Energie. Falls die Reiter dann meinen, ihr

Die rechten Impulse zur rechten Zeit

Pferd sei einfach widersetzlich, stumpf oder zu unverständig, werden sie zu drücken oder zu ziehen versuchen und Aktionen starten, die schnell den Einsatz großer Kraft verlangen. Damit wird es dann erst recht schlimm, denn bei Pferden gilt genau die Gesetzmäßigkeit, die aus der Psychotherapie und vielen anderen Zusammenhängen bekannt ist, daß nämlich jeder Druck einen Gegendruck erzeugt, und da das Pferd mit etwa dem Zehnfachen des menschlichen Körpergewichtes dem Reiter an körperlicher Kraft weit überlegen ist, wird dieser bei reinen Kraftproben immer den Kürzeren ziehen.

„Der rechte Augenblick" – wenn ein Hinterfuß sich vom Boden löst

Welches ist also der richtige Zeitpunkt für ein wirkungsvolles Signal? Gerade der kurze Moment des Abfußens, wenn das Pferd sein Bein wieder vom Boden abhebt. Nur in diesem Augenblick kann der Impuls aufgenommen werden, den der Reiter an die Adresse „Hinterbein" richtet. Diesen richtigen Augenblick gilt es zu erfassen. Wie aber soll der Reiter diesen Moment finden? Er steht ja nicht irgendwo am Rand des Reitplatzes und könnte von dort aus beobachten, wie das Pferd seine Füße setzt.

Nun ist es ja nicht so, daß nur der Reiter seinem Pferd Signale sendet, umgekehrt erhält auch er von seinem Pferd Botschaften. Beide – Reiter und Pferd – stehen in einem ständigen Kommunikationsprozeß. An diesem Austausch von Informationen sind die Hinterbeine des Pferdes stark beteiligt. Sie melden Ihnen genau, in welchem Augenblick sie abheben werden, und zwar tun sie es über die Muskeln des Pferderückens. Die Antennen des Reiters, mit denen er diese Signale empfangen kann, sind die weichen, fühlenden, sich an den Sattel oder Pferderücken schmiegenden Gesäßmuskeln. Sie erinnern sich daran, was wir über die Bewegungen unter Ihrem Gesäß gesagt haben, über dieses abwechselnde Heben und Senken, vergleichbar mit Wellen, die anrollen. (Wenn Sie persönlich mit einem anderen Bild arbeiten, setzen Sie dieses hier und im folgenden sinngemäß ein.)

Woran der Reiter merkt, wann das Pferd abfußt

Diese Wellen entstehen dadurch, daß das Pferd jeweils abwechselnd rechts und links die Rückenmuskeln anspannt und entspannt. Der Hinterfuß wird am Boden aufgesetzt, nimmt Gewicht auf und wird wieder angehoben. Diesen Vorgang erlebt der Reiter als Wellen*berg*, der anrollt, wenn das Pferd den Hinterfuß auf dieser Seite aufsetzt, seinen *höchsten Punkt* erreicht, wenn der *Hinterfuß voll belastet* wird, und der dann wieder abflacht, wenn der Hinterfuß wieder entlastet wird. Darauf wird das Hinterbein angehoben, nach vorne geführt und wieder gesenkt, was der Reiter als Wellen*tal* erlebt. Sobald der Hinterfuß abhebt, beginnt das Wellental und erreicht seinen *tiefsten Punkt beim Vorschwingen des Hinterfußes*. Der Reiter wird wieder angehoben, sobald der Fuß aufgesetzt wird. Einmal rechts, dann wieder links, rechts – links. Das ist der Grundrhythmus des Pferdes im Schritt und gleichzeitig der Grundrhythmus in der Verständigung des Reiters mit dem Pferd. Bleiben Sie jetzt genauso locker auf dem Pferd sitzen wie bisher und fühlen Sie sich einfach ein in diese Wellen unter Ihrem Gesäß. Spielen Sie mit der Bewegung, indem Sie mit den Hüften kleine Kreise in diese Bewegung hinein beschreiben, links oder rechts herum, je nachdem wie es sich für Sie am besten anfühlt. Nach kurzer Zeit werden Sie herausfinden, daß es am angenehmsten ist, die betreffende Hüfte von der heranrollenden Welle nach vorne hochheben zu lassen, um sie dann auf dem Wellenkamm zu entspannen und auf der Rückseite der Welle wieder hinabgleiten zu lassen. So ausführlich werden Sie diese Bewegung aber auf die Dauer nicht durchführen. Wenn Sie nämlich wirklich den Kreis durch das Wellental beschreiben würden, wäre die entgegengesetzte Seite längst auf ihrem Wellenkamm angelangt, ehe Sie umschalten und die andere Hüfte anziehen könnten. Deshalb werden Sie ziemlich bald dazu übergehen, die Hüfte auf dem jeweiligen Wellenkamm einfach zu entspannen und sich auf das Anziehen der anderen Seite zu konzentrieren.

Übrigens können Sie diese rollenden Bewegungen am besten spüren, während das Pferd am langen Zügel geführt geradeaus geht. Auf der gebogenen Linie verändern sich diese Bewegungen, da das Pferd auf der Kurveninnenseite kleinere Schritte machen muß, wodurch sich das Gleichmaß der Rückenaktivität ein wenig verschiebt. Wenn Sie sich später gut eingefühlt haben, ist Ihnen diese Veränderung so selbstverständlich geworden, daß Sie sie kaum noch wahrnehmen. Solange Sie sich aber noch im Lernprozeß befinden und manchmal noch unsicher sind, was Sie da eigentlich fühlen, erschwert die Kurve die Wahrnehmung. Dasselbe gilt in verstärktem Maße für die Kreislinie, die zustande kommt, wenn das Pferd an der Longe läuft. Der Kreis hat dann einen Durchmesser von etwa zehn bis fünfzehn Metern. Hier macht sich der Unterschied von Innen- und Außenseite noch deutlicher bemerkbar. Wir nehmen diesen Nachteil jedoch bei unserer Arbeit meist in Kauf, da es für den Anfänger nur so möglich ist, sich ganz auf sich und sein Körpergefühl zu konzentrieren. Dabei gibt er nämlich die Verantwortung dafür, *daß* und vor allem *wie* sich das Pferd bewegt, an den Longenführer ab. Der Anfänger sollte aber um diese Kurvenerschwernisse wissen. Das angeleitete Lernen führt ihn schließlich zu einer verläßlichen Sicherheit in der Wahrnehmung und in den Reaktionen, zu einer Sicherheit, die ihm später zugute kommt, wenn er das Pferd selbständig reitet, denn dann kommen neue Aufgaben auf ihn zu, und es ist eine große Erleichterung, wenn das Mitschwingen des Sitzens dann bereits so weit verinnerlicht sind, daß es keine zusätzliche Aufmerksamkeit mehr in Anspruch nimmt.

Wenn Sie sich auf diese mitschwingenden Bewegungen erstmals ganz konzentriert einlassen, bekommen Sie – auch wenn Sie schon längere Zeit reiten – wahrscheinlich einen erheblichen Muskelkater, und zwar am Bauch. Wundern Sie sich nicht darüber. Eigentlich haben nämlich alle Aktivitäten, die wir auf dem Pferd durchführen, ihren Ursprung in der Bauchmuskulatur.

Wie ein Reiter die Pferdebeine unterstützen kann

Sie haben also jetzt den Takt des Pferdes im Schritt herausgefunden. Während dieser Übung sollten Sie Ihre Beine rechts und links locker herunterhängen lassen. Wenn es Ihnen nun gelingt, im Becken mitzukreisen und dabei wirklich entspannt zu bleiben, dann werden Ihre Beine ganz weich und wie von selbst in dieser Bewegung gegen den Pferdeleib pendeln. Dieses Beinpendel hat im Idealfall einen minimalen Ausschlag, der so gering wird, daß er sich nur noch als ein etwas stärkerer, beziehungsweise etwas schwächerer Druck gegen den Pferdeleib äußert. Und wenn Sie nun beobachten, wann dieser Druck am stärksten ist, dann werden Sie herausfinden, daß das genau der Moment ist, in dem der Pferderücken die tiefste Stelle des Wellentals durchläuft, exakt der Augenblick, in dem das Pferd den gleichseitigen Hinterfuß nach vorne trägt. Auf der Seite des Wellentales wird die Rückenmuskulatur nun für einen Moment ordentlich gedehnt. Mit

Ihrem Becken folgen Sie dem Pferderücken in sein Tal, und durch diese Bewegung wird Ihr Bein etwas stärker an den Pferdeleib herangeführt. Und genauso wie Ihr Becken dem Pferderücken, folgen nun Ihre Unterschenkel den Bewegungen des Pferdeleibes, „atmen" sozusagen mit.

Allerdings müssen Sie tatsächlich der Bewegung des Pferdes, dem Rhythmus seines Rückens und Bauches folgen. Blieben Sie nämlich auf der Seite des Wellentales sitzen, behinderten Sie den Muskel, sich erneut zusammenzuziehen, so daß er seine Welle nicht hoch genug aufbauen und auf diesem Hinterbein nicht genügend Last aufnehmen könnte. Dadurch würde die Bewegung für das Pferd sehr anstrengend, und es würde die Lust am Laufen – mit dieser Bremse im Rücken – verlieren. Ein Reiter, dem es hier an Beweglichkeit fehlt, kann sein Pferd – bildlich gesprochen – richtig platt sitzen, ja in extremen Fällen sogar dazu bringen, daß eine Lahmheit vorgetäuscht wird. Dann muß Kraft als Gegensteuerung eingesetzt werden, worunter aber Geschmeidigkeit und Beweglichkeit leiden. Grundsätzlich gilt, daß für die Verständigung mit dem Pferd, das ein so feinfühlendes Wesen ist, kurze Impulse völlig ausreichen. Außerdem schonen wir so auch unsere Kräfte und heben sie für Situationen auf, in denen wir sie wirklich brauchen.

Damit wäre bereits die Grundlage des reiterlichen Sitzens besprochen. Sie wissen jetzt, daß ein korrekter Sitz immer mit den Bewegungen des Pferdes korreliert, und ahnen bereits, daß ein junges Pferd seine volle Kraft und Schönheit nur unter einem Reiter entfalten kann, der sich die volle Kompetenz erarbeitet hat. Für jede gute Reitausbildung gilt daher: „Erfahrene Reiter gehören auf junge, Reitanfänger auf erfahrene Pferde". So kann einer vom anderen lernen. Das höchste Glück entfaltet sich natürlich dann, wenn zwei erfahrene Meister miteinander arbeiten.

Der Trab

Bald jedoch schwindet Gelassenheit: Trab stellt sich ein, die Bewegung des Hintersichlassens, der Loslösung. Dein Pferd lacht vor Lust. ... Der Boden wird kraftvoll zurückgestoßen, als ob die Erde sich wie ein Ball unter dir drehen sollte. ... Denn gesammelter unter dir schiebt sich die Kraft. Das Spiel der Muskeln löst sich befreiter. Jene enteilende Stütze, sie schwebt vor euch her. Zwischen den Schlägen des Zweitakts erheben sich schwebende Pausen, in denen die Schwere sich aufhebt.

Rudolf G. Binding

In der Grundausbildung der Reiter bleiben wir so lange im Schritt, bis der Reiter mit der neuen Perspektive und den Bewegungen wirklich vertraut ist. Das schließt nicht aus, daß zwischendurch, und zwar auch schon recht bald, ein kurzer Trab oder sogar ein kurzer Galopp in die Arbeit eingefügt werden. Der Reitschüler soll „das auch schon einmal gemacht haben", damit er auf Bekanntes trifft, wenn das Pferd einmal zur Seite springen oder kurz antraben sollte. Normalerweise sind unsere Pferde so ausgebildet, daß das nicht geschieht und wir uns in hohem Maße auf sie verlassen können, aber sie bleiben doch Tiere, die niemals gänzlich berechenbar sind, weil sie in kritischen Situationen immer durch den Instinkt bestimmt werden. Deshalb also zur Sicherheit schon bald die kurzen Trab- und Galoppübungen. Sie bleiben aber vorerst die Ausnahme und bestätigen lediglich die Regel, daß der Schritt erst sicher und methodisch exakt bewältigt sein muß, ehe die Arbeit zu dem vollständig anderen Bewegungsmuster des Pferdes übergeht: zum Trab. Aus dem Viertakt des Schrittes wird jetzt ein Zweitakt, das bisherige Nacheinander der Beine wird zu einem Nebeneinander. Dabei werden die diagonalen Beinpaare jeweils gleichzeitig bewegt, nämlich das rechte Hinterbein zusammen mit dem linken Vorderbein und links hinten zusammen mit rechts vorne. Mit dem bloßen Auge ist zwischen den Aktionen der Beinpaare nur in Ausnahmefällen die Schwebephase zu erkennen, nämlich der Moment, in dem sich alle vier Hufe gleichzeitig in der Luft befinden. Auf einer Straße hört man nun statt des gleichmäßigen „Klapp – klapp – klapp – klapp" den deutlich markierten Zweitakt: „Klick – klack – klick – klack". Die einzelnen Momente des Abfußens, Vorschwingens und Auffußens lassen sich in der Bewegungsanalyse ohne technische Unterstützung des Auges (Zeitlupe) nicht mehr erkennen. Trotzdem aber ist es nicht schwer, das Muster herauszufinden. Sie brauchen nur von Ihrem eigenen Lauf auszugehen, bei dem Sie auch jeweils das diagonale Arm-Bein-Paar (linkes Bein – rechter Arm, beziehungsweise rechtes Bein – linker Arm) nach vorn schwingen. Ebenso ist es beim Pferd.

Den veränderten Bewegungsablauf spürt der unerfahrene Reiter in erster Linie daran, daß ihm jetzt vom Pferderücken her eine stärkere Dynamik aufgezwungen wird. Diese schiebt, ja fast könnte man sagen „stößt" den Reiter in die Höhe, aus der er auch sogleich wieder ziemlich unsanft zurückfällt. Bei dem „Gerüttel" drohen ihm Hören, Sehen und Denken durcheinander zu geraten. Wenn er sich jetzt nur passiv durcheinanderschütteln ließe, dann hätten alle Leute Recht, die behaupten, Reiten sei schlecht für den Rücken. Dieses Schubsen und Stoßen von unten könnte ohne Frage Gift für die Wirbelsäule sein. Deshalb setzen wir alles daran, uns so schnell wie möglich geschmeidig dem neuen Bewegungsangebot anzupassen. Wir nehmen die Stöße aktiv auf und begleiten auch das Zurückfallen aktiv mit unserem Bewußtsein. In meiner Arbeit mit Erwachsenen lasse ich diese dazu am liebsten den Voltigiergurt nehmen. Dann sitzen die Reitschüler auf dem blanken Pferderücken und halten sich mit den Händen fest. Dadurch können sie die Gesäßmuskulatur entspannen und so die Bewegungen sehr viel deutlicher erspüren.

Wenn Sie alleine üben, hilft es unter Umständen, die Zügel in eine Hand zu nehmen, sich mit der anderen Hand an der vorderen Sattelkammer festzuhalten und sich dabei zu bemühen, die Sitzmuskeln so weich und locker wie nur irgend möglich werden zu lassen. Allmählich werden Sie dann auch die Rechts-Links-Schaukelbewegung wiedererkennen. Sie gleicht im Prinzip der Bewegung, die Sie aus dem Schritt kennen, doch bewegen sich

Die Bewegung des Mitschaukelns gelingt im Trab erst nach einiger Übung

die gegenläufigen Rückenmuskeln jetzt viel schneller, so daß Sie in Ihrem Mitschaukeln nur noch sehr kleine Bewegungen ausführen dürfen. Sonst geraten Sie aus dem Takt. Lassen Sie sich nicht irritieren, wenn Ihnen das im zweiten oder dritten Anlauf noch nicht gelingt! Selbst wenn die Anforderung an die reiterliche Bewegung derjenigen im Schritt ganz ähnlich ist: das menschliche Gehirn wird sich – irritiert durch das Geschütteltwerden – in der Regel weigern, diese Ähnlichkeit sofort zu akzeptieren. Lassen Sie ihm Zeit! Erst allmählich wird es über die Körpererfahrung erkennen, daß hier tatsächlich ein ähnliches Bewegungsmuster vorliegt. Und wenn Ihr Körper sich dann immer mehr an das Bewegungsmuster im Trab gewöhnt und es Ihnen gelingt, sich mit Ihrem Becken und Ihrer Wirbelsäule diesen Bewegungen immer weicher und geschmeidiger anzupassen, dann wird sich auch Ihr Gehirn davon überzeugen lassen, daß hier wirklich nichts Gefährliches geschieht, und Ihnen die Erlaubnis geben, immer ganzheitlicher zu entspannen. – Grundsätzlich gilt: Alle Ängste und Vorurteile werden von den positiven Erfahrungen, die wir in den einzelnen Übungen machen, allmählich aufgelöst. Und in dem Maße, in dem unser Vertrauen wächst, werden die Muskeln einer vom Bewußtsein geleiteten Entspannung zugänglich.

Der Galopp

Galopp sei dir immer das Höchste. Schönste Bewegung der Reiterin, Gang der Erhebung und der anmutigen Senkung, majestätisch und schmiegsam zugleich. Im ruhigen freien Galopp, kaum bewegt von dem Sitz nahe dem Widerrist, fühlst du nur wiegend den Rhythmus des schwer unterscheidbaren Dreischlags und Vierschlags des Ganges. Vertraue dich dieser Bewegung in guten und schwierigen Lagen. Dein Pferd trägt dich sicher, wenn du ihm traust. Und reitest du über die Heide und über ein Hindernis, schlage einen guten Galopp an und versuche nicht es zu tragen. Lass es dich tragen.

Rudolf G. Binding

Kommen wir nun zu der dritten Gangart, dem Galopp. Haben wir im Schritt die kraftvolle Gemütlichkeit erfahren, im Trab energische Impulse erhalten, so hat der Galopp jetzt etwas mit unserem Mut und unserem Tatendrang zu tun. Wenn Sie herausgefunden haben, wie Sie sich auch in seinen Schwung hineinwiegen können, dann wird der Galopp vielleicht sogar Ihre liebste Gangart – schließlich ist es die Gangart, die die Träume und Wünsche der meisten Menschen bestimmt, wenn sie zum ersten Mal ans Reiten denken. Im Galopp wird die Schaukel, die wir im Schritt kennengelernt haben und die uns im Trab schon in schnelleren und kleineren Bewegungen begegnet ist, in einen großen Schwung versetzt. „Gangart" ist eigentlich als Bezeichnung jetzt nicht mehr angebracht, denn diese Bewegung besteht aus einzelnen aneinandergereihten Sprüngen.

Lassen Sie uns dazu ein galoppierendes Pferd aufmerksam beobachten. Wahrscheinlich fällt Ihnen zunächst einmal die Bewegung eines Vorderbeines besonders deutlich auf – ist es das rechte, sprechen wir vom „Rechtsgalopp", ist es das linke, handelt es sich um den „Linksgalopp". Betrachten Sie diese Bewegung in aller Ruhe und nehmen Sie sie als Bild in sich auf – nur dieses deutliche Vorspringen des einen Vorderbeines. Und erst, wenn Ihnen diese Bewegung ganz vertraut ist, weiten Sie den Blick wieder. Schauen Sie auf den gleichseitigen Hinterfuß – ja, genau! Der wird zusammen mit dem diagonalen Vorderfuß geführt. Und auch diesem Bewegungsmuster folgen Sie innerlich so lange, bis es als sicheres Bild zur Verfügung steht. Und genauso verfahren Sie mit dem äußeren Hinterfuß. So erhalten Sie – trotz der schnellen Abläufe – bald eine Anschauung von der Ordnung, die dieser kraftvollen Gangart zugrunde liegt.

Akustisch ist der Rhythmus des Galopps als Dreiertakt zu vernehmen. Kinder, die den Klang galoppierender Pferdehufe nachahmen, lassen deshalb drei Finger, den vierten, den dritten und den zweiten, nacheinander auf die Tischplatte schlagen, wobei der letzte Schlag besonders betont ist. Sie selbst können sich in den Rhythmus am besten hineinfinden, wenn Sie das galoppierende Pferd mit Worten begleiten wie „das ist toll" – „wie der Wind" – „so geschwind" – und treffen so die charakteristische Betonung.

Wenn Sie nun als Reiter auf dem galoppierenden Pferd dessen Bewegung mitvollziehen wollen, „in der Bewegung sitzen" wollen, so müssen Sie Ihr Gewicht leicht auf eine Seite verlagern, im Rechtsgalopp nach rechts, im Linksgalopp nach links. Ganz besonders, wenn Sie den Galopp zunächst an der Longe üben – und das Pferd sich auf der Kreislinie bewegt –, ist dieses Nach-Innen-Sitzen wichtig, weil Sie sonst vom Pferderücken weggeschubst und den Gesetzen der Fliehkraft ausgeliefert würden. Um sich dann doch noch im Sattel halten zu können, müßten Sie sich mit den Beinen festklammern und bräuchten viel Kraft zum Festhalten. Sie können und sollten dieses Nach-Innen-Sitzen systematisch ausprobieren. Dabei werden Sie merken, daß Sie Ihr Gleichgewicht viel leichter halten und kräfteschonend reiten können.

Nur eines dürfen Sie auf keinen Fall tun, wenn Sie Ihr Gewicht auf den inneren Gesäßknochen verlagern: Sie dürfen nicht in der Hüfte einknicken, sondern sollen gerade sitzen bleiben. Gefühlsmäßig würden Sie, um Ihr Gewicht nach einer Seite zu verlagern, einfach in der Hüfte einknicken. Dabei passiert aber physikalisch genau das Gegenteil: das Körpergewicht konzentriert sich auf der Seite, die Sie eigentlich gerade entlasten wollten. Probieren Sie es aus, indem Sie, gerade sitzend, beide Hände unter Ihr Gesäß legen. Spüren Sie nach, daß das Gewicht gleichmäßig verteilt ist. Dann schieben Sie Ihr Gewicht auf eine Seite: Es entsteht ein deutlich wahrnehmbarer Druck auf die darunterliegende Hand. Wenn Sie dagegen – von der Mitte aus – nur in der Hüfte einknicken, bekommen Sie den Beweis dafür, daß das Gewicht sich genau auf der Seite konzentriert, die Sie zu entlasten meinten! Probieren Sie das im Sattel, auf Stühlen, auf Gymnastikbällen aus. Für mich selbst war dies eine der wichtigsten Informationen darüber, wie sich mein Körper unter bestimmten Umständen anders verhält, als ich es erwartet hätte.

In allen Situationen, in denen Sie sich auf einer gebogenen Linie bewegen, also im Kreis oder in einer Wendung reiten, unterstützen Sie Ihre Gewichtsverlagerung wirkungsvoll, indem Sie Ihren Oberkörper mit in die Wendung nehmen, sich leicht verdreht auf das Pferd setzen. Dieser Drehsitz ist um so ausgeprägter, je kleiner der Kreis. Bei einer geringen Biegung reicht es manchmal auch, nur den Kopf in die Richtung zu drehen, in die wir reiten wollen, denn mit der Kopfdrehung verändert sich zugleich die übrige Körperhaltung, zwar nur minimal, für das Pferd jedoch deutlich wahrnehmbar. Für den Galopp an der Longe heißt das: Sie schieben im Rechtsgalopp die innere Hüfte – jetzt also die rechte – ein wenig nach vorne und drehen sich mit dem Oberkörper so, daß die äußere – die linke – Schulter leicht nach vorne zeigt. Dabei rutscht Ihr äußeres Bein – das linke – leicht nach hinten und nimmt die „verwahrende Position" ein, gibt dem Pferdeleib also eine Begrenzung nach außen und unterstützt das Pferd in seiner Sprungfolge. Und wenn Sie nun Ihr Becken ganz weich in die Bewegungen des Galopps hineinschmiegen, fällt Ihnen auf, daß der Pferderücken auf der Innenseite, auf der Seite, auf die Sie Ihr Gewicht verlagert haben, wellenartige Kreise beschreibt. Es ist fast so, als träten die Wellen, die Sie aus dem Schritt beidseitig kennen, jetzt nur noch auf einer Seite auf, dort aber addiert. Jede dieser großen Wellen gehört zu einem einzelnen Galoppsprung, jeder Kreis beschreibt einen Satz, den das Pferd macht. Folgt Ihre Hüfte diesen Wellen, dann wird in dem Wellental das innere Reiterbein näher an den Pferdebauch herangedrückt. Susanne von Dietze beschreibt diese Bewegung

Die korrekte Gewichtsverlagerung

anschaulich so: Man solle sich vorstellen, die Gesäßknochen seien die Beine, mit denen man eine Art „Pferdchensprung" ausführe – und schließlich diese Bewegung nur noch fühlen.

Reiten - nicht nach Rezept!

Während wir uns Gedanken darüber gemacht haben, wie Sie die Bewegungsabläufe des Pferdes aufnehmen können, haben wir bereits wichtige Fragen der Haltung, des reiterlichen Sitzens angesprochen. Es ist immer wieder von neuem hilfreich, sich mit den Bewegungsabläufen des Pferdes vertraut zu machen und daraus die Anforderungen an den Sitz abzuleiten. Wir können viel Kraft sparen, wenn wir nicht einfach nur Anweisungen befolgen, die nach Art eines Kochrezeptes eine Kette von Befehlen aneinanderreihen, wie beispielsweise, man solle „zum Angaloppieren das Pferd nach der oder jener Seite stellen, den äußeren Schenkel zurücknehmen und mit dem inneren Bein treiben". Entwickeln wir dagegen die Hilfen zum Angaloppieren aus der Gesetzmäßigkeit eines korrekten Sitzes, dann stellen wir fest, daß wir mit viel weniger Kraft und gedanklicher Mühe ein viel harmonischeres Ergebnis erhalten. Die Anweisungen beschreiben nämlich lediglich das äußere Geschehen. Gelingt es aber statt dessen, die innere Logik der Bewegungsabläufe zu erspüren und zu begreifen, verliert die ganze Angelegenheit viel von ihrer Kompliziertheit, werden Gedanken und Kräfte wieder frei für das Pferd und die Begegnung mit ihm. Dann unterstützen wir unsere Gewichtsverlagerung nach der inneren Seite, indem wir die äußere Körperhälfte leicht vorschieben und die innere mitnehmen. Dabei bleibt der äußere Schenkel etwas weiter hinten, in der verwahrenden Position liegen. Und nun versucht das Pferd, unserem einseitig verstärkten Gewicht auszuweichen, wird durch den verwahrenden Schenkel begrenzt und findet so in eine deutliche Biegung seiner Längsachse hinein. Gleichzeitig wird durch den Druck des inneren Schenkels dem Pferd über seinen Rückenmuskel der Impuls angeboten, den es dann in einen Galoppsprung umsetzen kann.

Das Kreuz mit dem Hohlkreuz

Auch was die Rückenhaltung angeht, wird Ihnen ein Rezept kaum hilfreich sein. Häufig bekommt man in Reitschulen die Anweisung: „Schulterblätter zusammen! Brust raus! Rücken gerade! Absätze tief! Fußspitzen nach innen!" – Und immer wieder kommen Reiter zu mir, bei denen diese Anweisungen zu einer verkrampften Haltung und eher zur Verstärkung eines Hohlkreuzes geführt haben. Im allgemeinen haben die Menschen gar kein Bewußtsein dafür, wie schädlich sich diese Hohlkreuz-Haltung auf den Organismus auswirkt, und werden erst darauf aufmerksam, wenn sich Schmerzen einstellen. Hier liegt aber der Ausgangspunkt für viele Krankheitssymptome, und ein Reiter kommt nur dann zu einer wirklichen Verständigung mit seinem Pferd, wenn ihm der Ausgleich des Hohlkreuzes gelingt. Das ist nach meiner Erfahrung oft keine leichte Aufgabe.

Anstelle von Haltungsvorschriften biete ich Ihnen nun Übungen an, in die Sie sich in gesunder Weise hineinarbeiten können und durch die Sie rückenschonend gespannt-entspannt auf dem Pferd zu sitzen lernen. Sie werden es als wohltuend empfinden, wenn Sie dabei ein ganz neues Gefühl und Bewußtsein für Ihren Rücken entwickeln.

Probieren Sie ein neues Rückengefühl

Beginnen Sie wieder einmal damit, daß Sie Pferde – und auch andere Tiere – beobachten und konzentrieren Sie sich diesmal auf deren Rücken. Schauen Sie den Pferden zu, wenn sie auf der Wiese jagen, vor Übermut Bocksprünge veranstalten, sich hinlegen und wälzen, und achten Sie dabei immer auf die Rückenlinie. Unwillkürlich werden Sie dabei in Ihrem eigenen Rücken eine neue Beweglichkeit spüren. Studieren Sie die Rückenaktivität von Katzen, erlauben Sie sich, *Katze* zu spielen. Mir selbst tut es unendlich gut, wenn ich lange am Computer gesessen habe, an meine Katze zu denken und meinen Rücken in seiner ganzen Länge so weit wie möglich nach oben-hinten zu strecken.

Wie wäre es auch, wenn Sie Ihren Schreibtischstuhl durch einen großen Gymnastikball ersetzten? – Bestimmt erfahren Sie dadurch eine Förderung Ihrer Wachheit und Konzentration. Und wenn wir gerade nicht am Schreibtisch sitzen, dann haben wir in dem Gymnastikball ein hervorragendes Übungsgerät. Man kann sich breitbeinig darauf setzen, kann aber auch die Beine vor sich aufstellen; man kann spielerisch das Becken kreisen lassen, ein bißchen wippen, behutsam die Beine anziehen und sich ausbalancieren. Wenn Sie allerdings noch wenig Übung haben, dann bitte Vorsicht! Der Ball könnte unter Ihnen davonrollen, und Sie selbst würden dabei übel mit dem Rücken aufschlagen! Wichtig ist bei allen Übungen, daß Sie eine gewisse Spannung spüren; es darf auch ziehen, aber niemals wehtun. Sobald Schmerzen auftreten, sind Sie über das Ziel hinausgeschossen. Vergegenwärtigen Sie sich, daß das Einnehmen des Reitsitzes für den Menschen keine überlebenswichtige Funktion ist, die er schon von Natur aus beherrscht. Er ist nicht in erster Linie darauf eingerichtet, sein Körper muß sich erst an die neue Haltung gewöhnen, die Muskulatur braucht Dehnung und der Mensch Geduld! Und wichtig ferner: daß Sie mit Ihren Sitzbeinhöckern immer im Kontakt mit dem Ball bleiben. Sonst kippt das Becken nach vorn, und das Hohlkreuz schleicht sich wieder ein.

Mit folgender Übung können Sie leicht und spielerisch etwas für Ihr Kreuz tun und viel für das Reiten lernen: Sie sitzen auf dem Ball, legen eine Hand mit dem Handrücken in Ihren Rücken und berühren ihn nur leicht. Wenn Sie nun Ihren Rücken gegen die Hand schieben, dann richtet sich Ihr Becken, das vorher ein wenig nach vorn geneigt war, auf und der Ball wird zwischen den abgestützten Beinen ein kleines Stück nach vorne gerollt. Wenn Sie dann noch die andere Hand auf den Bauch legen, können Sie spüren, wie die Bewegung, die den Ball gerade etwas nach vorne bewegt hat, von den Bauchmuskeln veranlaßt wird. Diese Bewegung sollten Sie verinnerlichen! Sie können sie jederzeit abrufen, wann immer Sie eine Entlastung benötigen, zum Beispiel wenn Sie sich beim Einkaufen in einer langen Schlange die Beine in den Bauch stehen, wenn Sie stundenlang Bahn oder Auto fahren, wenn Sie tagelang am Schreibtisch sitzen oder auch, wenn Sie beim Laufen Rückenschmerzen bekommen. Diese Bewegung läßt Ihr Kreuz „rund" werden. Sie bringt die Rückenmuskulatur in ein ausgeglichenes Verhältnis zwischen Anspannung und Entspannung und verhilft Ihnen deshalb auch auf dem Pferd zu größtmöglichem Spielraum. Aus dieser Haltung können Sie das Becken weich über die Hüften mit der Bewegung des Pferdes schaukeln lassen, die Stöße, die der Pferderücken hinaufschickt, elastisch abfedern, und aus diesem Haltungs- und Bewegungspotential des Beckens entwickeln Sie Ihre aktive Einwirkung auf das Pferd.

Wenn Sie sich mit dem Gymnastikball vertraut gemacht haben, dann können Sie auf ihm alle Stellungen und Haltungen üben, die für das Reiten wichtig sind, können zum Beispiel Ihr Becken drehen und kippen, Ihr Gewicht verlagern, auch Ihren Oberkörper drehen und Ihr Gleichgewichtsgefühl schulen. Probieren Sie alles auf dem Ball aus, übertragen Sie es dann bei der nächsten Gelegenheit auf das Pferd, und studieren Sie die Bewegung dann wieder in aller Ruhe zu Hause.

Ihnen erscheint das mühsam? Sicherlich – wie alles Üben! Aber die Mühe wird belohnt: Sie kommen so zu einem funktionsfähigen Sitz, der Ihnen weiten Spielraum gibt und eine optimale Kommunikation mit dem Pferd ermöglicht. Und auch Sie selbst werden dadurch beschenkt: Oftmals erlebe ich, daß besonders Frauen, die auf diese Weise bei mir reiten lernen, nach ihren ersten Stunden ganz beglückt vom Pferd steigen und mir später erzählen, daß sie nach dem Unterricht eine Art „Energieschub" bekommen hätten; plötzlich seien ihnen Tätigkeiten, die ihnen früher schwer gefallen seien, ganz leicht von der Hand gegangen oder sie hätten sich auch einfach nur glücklich gefühlt.

Wer etwas vom Qi Gong versteht, wundert sich nicht über dieses Phänomen: In der Grundstellung dieser Energie- und Heilgymnastik aus dem alten China stehen die Beine ein wenig auseinander, sind die Knie leicht gebeugt, werden die Füße parallel zueinander aufgestellt, ist das Becken von den Bauchmuskeln gehalten aufgerichtet und baut sich die Wirbelsäule senkrecht über dem Becken auf. Die Schultern hängen locker herab und der Kopf wird aufrecht getragen. In dieser Haltung – sie entspricht weitgehend unserem Reitsitz – kann die Energie ungehindert durch den ganzen Körper strömen.

Wenn Sie die Bewegungen und Haltungen von Becken und Rücken so weit verinnerlicht haben, daß Sie damit spielen können, nicht mehr darüber nachzudenken brauchen, kümmern wir uns um die Lage und Haltung der Beine. Sie hängen zunächst locker an Sattel und Pferdeleib herab und werden dann aus der Hüfte heraus behutsam, so viel wie ohne große Anstrengung möglich ist, in ihrer ganzen Länge nach innen gedreht. Das wird zuerst ein wenig ziehen, und die Beine werden Ihnen aus dieser Positi-

Auch die Beine finden eine neue Haltung

on immer wieder wegrutschen. Üben Sie daher mit Geduld und sehr behutsam! Auf keinen Fall darf das Bein dabei in sich verdreht werden. Die Drehung geht nur so weit, daß die Innenseite der Oberschenkel am Sattel beziehungsweise am Pferderücken leicht anliegt. Wenn diese Haltung gelingt, dann findet das Knie wie von alleine seinen Platz am Sattelblatt. Die Unterschenkel werden leicht zurückgenommen und suchen den Kontakt zum Pferdeleib. Die Füße stehen in der Waagerechten mit den Fußballen in den Steigbügeln. Wenn nun noch die Schulter im Lot über Hüfte und Absatz steht, sitzen Sie „nach allen Regeln der Kunst". Ich wiederhole es noch einmal, das Erüben dieser Haltung braucht seine Zeit und strapaziert Ihre Geduld.

An der Longe Solange der Reitschüler mit Übungen der genannten Art beschäftigt ist und zunächst einmal den ersten Kon-Takt mit dem Pferd aufnimmt, lasse ich in unserer Arbeit die Pferde an der Longe laufen, so daß Reiter oder Reiterin sich vollständig auf sich selbst konzentrieren können und die Verantwortung für das Pferd beim Longenführer liegt. Aber auch in der Fortbildung des erfahrenen Reiters hat die Longe eine große Bedeutung. Viele Reiter kennen den Wert einer solchen Longenarbeit nicht, da sie selbst nur als Anfänger einige Stunden „an der langen Leine" verbracht haben und deshalb glauben, das sei eben auch nur etwas für Anfänger. Diejenigen dagegen, die sich wirklich um eine Reit*kunst* bemühen, kennen die unschätzbaren Vorteile der Longe – nicht nur in der Ausbildung des jungen Pferdes und des jungen Reiters. Eine Longenstunde kann gerade dem fortgeschrittenen Reiter helfen, Grundlagen zu festigen, weiterzuentwickeln und gelegentlich auch Fehler, die sich immer wieder einmal einschleichen, zu unterbinden. Und immer wieder erlebe ich das Erstaunen von Menschen, die schon lange reiten und sich nicht vorstellen können, daß ihnen eine solche Arbeit „etwas bringt", wenn sie davon sogar Muskelkater bekommen haben.

Worauf sitzen wir eigentlich als Reiter? Nachdem wir nun als Reiter schon einiges gelernt haben, stellen wir noch eine Frage, die zunächst recht naiv erscheinen mag, aber doch wesentlich ist und eigentlich an den Anfang gehört, und zwar die Frage, was genau sich da unter uns bewegt. Es ist nämlich gar nicht selbstverständlich, daß wir auf dem Rücken eines Tieres sitzen, daß ein Tier einen Menschen trägt. Ein Hund zum Beispiel – und sei er noch so kräftig – kann niemals Lasten auf seinem Rücken tragen, die Wirbelsäule würde das einfach nicht aushalten. Katzen mit ihrer empfindlichen Wirbelsäule ertragen noch nicht einmal die Hand, die sich auf ihrem Rücken schwer macht. Die Pferde aber mit ihrem speziellen Körperbau bringen von Natur aus eine Besonderheit mit, die es ihnen ermöglicht, dieses zu lernen.

Um das zu verstehen, müssen wir uns ein wenig mit der Anatomie vertraut machen – allerdings nur so weit, wie es für unser Verständnis als Reiter erforderlich ist. Wir müssen zum Beispiel wissen, an welcher Stelle wir den Sattel auf den Pferderücken legen. Liegt er nämlich zu weit vorn, behindert er die Schulter des Pferdes in ihrer Beweglichkeit, liegt er zu weit hinten, drückt er in die empfindliche Nierenpartie. Nicht alle Pferde besitzen eine gut ausgeprägte Sattellage, nicht bei allen ist der Rücken so geformt, daß ein Sattel beim Auflegen wie von selbst an seinen richtigen Platz gleitet.

Also stellen Sie sich vor, Sie sitzen auf dem gesattelten Pferd, dann haben Sie direkt vor sich seinen Kopf und seinen Hals. Der Hals wird genau wie beim Menschen und allen Säugetieren aus sieben Elementen gebildet, den einzelnen Halswirbeln. Auch eine Giraffe hat nur diese sieben Halswirbel, die allerdings – wie man sich denken kann – ein wenig größer sind. Tasten können Sie die Halswirbelsäule aber nur im Bereich des Genicks, also kurz hinter den Ohren. Dahinter verläuft sie in einem leichten S-förmigen Bogen fast bis zur Schultermitte und wird dort zur Brustwirbelsäule.

Die Wirbelsäule

Zusammen mit den Rippen bildet die Wirbelsäule hier den relativ starren und Halt gebenden Brustkorb. Das ist der Bereich, über dem Ihr Sattel liegt, die Stelle auf der Sie sitzen. Allerdings: so starr ist diese Konstruktion auch wieder nicht, denn wenn Sie Ihre Beine um den Pferdeleib legen, können Sie die Atmung fühlen, können Sie spüren, wie sich der Brustkorb weitet und wieder zusammenzieht.

Die besondere Festigkeit und Tragfähigkeit erhält der Pferderücken durch die Dornfortsätze der Wirbelkörper. Durch deren eigentümliche Stellung entsteht die sogenannte „Brückenkonstruktion". Während beim Menschen die Dornfortsätze der gesamten Wirbelsäule alle mehr oder weniger nach unten zeigen (das wäre beim Pferd schweifwärts), können wir beim Pferd im Bereich des Halses überhaupt keine Dornfortsätze erkennen. Von den folgenden Dornfortsätzen zeigen aber nur die ersten fünfzehn schweifwärts, der sechzehnte steht senkrecht, und alle folgenden Dornfortsätze zeigen kopfwärts. Da nun bei dieser Konstruktion die einzelnen Wirbelkörper untereinander mit Sehnen und Muskeln fest verbunden sind, entsteht über der eigentlichen Wirbelsäule, die das Rückenmark als Teil des zentralen Nervensystems schützt, eine aus den Dornfortsätzen gebildete tragfähige Brücke.

Hinter dem Sattel schließen sich die beweglichen Lendenwirbel und dann die mit dem Becken teilweise fest verwachsenen Kreuzbeinwirbel an. Das heißt, daß sich im Verlauf der Wirbelsäule Bereiche von hoher Beweglichkeit mit solchen von hoher Festigkeit abwechseln. Die Wirbelsäule von Mensch und Pferd unterscheidet sich kaum in Aufbau und Beweglichkeit voneinander. Für ein Pferd ist die Bewegung mit durchgedrücktem Kreuz genauso schädlich wie für den Menschen die Haltung im Hohlkreuz. Beides führt zu Verspannungen und frühzeitiger Abnutzung. Und auch bei Stürzen werden bei beiden hauptsächlich die Hals- und die Lendenwirbelsäule verletzt, die beweglichen Bereiche der Wirbelsäule.

Wenn wir in dieser Weise den Pferderücken verstanden haben, werden wir in Zukunft den Sattel nicht mehr nach der Anweisung, „der Sattelgurt solle eine Handbreit hinter dem Ellenbogen liegen", auf unserem Pferd befestigen, sondern ihn in seine korrekte Lage bringen, indem wir nach dem Schulterblatt des Pferdes tasten und überprüfen, ob hier genug Abstand zum vorderen Sattelrand besteht, und nach hinten werden wir den unteren Rippenbogen ertasten, um sicherzugehen, daß der Sattel tatsächlich von der festen Konstruktion des Brustkorbes getragen wird.

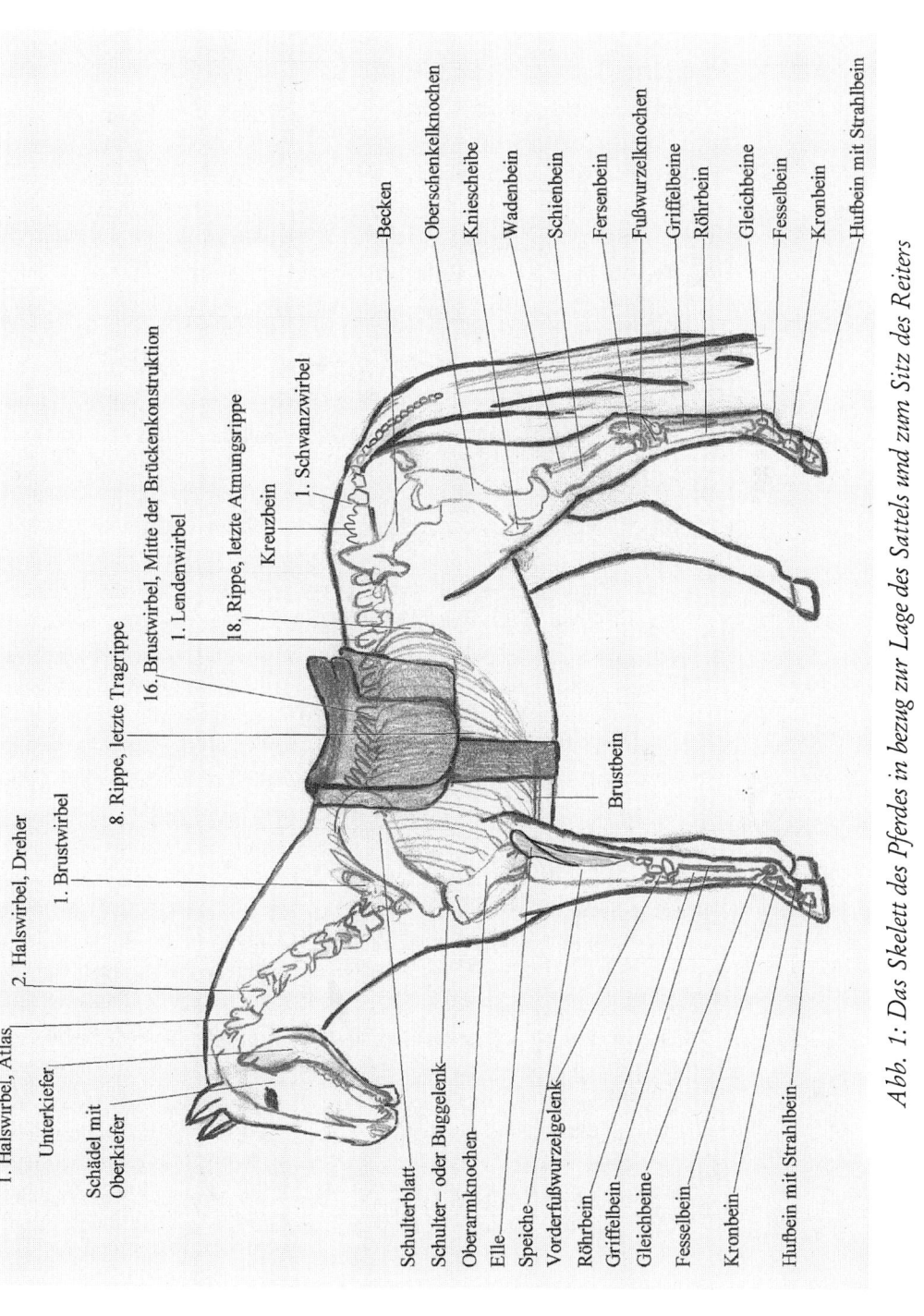

Abb. 1: *Das Skelett des Pferdes in bezug zur Lage des Sattels und zum Sitz des Reiters*

Die Gliedmaßen des Pferdes

Als nächstes kommen wir zu den Gliedmaßen des Pferdes: Auch über sie müssen wir als Reiter Bescheid wissen. Wir haben vorhin schon gesehen, daß die Beine für das Fluchttier Pferd äußerst wertvoll sind. Aber auch zu seiner Verteidigung braucht das Pferd seine Beine, und wird vorrangig versuchen, einen Angreifer durch Tritte mit seinen Hufen abzuwehren. Und diese Beine tragen sowohl das Pferd als auch seinen Reiter. Indem wir anerkennen, wie wichtig diese Pferdebeine zum Überleben sind, schaffen wir eine Vertrauensgrundlage. Wenn wir die fürsorgliche Verantwortung für die Pferdebeine übernehmen, wird sich das Pferd wohl fühlen, weil für einen seiner Instinkte, die zum Überleben notwendig sind, gut gesorgt wird. Damit erweisen wir uns in der Ordnung der Pferde als ein gutes Leittier!

Abgesehen von diesem schönen Effekt, der so ganz nebenbei unser Verhältnis zum Pferd verbessert, haben wir, wenn wir ein Tier halten, natürlich die Verantwortung für dessen Gesundheit. Beim Pferd ist das Wissen um seine „Basis" Voraussetzung dafür, daß wir diese Verantwortung auch angemessen tragen können. Jedes Mal, wenn wir das Pferd aus dem Stall oder von der Weide holen, gilt unser erster prüfender Blick dem Gesamtbild, stellt sich die Frage: „Ist das Pferd in Ordnung?" Dabei gleitet unser Blick über das Fell, prüft, ob etwa Verletzungen entstanden sind, und überprüft insbesondere die Gliedmaßen. Sind Schwellungen aufgetreten? Klappern die Hufe gleichmäßig auf dem Boden in der Bewegung?

Wenn wir uns daran gewöhnen, diese Inspektion in unsere Begrüßung des Pferdes einzubeziehen, schulen wir unseren Blick für das Normale, für das Aussehen gesunder Pferdebeine. Und dazu brauchen wir auch ein Verständnis für deren Aufbau, ihre Anatomie. Sie ist im Grunde recht einfach zu verstehen, weil auch sie der des Menschen entspricht.

Beim Menschen befindet sich kurz über der Stelle, an der das Bein aus dem Körper herausragt, das Hüftgelenk, und das nächste ist im gehörigen Abstand das Knie. Beim Pferd liegt das Hüftgelenk ebenfalls am Rumpf, erkennbar als „Hüftknochen", jedoch ragt das Bein erst mit dem Kniegelenk aus dem Körper heraus. Das folgende Gelenk, das Sprunggelenk, entspricht dem

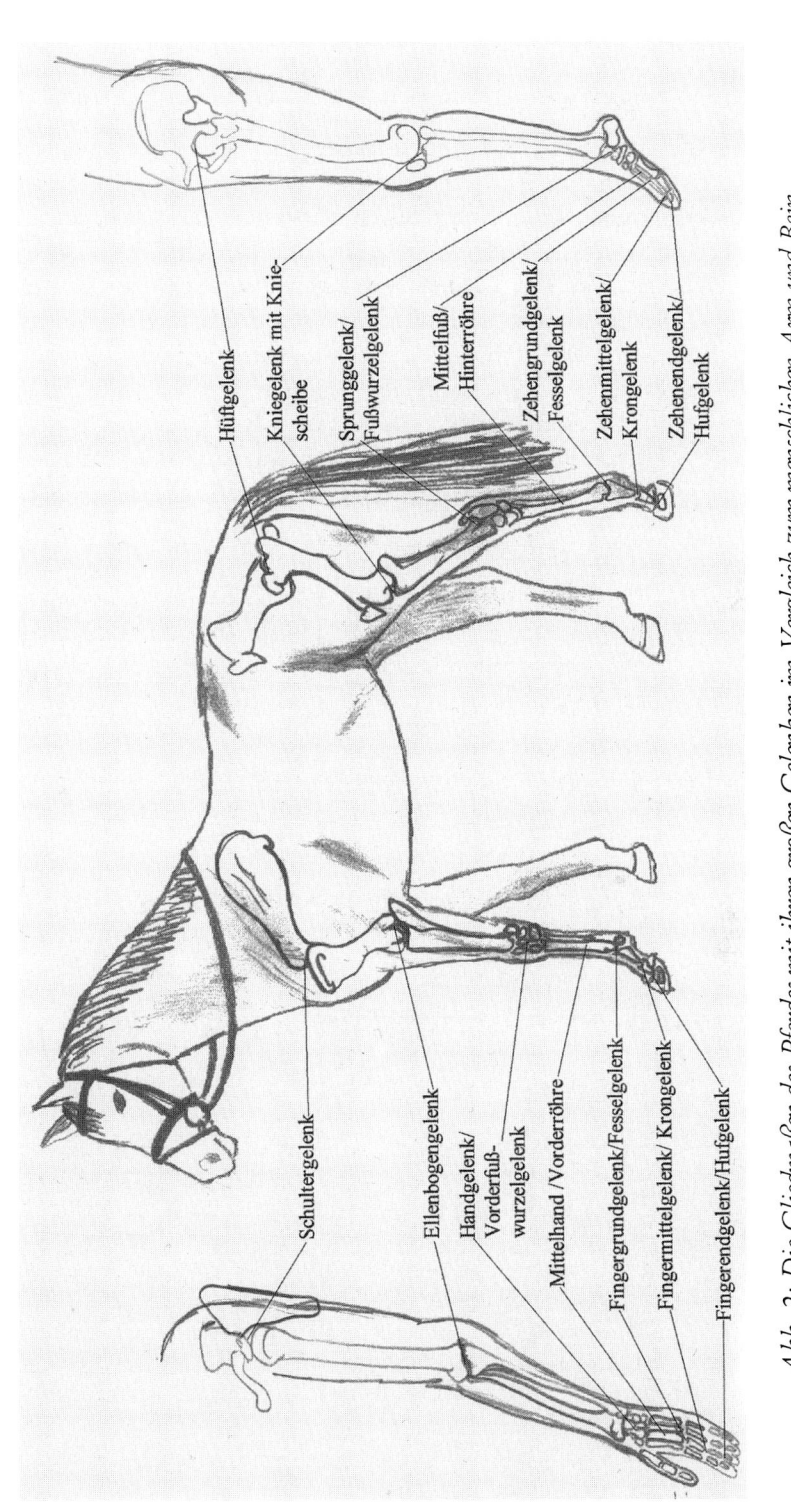

Abb. 2: Die Gliedmaßen des Pferdes mit ihren großen Gelenken im Vergleich zum menschlichen Arm und Bein

menschlichen Fußgelenk. Alles, was dann folgt – und das macht knapp die Hälfte der Beinlänge aus! –, entspricht dem menschlichen Fuß. Dabei ist der Huf nichts anderes als der zur Schale umgeformte Nagel eines Mittelzehs. Dieser trägt das ganze Pferd. Ein Balletttänzer steht immer noch auf seinen Zehenspitzen, das Pferd lediglich auf dem Nagel der dritten Zehe, beziehungsweise des Mittelfingers! Mit dieser Orientierung finden Sie sich auch in der gegenüberstellenden Zeichnung bald zurecht, wenn Sie sich entsprechend für das Vorderbein klarmachen, daß sich das Ellenbogengelenk dort befindet, wo das Pferdebein aus dem Rumpf herausragt, und das dann folgende auffällig sichtbare Gelenk dem menschlichen Handgelenk entspricht.

Ein wichtiger Unterschied zwischen dem Menschen und dem Pferd besteht außerdem noch darin, daß nur der Mensch – übrigens als einziger unter den „Wirbeltieren" – ein Schlüsselbein besitzt und dadurch eine fast doppelt so große Schulterfreiheit hat wie die Tiere.

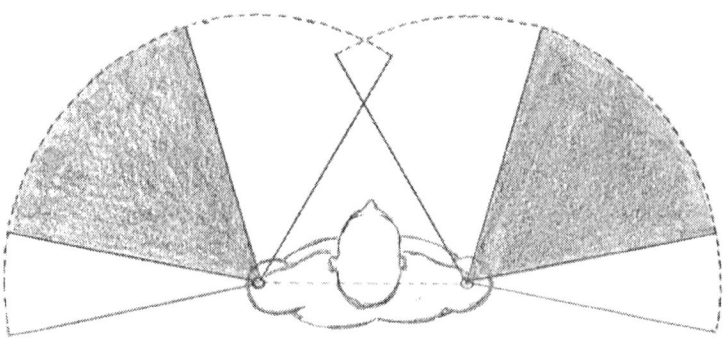

Abb. 3: Die Beweglichkeit der menschlichen Schultergelenke von oben gesehen:
Grau ist der Bereich, der zur Verfügung steht, wenn der Arm nur aus dem Schultergelenk bewegt wird – so wie bei allen Tieren. Der weitere Bewegungsumfang beim Menschen entsteht durch die Konstruktion des Schultergürtels mit den beiden Schlüsselbeinen rechts und links.

Lassen Sie uns zum Schluß dieser anatomischen Exkursion unsere Aufmerksamkeit noch auf die inneren Organe des Pferdes richten. Es gibt immer wieder Reiter, denen nicht einmal bewußt ist, daß ihr Pferd ein Herz hat und daß sie es nicht wie eine Maschine bedienen können. Als Reiter, die wir für die Gesundheit unserer Pferde verantwortlich sind, brauchen wir eine Vorstellung von dem lebendigen Organismus unter uns und müssen dazu gewisse „Eckdaten der Normalität" kennen, um beurteilen zu können, ob alles in Ordnung ist, beziehungsweise wann wir den Tierarzt hinzuziehen müssen.

Die inneren Organe des Pferdes

Solche Kenntnis ist auch im alltäglichen Umgang hilfreich. So befindet sich die Nierenpartie hinter der Sattellage. Dort liegt, halb noch vom Brustkorb geschützt, rechts und links jeweils eine Niere. In diesem Bereich sind viele Pferde – wie übrigens auch viele Menschen – sehr empfindlich, mögen es nicht, wenn wir dort beim Putzen zu fest drücken oder gar beim Aufsteigen mit dem rechten Bein „parken".

Die empfindliche Nierenpartie

Das Herz des Pferdes liegt normalerweise links im Brustkorb, kurz hinter dem linken Ellenbogen. Es schlägt in Ruhe 28 – 45 mal pro Minute, kann sich aber unter Belastung auf eine Frequenz von bis zu 250 Schlägen pro Minute steigern. Im Vergleich dazu schlägt das Herz des Menschen in Ruhe 50 – 70 mal und unter Belastung bis zu 180 mal pro Minute. Diese Zahlen zu kennen ist wichtig, wenn wir ein Training überwachen und das Pferd vor Überanstrengung schützen wollen. Der Pulsschlag läßt sich gut an der Innenseite des Unterkiefers oder seitlich an der Unterseite der Schweifrübe tasten. Er ändert sich bei Schmerzen oder fieberhaften Infekten. Wenn das Pferd ein auffälliges Verhalten zeigt, apathisch oder aufgeregt wirkt, der Puls schneller oder langsamer als normal geht und vielleicht noch die Körpertemperatur erhöht ist, muß dringend der Tierarzt zu Rate gezogen werden.

Das Herz

Die Körpertemperatur beträgt beim erwachsenen Pferd 37,5 – 38,3 Grad Celsius, liegt damit etwa um ein Grad über der rektalen Temperatur des Menschen, und wird immer im After gemessen. Dabei muß das Thermometer unbedingt festgehalten werden, damit es nicht in den Darm rutschen kann. Es gelten ei-

Die Körpertemperatur

gentlich die gleichen Regeln wie für das Fiebermessen bei Kindern. Unter starker Belastung kann die Körpertemperatur bis auf 40 Grad Celsius ansteigen, sollte sich aber nach etwa einer Stunde normalisiert haben.

Der Blutkreislauf – Regulation und Versorgung

Die Regulierung der Körpertemperatur erfolgt im wesentlichen über den Kreislauf. Hier sind es die Blutadern, die Venen und Arterien, die enger oder weiter gestellt werden können und dadurch Körperwärme halten oder abgeben. Auch der Schweiß gehört zu diesem Regulationssystem, indem er auf der Haut verdampft und so eine Kühlung von außen bewirkt. Gleichzeitig werden mit dem Schweiß auch Schadstoffe aus dem Körper ausgeschieden, so daß die Nieren entlastet werden. Wenn ein Pferd also bei der Arbeit schwitzt, ist dies ein gesunder Vorgang. Steht es allerdings schweißüberströmt in der Box, dann ist sicherlich etwas nicht in Ordnung. Im übrigen kann man auch hier ähnliche Verhältnisse wie beim Menschen voraussetzen: starke körperliche oder seelische Beanspruchung wird – ebenso wie Belastung bei mangelnder Kondition – von vermehrtem Schwitzen begleitet.

Die Blutmenge des Pferdes beträgt bei einem Körpergewicht von 500 kg etwa 40 – 50 Liter, als Faustregel kann man sich merken, daß es etwas unter zehn Prozent des Gesamtgewichtes sind. Blut besitzt eine sehr hohe Färbeeigenschaft, so daß blutende Verletzungen sehr schnell bedrohlich wirken und der Blutverlust in der Regel zu hoch eingeschätzt wird. Trotzdem sollte bei jeder Blutung ein Tierarzt hinzugezogen werden, da besonders gering blutende Wunden schnell zu Infektionen führen können.

Lungen und Atmung

Etwa die Hälfte des Brustkorbes wird von der Lunge ausgefüllt. Wenn Sie oben auf dem Pferderücken sitzen und die Beine locker herunterhängen lassen, dann können Sie spüren, wie sich der Brustkorb mit jedem Atemzug dehnt. Und wenn das Pferd nach der Arbeit zufrieden schnaubt, dann scheint sein ganzer Körper „durch und durch" bis in die Haarspitzen zu vibrieren, eine Bewegung, die sich wohlig in unserem eigenen Körper ausbreitet, wenn wir entspannt genug sitzen, um fühlen zu können. Für eine grobe Orientierung kann man das Ohr flach an den Pferde-

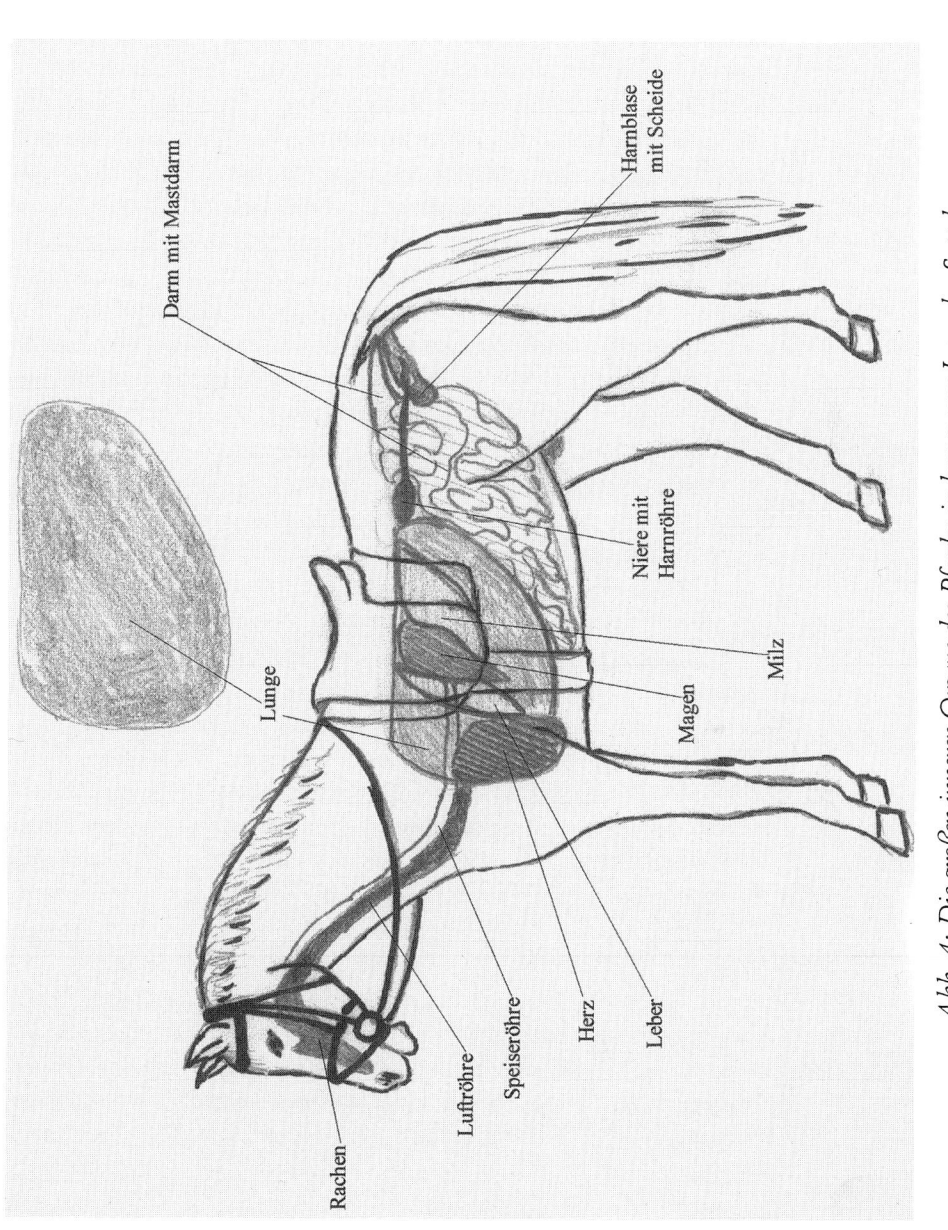

Abb. 4: Die großen inneren Organe des Pferdes in bezug zur Lage des Sattels

leib legen, um den Atemgeräuschen zu lauschen, am besten in dem Winkel zwischen Schulter und Ellenbogen, dort wo der vordere Sattelrand liegen würde. In Ruhe finden wir eine Frequenz von 8 bis 16 Atemzügen pro Minute, die sich unter starker Belastung fast auf das Zehnfache (80 bis 100) steigern kann. Beim gesunden Pferd wird das Einatmen und die Entfaltung der Lunge von einem weichen Strömungsgeräusch begleitet, während wir das Ausatmen nicht hören können.

Und wenn wir unser Ohr schon am Pferdebauch haben, dann können wir auch gleich noch den Darmgeräuschen lauschen. Wir finden sie am leichtesten hinter dem Brustkorb, dort wo sich der Pferdeleib bei der Atmung so stark dehnt, weil die luftgefüllten Lungen den Bauchinhalt nach unten und hinten schieben. Hier hören wir in unregelmäßigen Abständen ein leichtes Glucksen, ein zartes Knarren, das von der ununterbrochenen Arbeit des etwa dreißig Meter langen Darmes mit seinen verschiedenen Abschnitten herrührt. Diese Darmgeräusche geben auch dem tiermedizinischen Laien eine erste Orientierung: wirkt das Pferd „komisch" und die Darmgeräusche sind entweder sehr hell, metallisch oder gar nicht zu hören, dann muß das Pferd in jedem Fall dem Tierarzt vorgestellt werden.

Der Verdauungstrakt beginnt nicht erst irgendwo im Bauch des Pferdes, sondern in Wirklichkeit bereits vorne im Maul bei den Zähnen. Anhand ihrer Stellung und Abnutzung bekommen wir eine erste Orientierung über Alter und Gesundheitszustand eines Pferdes, und nicht umsonst gibt es den Spruch, daß man „einem geschenkten Gaul nicht ins Maul" schauen solle. Auch die Zähne können dafür verantwortlich sein, daß sich Pferde „nicht gut reiten" lassen: Nachdem die Milchzähne mit sechs Monaten alle durchgebrochen sein sollten, beginnt mit zweieinhalb Jahren der Zahnwechsel, der sich über die nächsten drei Jahre hinzieht und immer wieder dazu führen kann, daß sich die Pferde mehr oder weniger gegen die Trense wehren. Auch wenn sich durch ungleichmäßige Abnutzung scharfe Kanten gebildet haben, kann daraus Schmerz und Unwille zur Arbeit entstehen.

Dieser Exkurs in die körperlichen Grundlagen unserer Pferde soll kein Lehrbuch ersetzen, sondern Ihnen ein erhöhtes Gespür für das Lebewesen „Pferd" vermitteln. Je mehr wir über das uns anvertraute Tier wissen, desto eher werden wir ihm gerecht, desto mehr verstehen wir es als ein lebendiges Wesen, desto mehr können wir uns auf dieses lebendige Wesen einlassen. Wenn wir jetzt das Pferd streicheln, mit unserer Hand über den warmen Pferdeleib fahren, dann schaffen wir Kon-Takt, kommen mit ihm – in des Wortes ursprünglichem Sinn – in Berührung. Und wenn wir mit diesem Wissen auf dem Rücken des Pferdes sitzen, lernen wir, mit unserem ganzen Körper zu spüren, was in dem Tier unter uns vorgeht. Wir nehmen dann auf der körperlichen Ebene eine Beziehung zu dem Pferd auf.

Ein neues Körperbewußtsein

Dabei machen auch wir selbst eine neue Körpererfahrung, wir nehmen ganzheitlich wahr, mit unserem ganzen Körper, mit allen Sinnen: fühlend, sehend, hörend, unser Gleichgewicht erlebend, und kommen so auch mit unserem eigenen Körper in einen engen Kon-Takt. Dieses bewußte Kontaktaufnehmen führt uns zu einem Erleben von Einheit und Ganzheit, gibt uns ein Gefühl von Stärke und läßt unser Vertrautsein mit dem Pferd ständig wachsen.

Mit „Takt" ist die erste Stufe der Ausbildungsskala überschrieben. Takt – das hat mit Maß in Zeit und Raum zu tun, ist etwas Meßbares. Und in diesem meßbaren Bereich bewegen sich die Gangarten, die Schritte, Tritte und Sprünge, mit denen wir begonnen haben. Auch wenn wir das Klavierspielen erlernen, müssen wir von Anfang an den Takt beachten. Wir müssen üben und immer wieder üben, müssen die Fingerfertigkeit ausbilden, – beim Reiten ist es die Körperbeherrschung – und eines Tages sind wir dann so weit, daß unsere Finger die Beweglichkeit, die Geläufigkeit erworben haben und sich nicht mehr länger im Lauf „verhaken". Ein gut koordinierter Bewegungsablauf ist die unabdingbare Voraussetzung, daß wir den Takt einhalten können. Und noch etwas später, wenn uns die Fingerbeweglichkeit so selbstverständlich geworden ist, daß wir sie schon fast wieder vergessen haben, können wir auch den Takt vergessen und einem übergeordneten Rhythmus der Musik überlassen, uns ganz dem Rhythmus des Spieles hingeben.

Takt und Rhythmus im Pferdeleben

Diesen Moment erleben wir auch in der Ausbildung junger Pferde: Wenn sie sich erst einmal an den Reiter und ein neues Gleichgewicht gewöhnt haben, scheinen ihre Beine mit der Präzision eines Metronoms zu laufen und den Takt fast wie eine Maschine genau einzuhalten, bis ihre Bewegungen dann eines Tages unter einem guten Reiter rhythmisch zu fließen beginnen.

Auch in seiner Gesamtheit ist das Pferd ein rhythmisches Wesen, es besitzt ein gutes Zeitgefühl und liebt es, wenn Gewohnheiten eingehalten werden. So können Sie in vielen Reitschulen beobachten, daß erfahrene Schulpferde genau wissen, wann eine Stunde herum ist, und dann nicht mehr zu bewegen sind, noch einen weiteren Schritt zu tun. Oder im Winter: da sind unsere Pferde den ganzen Tag über in einem großen Auslauf und werden gegen vier Uhr hereingeholt. Ziemlich genau eine Stunde vorher sammeln sie sich vor dem Eingang, ganz vorn eine ranghohe Stute, die viel Wert darauf legt, zuerst „nach Hause" zu kommen.

Noch eine weitere kleine Beobachtung zu den Gewohnheiten: In einem Sommer fuhren wir regelmäßig mit zwei Pferden zum Turnier; meine Stute ging ohne Schwierigkeiten auf den Anhänger. So waren wir völlig überrascht, als sie sich eines Morgens weigerte, den Anhänger zu betreten. Und während uns – Sonntagmorgen um vier Uhr! – unsere sorgfältig geplante Zeit davonlief, war die Stute durch nichts zu bewegen. Bis es uns plötzlich wie Schuppen von den Augen fiel: In unserer Routine hatten wir bisher das andere Pferd immer zuerst aufgeladen und auf der rechten Seite angebunden. An diesem Morgen aber stand der Wallach links, und das war der Grund. Kaum stand der Wallach wieder auf der rechten Seite, ging die Stute ruhig und zufrieden an „ihren Platz".

In diesem Zusammenhang spielen auch die Futterzeiten eine wichtige Rolle: den ganzen Tag über können die Stalltüren in unregelmäßigen Abständen geöffnet und geschlossen werden, ohne daß die Pferde dem große Beachtung schenken. Zu den Futterzeiten aber ändert sich das. Da wird genau aufgepaßt, *wer* den Stall betritt, und wenn es „der Richtige" ist, der dann auch noch zum Futterwagen geht, wird er mit lautem Schnauben,

Prusten und Scharren empfangen. Zu meinen liebsten Arbeiten gehört die Abendfütterung. Dann sind alle Pferde im Stall, und es herrscht große Aufregung, wenn ich mit dem Futterwagen zu hantieren beginne. Die Unruhe weicht aber bald einem Geräuschteppich aus zufrieden klingendem, leisen Mahlen und kleinen Lippenschnalzlauten, nur von gelegentlichem Schnauben oder Prusten unterbrochen.

In den größeren Rhythmus eines Jahres sind die Pferde mit ihrem Fellwechsel eingebunden. Von März bis Mai legen sie ihr Sommerfell an und stoßen allmählich das dicke, lange Winterfell mit viel Unterwolle ab, um dann im Herbst das glatte „Sommerkleid" wieder gegen ihren dicken „Wintermantel" einzutauschen. – Die „Rosse" der Stuten, das ist die Zeit, in der sie sich für zwei oder drei Tage möglichst wenig um den Menschen kümmern, weil ihr ganzer Organismus auf Fortpflanzung eingestellt ist, erfolgt alle einundzwanzig Tage in der lichtreichen Zeit des Jahres. Wenn eine Besamung erfolgt ist, wächst dann in den nächsten elf Monaten ein Fohlen heran. Für dessen Geburt allerdings hat die Stute einen ziemlich weiten Spielraum. Sie kann den Termin vorverlegen oder hinauszögern, je nachdem wie es ihrem Instinkt für den „richtigen Zeitpunkt" entspricht. Dieser Zeitpunkt ist von den Umweltbedingungen abhängig, die die Stute vorfindet. Erst wenn diese stimmen, wird die Geburt eingeleitet.

Verständlich, daß Pferde bei dieser Wesensart besonders über den Rhythmus ansprechbar sind: Wir können zum Beispiel den Trab mit einem leichten Schnalzen der Zunge begleiten und dann durch schnelleres oder langsameres Schnalzen das Tempo des Pferdes beeinflussen. Oder wir reiten nach Musik. Dabei kommt es mir immer wieder so vor, als ob sich die Pferde viel lieber, fast möchte ich sagen leichter, bewegen, wenn bei der Arbeit eine Musik im Hintergrund spielt.

Als letztes erwähne ich noch einen anderen Aspekt des Rhythmus, der insbesondere in unserer Verantwortung als Reiter liegt: den Wechsel von Anspannung und Entspannung, von intensiver Arbeit und Pausen. Für jede einzelne Arbeitseinheit, die wir mit unserem Pferd beginnen, gilt es zunächst, die Freude am gemeinsamen Tun herzustellen, sich aufeinander einzuspielen, die

Muskeln zu wärmen und zu lockern. Dann erst kann die Phase der eigentlichen Übung entwickelt werden, und schließlich sollte eine Entspannungsphase abschließen, in der Pferd und Reiter noch einmal die Leichtigkeit ihres gemeinsamen Tuns genießen. Doch das allein genügt noch nicht. Pferde sind in ihrer Konzentrationsfähigkeit kleinen Kindern vergleichbar – und die würde niemals für eine volle Reitstunde mit intensiver Arbeit ausreichen. Deshalb muß jede Arbeitseinheit in mehrere Phasen wechselnder Anforderungen, in Zeiten der Anspannung und Zeiten der Entspannung, aufgegliedert werden. Das verlangt von uns Reitern, daß wir einen Sinn dafür entwickeln und jederzeit die Freiheit behalten, uns auch dann, wenn wir gerade an einer Aufgabe „knacken", wieder daraus zu lösen und kleine entspannte Zwischenräume einzulegen.

Die Begegnung mit dem Pferd fordert den Menschen. Er kann einfach nicht der bleiben, der er einmal war. Er muß innerlich *wachsen*, damit er diesem großen Tier ge*wachsen* ist, und sicherlich geht eine der stärksten Wirkungen auf ihn von der Begegnung mit dem rhythmischen Wesen Pferd aus. Dieses ist mit vollkommener Selbstverständlichkeit in den Rhythmus seines Lebens eingebunden, wird von diesem Rhythmus bewegt und kann sich tragen lassen. Und als Reiter können wir gar nicht anders als uns – bewußt oder unbewußt – darauf einzulassen, sobald wir mit dem Pferd in Kon-Takt treten. Da werden in uns Bilder angeregt, die atmen und pulsieren. Und fast wie von selbst ändert sich dann auch etwas in uns, in unserem eigenen Rhythmus, vielleicht in unserer Lebenseinstellung.

Menschen-rhythmen

Denn wo können wir als moderne Menschen heute noch sagen, daß wir getragen werden, daß wir uns getragen fühlen? Trägt uns noch ein Rhythmus von Spannung und Entspannung, ein Rhythmus der Tageszeiten, der Jahreszeiten? Finden wir noch unseren Frieden, unsere Zu-Frieden-heit im Wechsel von Aktivität und Ruhe? Geben wir unserem Körper – und vor allem auch unserer Seele – noch genügend Raum und Zeit, neue Kräfte aufzutanken? Oder treibt uns die Alltagshektik rastlos durch die Welt, erfüllen wir Normen und leben damit gegen die ureigene innere Uhr? – „Takt" in dem größeren Rahmen der

Menschenbildung am Pferd lehrt uns, wieder nach diesen Rhythmen zu schauen, uns ihrer bewußt zu werden.

In meiner Arbeit mit Patienten habe ich genug Menschen gesehen, die sich vom Leben betrogen fühlten: Mit dem Partner hatten sie geschuftet und sich keine ruhige Minute gegönnt, Kinder groß gezogen, Meisterprüfungen abgelegt, Geschäfte gegründet, Häuser gebaut und sich selbst damit beruhigt, daß diese Mühe „eines Tages" belohnt werde. Und dann war es endlich soweit, das Rentenalter war erreicht, die Kinder hatten ihre Berufe – jetzt endlich sollte es schön werden. Dann starb plötzlich der Mann am Herztod oder die Frau am Krebs. – Dies soll kein Plädoyer gegen fleißige Arbeit und das Streben nach Wohlstand sein, es zeigt nur, daß diese allein noch nicht das Leben sind. Das Leben stellt keine Schecks auf die Zukunft aus, jedenfalls keine, die unbedingt gedeckt sind. Es will jetzt und hier, in diesem Moment gelebt werden.

Und von wem könnten wir das besser lernen als von unseren Pferden? – Schon die Verantwortung, die wir für sie haben, weist uns deutlich auf das Hier und Jetzt hin. Wir können das Füttern und Tränken nicht auf später oder morgen verschieben. Wir können nicht sagen: „Wenn Du erst gut ausgebildet sein wirst, kannst Du Dich besser bewegen; dann drückt der Sattel nicht mehr." Das Pferd wird nur dann willig mit uns arbeiten, wenn der Sattel *jetzt* nicht drückt. Andernfalls signalisiert es uns – oft mit Taktfehlern – daß die aktuelle Situation nicht in Ordnung ist, und es wird uns erst dann seine ganze Kraft und Energie zur Verfügung stellen, wenn wir die Situation – jetzt! – geändert haben.

Vor allen Dingen aber lernen wir von unseren Pferden, daß wir uns tragen lassen können. Wir brauchen nicht alles – auch nicht „des Tages Müh' und Last" – immer und ununterbrochen selbst zu tragen. Und vielleicht liegt eine Faszination des Reitens darin, daß wir in diesem Leben einmal konkret körperlich-sinnlich die Erfahrung machen, daß wir getragen werden, – allerdings nicht in passiver Schläfrigkeit, sondern in aktiver bewußter Wachheit, unseren Weg selbst bestimmend.

So sind wir über die ersten Takt-Lernschritte inzwischen in Kon-Takt gekommen mit dem Wesen Pferd und in einen gemeinsamen Lernprozeß eingetreten, in dem das Pferd vom Rhythmus getragen wird und der Reiter sich von seinem Pferd tragen läßt. Damit haben wir eine Grundlage gewonnen, auf der die weiteren Ausbildungsschritte aufbauen können.

KAPITEL 2
Losgelassenheit

> *Gib Ohr allen Geheimnissen, die dir das Pferd anvertraut, während es dich trägt. Denn dein Pferd hat Geheimnisse und liebt, sie dir mitzuteilen: kleine Ungezogenheiten, Liebhabereien, Zuneigungen und Abneigungen, kleine Untreuen, Vertraulichkeiten, Perversitäten.*
> Rudolf G. Binding

Das zweite Ausbildungselement „Losgelassenheit" ist vom ersten, dem „Takt", nur theoretisch zu trennen, in der Praxis gehören sie zusammen, ergibt sich das eine aus dem anderen. So entstehen die meisten „Taktfehler" zum Beispiel durch Anspannung oder Verspannung, also durch ein fehlendes Loslassen. Wenn man das Pferd jetzt dazu bringen möchte, sich zu entspannen, um sich auf die Arbeit zu konzentrieren, und es natürlich nicht möglich ist, diese Entspannung zu erzwingen – genauso wenig wie man bei Menschen Entspannung durch Zwang erreichen kann – dann hilft es, sich auf den Takt zu konzentrieren. Das geschieht am besten durch ein deutliches Vorwärtsreiten, das fast immer zur „Lösung" führt. Losgelassenheit ist das Ziel, der Weg dahin ist das Lösen, das Loslassen.

In der bisherigen Auseinandersetzung mit dem „Takt" haben wir die körperlichen Voraussetzungen kennengelernt, haben die anatomischen Grundlagen des Pferdes und die Gangarten studiert, uns die Bewegungsabläufe klargemacht und dabei auch unsere eigenen körperlichen Bewegungen mit denen des Pferdes abgestimmt. Wir haben gesehen, daß Pferde ihre Bewegungen bereits vom ersten Lebenstag an auszubilden beginnen und bald zu beherrschen lernen – solange „nichts dazwischen kommt". Um zu verstehen, in welchem Maß ein Sattel und besonders ein Reiter „dazwischenkommen", müssen wir uns jetzt genauer mit dem beschäftigen, was im inneren Erleben, in der Seele der Pfer-

Schlüsselworte für Losgelassenheit:

– Vertrauen und Gelassenheit

– Sich in seinem Körper wohl fühlen

– Wachheit und Konzentration in der Entspannung

– selbstverständliche Ordnung, Grenzsetzung, Authentizität

de vor sich geht und was sich dann in ihrem äußeren Verhalten zeigt.

Ein Außenstehender mag vielleicht beim Anblick der massigen Körperlichkeit geneigt sein, auf grobe innere Strukturen zu schließen. Dagegen wissen wir bereits - etwa aus dem Beispiel vom „Klugen Hans" - um das überaus feine innere Gespür dieser Tiere. Robert Vavra, der Pferdephotograph, erzählt, er sei bei Beobachtungen wild lebender Pferde auf einen Baum gestiegen, um herauszufinden, wo sich die Herde aufhalte. Dazu habe er seine Phototasche mit wertvollen Spezialkameras in einem trokkenen Flußbett abgelegt. Zu spät habe er das Donnern der Hufe gehört, um seine wertvollen Apparate noch retten zu können. Eine Herde von etwa zweihundert Tieren kam mit hohem Tempo durch eben dieses Flußbett galoppiert. Er konnte nur hilflos zusehen und seine Tasche anstarren, die mitten auf dem Weg lag. Als die Herde vorbeigestürmt war und sich der Staub wieder etwas gelegt hatte, stieg er vom Baum und - fand seine Tasche unversehrt vor! Ein Beispiel, das nicht zur Nachahmung einlädt, das aber zeigt, wie „bewußt" sich wilde Pferde des Bodens unter ihren Hufen zu sein scheinen.

Diese Feinfühligkeit droht bei Pferden, die überwiegend den ebenen Boden einer Reithalle unter den Hufen gewohnt sind, abzustumpfen, kann allerdings durchaus gefördert werden. Ich selbst konnte bei der Arbeit mit der Longe auf unebenen Weidewiesen oft beobachten, daß die Pferde anfangs immer wieder ungeschickt auftraten oder gar stolperten, dann aber zunehmend sicherer wurden und schließlich im selben Maß, in dem sie sich auf die Arbeit konzentrierten und anfingen, im Rücken zu schwingen, auch ihre Füße sicherer setzten.

Pferde-Beobachtungen auf unseren Wiesen

Am schönsten wäre es, wir könnten zu unseren Pferdebeobachtungen in Gebiete reisen, in denen es noch frei lebende Pferdeherden gibt, ihnen nachziehen und ihnen zuschauen. Die Möglichkeiten dazu sind aber leider begrenzt, und so lade ich Sie ersatzweise zu einem Spaziergang auf unsere Koppel ein, um dort exemplarisch das Notwendige über die Tiere zu lernen. Vor allen Dingen können Sie sie hier in ihrer natürlichen Daseinsform erleben: als Herdentiere in ihrer Herdenstruktur. Sie brau-

Abb. 5: Pferde gehören auf die Weide

chen die Gemeinschaft als Lebenselement. Zwar haben unsere Pferde verschiedene Besitzer, und jedes Tier hat seine eigene Box. Im Sommer aber stellen wir sie Tag und Nacht zusammen auf die Wiese. Nur wenn ein Tier krank ist, wird es für diese Zeit in den Stall genommen. Wenn wir mit einem der Tiere arbeiten wollen, wird es von der Weide geholt, bekommt eventuell nach der Arbeit noch eine Extraration Futter in seiner Box, doch dann wird es wieder hinaus auf die Weide zu den anderen gebracht. Durch diese langen gemeinsam verbrachten Zeiten entwickelt sich eine Herden- oder Gruppenstruktur mit ausgeprägten Zu- und Abneigungen.

Im Winter bekommen die Pferde ihr Futter abends im Stall, verbringen die Nacht in ihren Boxen, werden morgens gefüttert und dann tagsüber wieder auf der Wiese laufen gelassen. Da es in dieser Jahreszeit viel regnet, auch die Vegetation nicht auf Wachstum eingestellt ist, verwandelt sich der Boden schnell in ein wenig attraktives Lehm- und Schlammfeld. Trotzdem erscheint es uns wichtig, die Tiere hinauszulassen, damit sie sich wälzen und toben können, hauptsächlich aber, damit sie auch im Winter ihre Sozialkontakte pflegen und so viel frische Luft wie möglich atmen können.

Außerdem gibt es bei uns jedes Jahr ein paar Fohlen. Die Mutterstuten werden in der Zeit, die dem Abfohlen unmittelbar vorausgeht, nachts im Stall gehalten und verbringen dann auch die ersten Tage dort mit ihren „Kindern" allein. Aber da kommen wir schon auf die sozialen Bezüge und Bindungen der Pferde, und dieses Thema gehört erst ins nächste Kapitel.

Schlendern wir jetzt einmal zur Weide, die sich weitläufig über eine leicht ansteigende Landschaft erstreckt. Es ist noch ziemlich früh am Vormittag, und die Pferde grasen wieder einmal am hintersten Ende. Können Sie sie sehen? Einige Tiere liegen im Gras und ruhen, einige schlafen im Stehen, und zwei oder drei haben offenbar Wachdienst. Sie wenden uns ihre Köpfe zu, beginnen dann aber wieder zu grasen, wohl weil sie sich inzwischen sicher sind, daß wir als Besucher und in friedlicher Absicht gekommen sind.

Pferde sind Fluchttiere   Diese Wachsamkeit läßt sich besonders in wild lebenden Verbänden beobachten, weil sie hier für die Pferde von existentieller Bedeutung ist. Denn nach ihrer biologischen Stellung sind Pferde für eine Reihe von Raubtieren Beutetiere, die sich durch Flucht in Sicherheit zu bringen suchen. Erst wenn sie angegriffen werden, versuchen sie den Jäger, in der Regel das Raubtier, durch Tritte abzuwehren. So wird auch im Umgang mit dem Menschen ein Pferd in entsprechenden Situationen immer zuerst seinem Fluchtimpuls folgen und nur, wenn ihm dies nicht gelingt und es sich in die Enge getrieben fühlt, zu seiner Verteidigung beißen oder schlagen.

Dies zu wissen, ist wichtig für uns: Pferde als Fluchttiere müssen jeden Augenblick ihres Lebens auf der Hut sein. Selbst wenn sie schlafen und andere Familienmitglieder die Wache übernommen haben, müssen sie in Bruchteilen von Sekunden hochkommen können und fluchtbereit sein. Wir können daraus ableiten, wie der Pferdekörper und seine Sinnesorgane eingerichtet sein müssen, um das Überleben zu sichern, und wie sich das gesamte

Verhalten eines Pferdes in dieses Überlebensprogramm einfügt. Zu diesem Programm gehört dann auch das Mißtrauen, das sich im vertrauensvollen Umgang mit dem verständigen Menschen zwar weitgehend abbauen läßt, jedoch beim geringsten Anlaß wieder aufflackern und alle Fluchtmechanismen bereitstellen kann. Pferde dürfen sich nach ihrem biologischen Programm nicht völlig auf andere Lebewesen und eben auch nicht auf den Menschen verlassen. Dennoch wissen sie gut zu unterscheiden, wem sie vertrauen können und wem nicht. Vor einiger Zeit verletzte ein Fremder eine unserer Stuten durch eine tiefe Stichwunde an der Schulter. Aber die Stute ließ die Menschen, die sie kannte, dennoch an sich heran, so daß die Wunde versorgt werden konnte. Trotzdem hatte die Gefahr bestanden – und das muß nicht notwendigerweise mit guter oder schlechter Tierhaltung zusammenhängen –, daß sie sich für längere Zeit von keinem Menschen mehr berühren ließ.

Inzwischen gehen wir auf die kleine Gruppe von Pferden zu, die etwas abseits von den anderen weidet. Das sind die tragenden Stuten, die untereinander zwar keine engen Freundschaften pflegen, sich aber gut vertragen. Ziemlich dicht bei dieser Gruppe stehen zwei schwarze Stuten, Schwesterpferde von zwei und drei Jahren. Das sind die neugierigsten. Und schon kommen sie näher, die Ohren nach vorne gestellt, die Köpfe vorgestreckt. So können sie uns am besten „aufnehmen" und dabei auch versuchen, unseren Geruch möglichst genau zu erspüren. Jetzt recken sie die Nasen zu unseren ausgestreckten Händen, beriechen und betasten sie bis zu den Unterarmen. Wir haben ihnen nichts mitgebracht – schade! Ein bißchen enttäuscht wirken die beiden jungen Stuten schon – oder ist das menschliches Denken?

Pferdebegegnung und Annäherung: Anbahnung von Vertrauen und Losgelassenheit – Pferdesinne und körperliches Wohlgefühl

Vielleicht spüren Sie das Bedürfnis, das Pferd jetzt einmal behutsam zu streicheln? Sie dürfen es überall berühren, am besten so, daß das Tier Ihre Bewegungen sehen kann, damit es nicht durch einen unvorhergesehenen Kontakt erschreckt wird. Eine Pferdebegrüßung ist immer wieder ein schönes Erlebnis, und mir macht es viel Spaß, beim Streicheln die Stelle und die Art herauszufinden, die das jeweils vor mir stehende Tier am liebsten mag. Ist das ein kräftiges Reiben auf der Stirn, oder sind es leichte Rundbewegungen über den Nüstern? Liebt es das Pferd, wenn ich es an den Ohren zupfe oder die Ohrbasis in kleinen festen Kreisen kraule? Manche Pferde mögen es sehr, wenn man ihnen den Kopf von unten behutsam kratzt, dort in der Rinne zwischen den Unterkiefern oder hier, entlang den Ganaschen, also den Rinnen, die an der Außenseite der Unterkiefer zu den Ohren verlaufen. Vielleicht suchen Sie einmal selbst die Stelle, die Sie am liebsten berühren und die das Pferd genauso mag! Und spüren Sie auch, wie weich die Lippen eines Pferdemaules sind und wie zart die Haut der großen Nasenlöcher, der Nüstern, sich anfühlt.

Mit den Lippen, und zwar besonders mit der sehr beweglichen Oberlippe, betastet ein Pferd seine Nahrung. Es kann damit sogar einzelne Haferkörner vom Boden – selbst von einer völlig glatten Oberfläche – aufnehmen und die Pflanzen aussuchen, die es sich abrupfen will, indem es sie dann mit den großen Schneidezähnen „abmäht". Immer werden die Pflanzen dabei auch genau mit dem Geruch geprüft, und diejenigen bleiben stehen, die dem Pferd nicht bekommen oder nicht schmecken.

In der Nahrungsaufnahme sind Pferde sehr wählerisch. Die große schwarze Stute dort hinten, die jetzt herüberschaut, hat eine intensive Abneigung gegen alles, was nach Arznei riecht. Warum sollte man etwas fressen, was in der Natur nicht vorkommt? Die letzte Wurmkur wurde ihr in den Hafer gemischt, und sie hat volle zwei Tage vor der mit Futter gefüllten Krippe gehungert. In diesen Tagen war ich zufällig nicht im Stall gewesen, wußte also auch nichts von dem „giftigem Hafer" und wunderte mich nur, daß das Pferd so hungrig aussah, wo seine Krippe doch gefüllt war. Also rührte ich mit der Hand durch den Hafer und bot ihn ihr an. Sie roch daran, krümmte den Hals und prustete vor heftiger Abneigung. Dann erwischte ich zufällig wohl etwas Hafer ohne „Wurmkur", und als ich ihr den vor die Nase hielt und dieser offenbar auch nicht gefährlich roch, nahm sie vorsichtig die Körner von meiner Hand. Dies wiederholte sich Handvoll um Handvoll. Und war ab und zu doch noch etwas von der Wurmkur zu riechen, dann prustete sie wieder und machte heftige Nickbewegungen mit dem Kopf, die ihre Abneigung ausdrückten. Als ich etwa eine Stunde später wieder zu der Stute in den Stall kam, hatte sie offensichtlich die Erfahrung gemacht, daß dieser Hafer wohl doch nicht giftig sei, und hatte gerade die Krippe leergeputzt. Fast muß sie sie ausgeleckt haben, denn der Boden war noch feucht!

Bei dieser Gelegenheit erfuhr ich übrigens etwas über das Lernen eines Fohlens, über sein reines Nachahmungslernen: Diese Stute hatte nämlich ihr Fohlen bei sich, das damals ein halbes Jahr alt war. Als ich so intensiv mit der Mutter beschäftigt war, wollte die Tochter natürlich wissen, was es da zu sehen, zu prusten oder zu fressen gab, und drängelte sich nach Art kleiner Kinder immer wieder dazwischen. Also hielt ich ihr die Hand mit dem Hafer, den die Mutter gerade prustend und heftig mit dem Kopf nickend abgelehnt hatte, vor die Nase. Das Jungtier hatte keine Ahnung, was genau da gespielt wurde, imitierte aber fleißig seine Mutter, prustete und nickte heftig mit dem Kopf, ganz wie die Alte – nur hatte es doch nicht so genau zugeschaut und vergessen, vorher am Hafer zu riechen.

Mit unserer „Annäherung" arbeiten wir uns inzwischen an das Thema „Losgelassenheit" heran: ein Schritt zur Losgelassenheit besteht tatsächlich darin, daß wir unseren Pferden offen und sensibel begegnen und damit ein gegenseitiges Vertrauen aufbauen. Auch für uns selbst ist das wichtig. Auch wir müssen dieses Vertrauen fassen und dem Pferd signalisieren: „Ich fühle mich sicher, und mit mir kannst auch du dich sicher fühlen." Wenn wir dagegen Angst in uns spüren und am liebsten weglaufen möchten, etwa weil uns die Größe der Pferde schreckt oder der Umgang mit ihnen uns noch fremd und ungewohnt ist, senden wir ständig die Botschaft: „Alles ist gefährlich!" Damit aber kann das Pferd im Kontakt mit uns nicht zur Ruhe kommen, es kann kein Vertrauen fassen, das heißt, es kann ebenfalls nicht loslassen.

Losgelassenheit setzt grundsätzlich gegenseitiges Vertrauen voraus. Dies ist immer auch die Basis für jede Verständigung. Nur aus dem gründlichen Beobachten der Tiere in ihrem inneren und äußeren Verhalten entwickeln wir eine gute Kommunikation mit ihnen, wobei es aus meiner Sicht zu beachten gilt, daß dabei die Würde von Mensch *und* Tier in gleicher Weise zu wahren ist. Im übrigen gibt es viele gute Pferdeausbilder, und jeder von ihnen hat seine eigene Methode im Umgang mit dem Pferd. Gemeinsam aber scheint mir bei all diesen Methoden zu sein, daß sie auf einer respektvollen Haltung beruhen. Die Echtheit dieser Haltung spüren die Pferde mit untrüglichem Sinn. In ihr fühlen sie sich sicher und fassen Vertrauen, so daß sich als Folge davon nun jeweils Kontakt, Beziehung und Bindung aufbauen lassen.

Pferdeohren   Schauen Sie einmal auf die Ohren der kleinen Stute hier – die drehen sich ja nach hinten, was hört sie da? Wir blicken uns um: Tatsächlich, da kommt eine dicke Stute zu uns herüber. Wenn Sie jetzt weiter beobachten, fällt Ihnen auf, daß unsere kleine Stute tatsächlich nicht nur nach hinten horcht, sondern auch nach hinten schaut. An den Ohren kann man fast immer ablesen, wohin das Pferd seine Aufmerksamkeit richtet. „Sehen ist gut – Hören ist besser" scheint die Devise zu sein. Gut, daß das Pferd seine Ohren sogar einzeln nach allen Seiten drehen und dadurch Geräusche aus jeder Richtung – und übrigens auch aus großer Entfernung – wahrnehmen kann.

So gut die Pferde nun auch hören können, gelegentlich träumen sie oder sind in ihrer Aufmerksamkeit von etwas gefangen, das sich in einer anderen Richtung abspielt. Deshalb ist es grundsätzlich notwendig, ein Pferd anzusprechen, besonders wenn man sich ihm von hinten nähert! Fordern Sie das Pferd einmal auf, zur Seite zu gehen, Platz zu machen, dann wird es dieser Aufforderung möglicherweise nicht nachkommen. Vielleicht hat es Sie gerade nicht bemerkt, vielleicht hat es aber auch gerade keine Lust und testet wieder einmal aus, ob es das, was ihm soeben aufgetragen wurde, wirklich befolgen muß. An dem Spiel der Ohren lesen wir ab, ob wir wahrgenommen wurden oder nicht. Sind die Ohren aufmerksam in eine andere Richtung gestellt, dann heißt es aufpassen, denn dann hat das Pferd uns nicht bemerkt. Spielt es dagegen mit den Ohren in unserer Richtung und versucht uns dabei im Blickfeld zu behalten, dann ist es ziemlich wahrscheinlich, daß wir ausgetestet werden.

Oder stehen die Ohren in verschiedene Richtungen? Dann versucht das Pferd zwei verschiedene Geräusche gleichzeitig zu erhorchen, sucht sie vielleicht zusammenzubringen, ist aber möglicherweise auch verwirrt. Wenn die Ohren dagegen scharf nach hinten geklappt sind, dann droht das Pferd: „Niemand, weder Mensch noch Tier, hat mir jetzt zu nahe zu kommen!" Gerade ängstliche Pferde klappen schnell die Ohren zurück und „giften" dann mit einer leicht stoßenden Bewegung von Kopf und Hals in Richtung ihres Unbehagens. Auch schlechte Laune wird auf diese Weise mitgeteilt. Solange Sie ein Pferd nicht sehr gut kennen, nehmen Sie bitte solche Drohgebärden ernst, einige Pferde beißen schnell!

Die Ohren verraten viel über den Gemütszustand eines Pferdes, seine Stimmung, seine Launen, seine Verfassung, und in den photographischen Studien von Desmond Morris („Horsewatching") und Robert Vavra („Über die wahre Natur der Pferde") finden Sie dazu unzählige eindrucksvolle Beispiele. Auch in bezug auf den Menschen weiß man seit langem, daß jeder Gemütszustand seinen Ausdruck in einer bestimmten Körperhaltung findet. So muß jeder Schauspielschüler die jeweils zugehörigen Körperhaltungen lernen, etwa in einer depressiven Rolle den Kopf leicht zu senken, die Schultern ein wenig hochzuziehen, sein Kinn zurückzunehmen und den Rücken zu beugen. Diese Haltung muß natürlich für die nächste Stimmung entsprechend verändert werden, zum Beispiel für eine Verteidigungsszene oder für eine Drohung, fürs Lachen und so weiter. Jedesmal muß die äußere Haltung glaubwürdig der inneren Befindlichkeit angepaßt werden. Und umgekehrt können wir über Haltungsveränderungen des Körpers auch unsere innere Verfassung beeinflussen. Im Persönlichkeitstraining kommen wir ohne diese Methode überhaupt nicht aus.

Doch zurück zu unseren Pferden. Auch sie lassen äußerlich die „Ohren hängen", wenn es ihnen schlecht geht. Und auch bei ihnen gelingt es bis zu einem gewissen Grade über die Veränderung der Ohrenstellung, auf die Stimmung einzuwirken. Das habe ich eines Tages bei meiner eigenen Stute erfahren: Sie war äußerst futterneidisch und verteidigte ihre Krippe, sobald sie den Futtermeister um die Ecke biegen sah, obwohl es noch lange dauerte, bis er sich wirklich am Futterwagen zu schaffen machte. Dann klappte sie die Ohren scharf zurück und schlug manchmal sogar mit den Hinterbeinen gegen die Nachbarbox – damit ja niemand auf die Idee komme, ihr ihren Hafer wegzufressen. Am

Anfang unserer Beziehung, als sie mich noch nicht so gut kannte, zählte ich in ihrem System wohl auch zu den möglichen Futterrivalen, jedenfalls wurde ich einmal, als ich ihr Ohrensignal nicht ernst nahm, gehörig gebissen. Lange Zeit später – inzwischen war zwischen uns ein tiefes und verläßliches Vertrauen gewachsen – stand ich wieder einmal neben ihrer Krippe, als die vertrauten Geräusche verkündeten, daß das Füttern begonnen hatte. Furie legte die Ohren an und „giftete" mit dem Kopf. Ich begann leise mit ihr zu sprechen und strich ihr dabei die Ohren behutsam nach vorn. Furie stutzte, schaute etwas irritiert, lauschte in alle Richtungen – und hörte natürlich sofort wieder die Hafereimer klappern. Im selben Augenblick fuhren ihre Ohren erneut nach hinten. Wieder strich ich sie ihr nach vorn, und wieder war sie durch diese Aktion aus dem Konzept gebracht. – Solche „Versuche" sollte man aber grundsätzlich nur anstellen, wenn man ein Pferd sehr gut kennt, denn die Aggression, die sich in diesem Fall in Verwirrung auflöste, kann sich auch leicht gegen den „Versuchsleiter" wenden.

Pferdeaugen Auch über den Sehsinn des Pferdes, der stark mit dem Hörsinn korrespondiert, ist Wichtiges zu sagen. Dadurch daß die Ohren die Form eines Trichters haben und in alle Richtungen gestellt werden können, kann das Pferd nicht nur die leisesten akustischen Schwingungen einfangen, sondern diese zudem noch gegenüber anderen Geräuschen differenzieren und ihrem Ursprungs*ort* zuordnen. Die eingefangenen Signale werden auch sofort einer visuellen Prüfung unterzogen, und umgekehrt werden die Tiere immer versuchen, Bewegungen, die sie am Horizont wahrnehmen, entsprechenden Lauten zuzuordnen. Grundsätzlich bekommen Pferdeaugen und -ohren die kleinsten Veränderungen sofort mit. Durch Auge und Ohr ist das Pferd ganz auf die Außenwelt hin orientiert. Vergleichen wir es mit einem Tier aus der Gruppe der Wiederkäuer, einem Schaf oder einer Kuh, dann wirken diese im Gegensatz zu den Pferden introvertiert, nach innen gerichtet, während man die Pferde als extrovertiert und im Nervensystem repräsentiert beschreiben kann.

Bedingt durch ihre seitliche Lage am Kopf können die Augen des Pferdes nur in dem verhältnismäßig kleinen vorderen Bereich, der von beiden Augen erfaßt wird, räumlich und scharf sehen. Dafür aber überblicken sie – in einer mehr diffusen Aufmerksamkeit – einen weit größeren Bereich als zum Beispiel der Mensch, nämlich fast einen vollen Kreis rund um ihren Körper. Nur dicht vor und unmittelbar hinter ihnen liegt „eine blinde Zone". Deshalb ist es wichtig, daß wir, wenn wir uns von dort einem Pferd nähern, es dabei gleichzeitig ansprechen und an den Ohren überprüfen, ob es uns auch wirklich wahrgenommen hat.

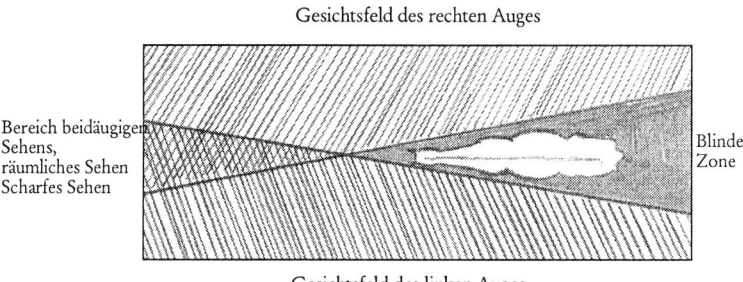

Skizze: Die Sehfähigkeit des Pferdes von oben gesehen.

Darüber hinaus gibt es noch eine andere bemerkenswerte Besonderheit bei den Augen des Pferdes: Es kann das Gesehene weit besser als der Mensch differenzieren, da es mehr Bilder pro Sekunde verarbeitet als er. Beim Menschen weiß man, daß sein Auge nur 18 einzelne Bilder pro Sekunde zu einem Bewegungsablauf zusammensetzen kann. Bilder, die schneller gezeigt werden, können nicht mehr bewußt wahrgenommen und verarbeitet werden. Diesen Effekt wollte die Werbung nutzen, indem sie Produkte oberhalb dieser zeitlichen Wahrnehmungsgrenze in Filmabläufe einblendete, so daß die Betrachter dann nur noch auf der unbewußten Ebene, dort aber unmittelbar, angesprochen werden und sich „magisch" von dem Produkt angezogen fühlen sollten. Diese Art der Werbung ist in Deutschland verboten. Bei Pferden hätte dieser Trick niemals funktioniert, weil sie ihn im wahrsten Sinne des Wortes *durchschaut* hätten. Man schätzt, daß Pferde bis zu fünfundzwanzig Bilder pro Sekunde im Zusammenhang aufnehmen können. Wenn wir das verstehen, werden wir uns auch nicht über unser Pferd ärgern, wenn es im Gelände plötzlich einmal zur Seite springen will, „obwohl da gar nichts ist". – Wahrscheinlich ist da nämlich doch etwas, nur unser Wahrnehmungsvermögen reicht nicht aus, es zu erkennen. – In der Dämmerung und bei Nacht sehen Pferde mehr als Menschen, werden aber auch von plötzlichem hellen Licht um so stärker geblendet. Das müssen wir berücksichtigen, wenn wir zum Beispiel am späten Abend ein Pferd aus dem erleuchteten Stall hinaus in die Dunkelheit führen. Das Pferd braucht dann seine Zeit, um sich auf die neuen Lichtverhältnisse einzustellen. – Darüber, wie Pferde wahrnehmen und erleben, gibt es bisher keine einheitlichen Untersuchungergebnisse, wahrscheinlich aber erleben Pferde die Farben in einer anderen Intensität als wir.

Leittiere – Orientierung und Sicherheit für die Herde und für das einzelne Tier

Begeben wir uns wieder auf unsere Wiese. Wir haben gerade gesehen, daß die Ohren der jungen Stute sich aufmerksam nach hinten orientiert haben, und als wir in diese Richtung schauten, haben wir bemerkt, daß sich von dorther ein Pferd auf unsere kleine Gruppe zubewegt. Es ist Dinah, die Wiesenchefin, die in unserer Pferdegruppe die Rolle der Leitstute einnimmt. Von Dinah können Sie viel über die Rangordnung bei Pferden lernen. Dinah kommt immer dann, wenn sie hofft, daß die Menschen, die soeben auf der Bildfläche erschienen sind, ihr etwas zu fressen mitbringen. Bei mir wird sie in dieser Hinsicht regelmäßig enttäuscht, aber sie weiß, daß sie von mir gestreichelt wird. Und als ausgeprägte Leitstute, die sie ist, erscheint sie immer als erste. Die anderen Pferde haben natürlich längst mitbekommen, daß es fast überall, wo Dinah hingeht, etwas Gutes gibt. Deshalb heißt es jetzt aufpassen: Schon kommen auch die anderen Pferde langsam zu uns herüber und werden uns gleich umringt haben, alle in der Hoffnung, daß wir sie füttern. Schon zeigen sie die ersten Drohgebärden, die ersten Ohren klappen scharf nach hinten, die ersten Hälse stoßen treibend zur Seite. Jetzt müssen wir sie, bevor sie uns regelrecht umzingeln und ihren internen Streit dann mit den Hinterhufen austragen, ein wenig auseinandertreiben. Dazu gehen wir einfach ein Stück dem anrückenden Pulk aus dem Wege und schlenkern nebenbei locker kreisend mit dem Führstrick, den wir aus dem Stall mitgenommen haben.

Mit diesem Verhalten zeigen wir den Pferden, daß wir Wert auf Abstand legen. Wir beanspruchen für uns die absolute Führungsposition und fordern einen selbstverständlichen Respekt.

Damit erheben wir im System der Pferde Anspruch auf den übergeordneten Platz der Leitstute. – Wir behalten die Pferde weiter im Auge und bewegen uns frei auf der Wiese.

Ich werde immer wieder darauf zurückkommen, daß es im Umgang mit Pferden außerordentlich wichtig ist, eine Ordnung herzustellen und einzuhalten, eine Ordnung, in der jeder, Pferd und Mensch, genau seinen ihm angemessenen Platz kennt. Die Pferde sind uns Menschen an Körperkraft so weit überlegen, daß wir jede Rangelei mit ihnen vermeiden müssen. Dies gelingt nur, wenn wir den höchsten Platz ihrer Rangordnung, das ist biologisch gesprochen der Platz des Alpha- oder Leittieres, besetzen.

Diese Einstellung können Sie mit Recht als „autoritär" bezeichnen. Aber Sie müssen zu dieser Autorität stehen! Vergegenwärtigen Sie sich, daß es sich hierbei um eine Grundbedingung handelt, die verbürgt, daß jeder den ihm angemessenen Platz einnimmt, und sich auf ihn verlassen kann. Aus der Kinder- und Jugendpsychologie wissen wir, daß eine solche Ordnung auch für Kinder gilt. Wenn hier Unsicherheiten herrschen, Kinder etwas darstellen müssen, was sie gar nicht sind, Erwartungen erfüllen sollen, denen sie nicht gewachsen sind, wird die Lage insgesamt unerträglich und führt nicht selten zu schweren Verhaltensstörungen. Auch aus der Arbeit Bert Hellingers wird immer wieder deutlich, wie viel Desorientierung, Unruhe und sogar Krankheit in einer Familie herrschen, in der gewisse Grundordnungen nicht eingehalten werden.

Die Rangordnung der Pferde scheint zunächst nur das soziale Gefüge zu betreffen, wirkt sich aber in Wirklichkeit – als Geborgenheitsraster – sofort auch auf das seelische Erleben und damit auf den gesamten Lebensbereich eines jeden Pferdes aus. Wenn diese verläßliche Ordnung verlorengeht, wird es unsicher und verhält sich entsprechend „neurotisch". Wenn es zum Beispiel für seinen Halter eine Ersatzfunktion etwa als Partner ausüben muß, spielt es zwar zunächst bereitwillig mit, ist aber eines Tages doch hoffnungslos überfordert. Es ist vom Reiter nicht recht „losgelassen" und hat deshalb zu wenig eigenen Raum, kann zu wenig *Pferd* sein. Auch in diesem Punkt ist Losgelassenheit wichtig.

Alle Vermischungen, in denen wir den Pferden menschliche Verhaltensweisen, menschliches Denken abverlangen oder ihnen menschliche Intentionen unterstellen, sind gefährlich. Pferde können noch so sensibel und intelligent sein, sie werden immer an ihr Pferd-Sein gebunden bleiben und sich wie Pferde, das heißt wie Fluchttiere, verhalten. Dieser Aussage scheint zu widersprechen, daß immer wieder Berichte auftauchen, nach denen ein Pferd „Verantwortung" für einen Menschen gezeigt hat. Auch ich selbst habe manche solcher Situationen erlebt und jedesmal als zauberhaftes Geschenk empfunden. Sie setzen aber immer eine geordnete und sichere Beziehungsbasis voraus.

Jede Lücke im Beziehungssystem dagegen wird von einigermaßen intelligenten Pferden – wie wir das von Kindern auch kennen – sofort entdeckt und in ihrem Sinne ausgenutzt. Wehe, wenn sie damit durchkommen! Es gibt zwar wenig, was sich nicht wieder in Ordnung bringen ließe, aber natürlich kostet das viel Zeit, viel Mühe – und in der Regel auch viel Geld.

Während wir jetzt über die Wiese spazieren, beobachten uns die Pferde aufmerksam. Die meisten rupfen zwischendurch ein paar Grashalme oder haben sich wieder ganz dem Grasen zugewandt. Jetzt „schleichen" sich – wie zwei Katzen – die Fohlen an. Sie sind inzwischen fast ein halbes Jahr alt und schon ziemlich selbständig. Bei ihnen können wir beobachten, daß der Tastsinn an der Oberlippe eine wichtige Erkundungsfunktion hat. Und wieder müssen wir aufpassen, denn ehe wir uns versehen, knabbern sie an allem, was sich ins Maul nehmen läßt. Spätestens an dieser Stelle lernen wir, wie neugierig Pferde sind. Aber wir werden davon noch weitere Kostproben bekommen, wenn wir uns näher mit der Pferdepsyche beschäftigen.

Grenzen –   Bei den Fohlen sollten wir gleich damit anfangen, Grenzen zu
ihre Bedeutung   setzen und auf ihnen zu bestehen. Wir sollten die kleinen Köpfe
und Funktion   einfach wegschieben, wenn sie untersuchen, ob Menschen freßbar sind, und dabei alles und jedes in ihr kleines Maul nehmen. Ihr Verhalten mag zwar jetzt noch niedlich erscheinen und bei uns alle psychischen Reflexe eines „Kindchen-Schemas" freisetzen, doch die Tiere werden größer – und wie sollen sie dann

verstehen, daß das, was sie immer gemacht haben, jetzt auf einmal verboten ist?

Solches Verhalten durchgehen zu lassen, würde bedeuten, die Tiere zu vermenschlichen und damit ein sensibles Ordnungsgefüge zu stören. Sehen Sie dort hinten, die Stute läßt gerade ihr Fohlen saugen – und was hat sie soeben gemacht? Sie trauen Ihren Augen nicht: Sie hat ihr Fohlen mit den Zähnen in die Seite gezwickt! Offenbar hatte sie keine Lust oder keine Milch mehr, jedenfalls schien ihr das Saugen unangenehm geworden zu sein, und so schützte sie sich eben vor Schmerzen. Ein Vorbild für uns, unsere Grenzen ebenfalls mit der gleichen Entschiedenheit klar zu setzen und zu sichern! Das hat überhaupt nichts mit Gewalt gegenüber Pferden zu tun. Es ist nichts anderes als die konsequente Wahrnehmung unserer Verantwortung.

Je mehr wir in die Arbeit mit den Pferden hineinwachsen, desto selbstverständlicher wird es für uns, selbst den obersten Platz in der Rangordnung zu beanspruchen und zu behaupten. Meistens genügen Worte. Pferde sind äußerst empfindlich für die Nuancen der Stimme, und es kann für sie schon als Bestrafung gelten, wenn wir mit ihnen schimpfen. Manchmal jedoch reicht das nicht. Ich spreche mich hier mit Nachdruck dagegen aus, ein Pferd zu schlagen. Andererseits gibt es Situationen, die ein spürbares Einschreiten erfordern. Dabei muß von vornherein klar sein, daß dies ein äußerstes Mittel ist, das nur überlegt und beherrscht, keineswegs jedoch zur Abreaktion eigener aufgestauter Aggressionen eingesetzt werden darf.

Wenn auf der Weide ein Tier das andere nicht respektiert, wenn ein Streit entsteht, dann wird diese Situation oft mit den Hufen geklärt. Wenn ich als Mensch dem Pferd, das die Rangordnung herausfordert, einen Schlag versetze, tut ihm das weniger weh, als wenn seine Artgenossen es schlagen. Danach aber – und das ist genauso meine Aufgabe – muß ich blitzschnell umschalten. Unter den Pferden würde das geschlagene Pferd in der Regel auf Abstand gehen und damit die Auseinandersetzung beenden. Dem Menschen jedoch kann das Pferd meist schlecht ausweichen und muß deshalb *sofort*, im selben Moment, da das erwünschte Verhalten eintritt, dafür gelobt werden, das heißt, ich muß als Mensch *sofort* meinen Ärger loslassen und frei und positiv auf die Veränderung eingehen. – Auch hier wird das Thema Losgelassenheit berührt und eröffnen sich uns Perspektiven, die mehr als nur die Reitausbildung betreffen.

Kürzlich fragte eine Reiterin: „Muß ich nicht dem Pferd auch zugestehen, daß es nach mir schlägt, wenn ich diese Methode einsetze?" Nein, das ist menschliche Denkweise und völlig unangebracht! Bei Pferden gibt es keine Gleichberechtigung und keine Gleichrangigkeit! Nicht einmal Pferde-Freundschaften basieren auf Gleichrangigkeit, sondern darauf, daß ein jeder seinen Platz hat und sich dort sicher fühlen kann. Wenn ich als Mensch in diese Rangordnung einsteige, dann muß ich ganz bewußt Anspruch auf den ranghöchsten Platz erheben.

Nun kann im Ordnungsgefüge der Pferde nur der Stärkste und Erfahrenste die Führungsposition einnehmen. Wenn ich also meinen Führungsanspruch dem Pferd gegenüber durchsetzen will, muß ich ihm meine Überlegenheit zeigen. An körperlicher Kraft und Gewicht kann ich es nicht mit ihm aufnehmen, also muß ich die entsprechende innere Stärke entwickeln. Ich muß innerlich so stark werden, daß sich das Pferd meinem Willen unterordnet. Dazu muß ich mir das, was ich will, auf das Allergenaueste und kompromißlos innerlich vorstellen, ohne Zweifel an der Erreichbarkeit. – Wenn ich will, daß mir das Pferd seinen Fuß gibt, dann will ich das ganz konsequent, mit jeder Faser meines Seins. Ich will den Fuß haben, und es bleibt kein Platz in meiner Vorstellung dafür, daß ich ihn vielleicht nicht bekomme. Also gibt mir das Pferd seinen Huf. – Dieses Beispiel erscheint harmlos, es berücksichtigt jedoch alle wichtigen Grundtatsachen. Wie soll mir ein Pferd vertrauen, wenn es erfahren hat, daß ich meine Vorstellungen noch nicht einmal am Boden durchsetzen kann?

Wilfried Gehrmann von der Landesreit- und Fahrschule Rheinland sagte mir einmal, bei „brav!" müsse Ruhe im Pferd sein. Ich konnte ihn dabei beobachten, wie er mit einem jungen Hengst arbeitete, der natürlich wie alle jungen Pferde wissen wollte, was ihm sonst noch alles möglich sei. Auf dieses „Brav!" hin aber wurde er völlig ruhig und konzentrierte sich auf die Arbeit mit seinem Herrn. Dieses Bild von einem Pferd, das sich auf den Zuruf „brav" augenblicklich beruhigt, wirkt noch heute in mir nach, und immer, wenn mir ein Pferd aus der Konzentration herauszurutschen droht, ist dieses Vorbild in mir gegenwärtig und übt seine Wirkung aus.

Reiter, die dieses Durchsetzen der eigenen Vorstellungen als autoritär ablehnen, geraten in der Regel schnell in gefährliche Situationen, in denen sie ihr Pferd schließlich tatsächlich schlagen müssen, um sich letztlich doch noch durchzusetzen. Nein, ein Pferd, das die Rangordnung austestet, verträgt ganz gut den kleinen Knuff. Manchmal reicht auch schon ein scharfes „Nein!". Aber eine Zurechtweisung braucht das Pferd unbedingt, denn wie soll es später verstehen können, daß der Mensch plötzlich nicht mehr mitspielen will, wenn es ihn ansteigt, nachdem ihm für die vielen kleinen Respektlosigkeiten, die vorausgingen, keine Grenzen gezeigt wurden?

Während wir im Gespräch auf der Wiese stehen, sind die jungen Pferde neugierig ganz nah herangekommen, reiben ihre Köpfe und schnuppern an uns, ja – streicheln Sie sie ruhig! Ähnlich wie bei anderen Haustieren kommt es mir immer so vor, als liebten Pferde die wohltuende Atmosphäre des menschlichen Gespräches und wollten einfach nur dabei sein. Außerdem sind sie wirklich unendlich neugierig! Als das erste Fohlen des letzten Jahres mit der Mutterstute seinen ersten Sonnenspaziergang in einem separaten Auslauf machte und seine Beine in übermütigen Bocksprüngen ausprobierte, standen innerhalb weniger Minuten die anderen Pferde, die diesen Auslauf gut einsehen konnten, in einer Reihe am Zaun entlang versammelt und nahmen gemeinsam die ersten Sprünge des jungen Tieres in Augenschein.

Bevor wir uns im nächsten Schritt ein Pferd zum Reiten auswählen, erinnern wir uns, daß es bisher in unseren Gesprächen hauptsächlich darum ging, Maßnahmen zu erläutern, die geeignet sind, Ängste und Spannungen abzubauen, um Vertrauen entstehen zu lassen, und zwar Vertrauen in den Pferden und Vertrauen in uns. Vertrauen ist immer die wichtigste Grundlage für Losgelassenheit. Mit dem Wissen um diese Basis begeben wir uns jetzt zu „unserem" Pferd, um es zum Reiten vorzubereiten.

Losgelassenheit und Vertrauen - ein Pferd führen

Ich habe dafür eine braune Stute ausgesucht, sie heißt „Britta", und wir haken den Strick, den wir vom Stall mitgenommen haben, an ihrem Halfter ein. Wenn Sie das Pferd jetzt führen, könnte dem urplötzlich einfallen, daß es sich soeben um die letzte Chance seines Lebens handelt, frisches Gras, ja überhaupt irgendetwas zu fressen zu bekommen. Sprechen Sie die Stute deshalb ruhig und bestimmt an. Schauen Sie dabei auf den Weg, den Sie gleich mit ihr zurücklegen werden, und sehen Sie sie dabei möglichst nicht direkt an. Dann haben Sie zwei Vorteile auf Ihrer Seite: Einmal geben Sie in Körperhaltung und Ausrichtung den Weg nach Art einer Leitstute vor, zum anderen vermeiden Sie den Blickkontakt. Das Gesicht eines Menschen mit seinen vielen Botschaften ist für ein Pferd eher verwirrend. Gerade am Anfang könnte es sein, daß Sie darüber nachdenken, was alles sich möglicherweise ereignen könnte, wenn das Pferd *nicht* folgt. Vielleicht beschleicht Sie deswegen sogar ein wenig Angst. Alle diese Informationen werden gelesen – wie soll das Pferd Ihnen da vertrauensvoll folgen?

Schauen Sie also einfach auf den Weg und in die Richtung, in die Sie jetzt gehen werden. Ja, merkwürdig! Schon bewegt sich auch Britta. Bleiben Sie auf Kopfhöhe mit ihr, führen Sie sie am Strick mit der rechten Hand, die linke Hand hält das überhängende Seilende und gibt dadurch zusätzliche Sicherheit, falls das Pferd doch einmal versuchen sollte davonzustürmen. (Pferde sind Fluchttiere!) Geben Sie das Tempo vor und gehen Sie zügig! Damit kommen wir wieder zu unserem Thema „Losgelassenheit": Pferde brauchen, um sich zu entspannen, um loslassen zu können, die Bewegung und ein gewisses Vorwärtskommen. Denn – und dies ist einer der wichtigsten Leitsätze für unseren Umgang mit Pferden – in der Bewegung wird Spannung abgebaut!

Pferdestärke –   Für die Pferde in ihrer nervösen, nämlich vom Nervensystem
Nervenstärke   und den Sinneseindrücken bestimmten Daseinsform trägt die Vorwärtsbewegung häufig dazu bei, Spannungen abzubauen. Man könnte sagen, wir verhelfen den Pferden durch unser zügiges Vorwärtsschreiten zu einer kontrollierten Flucht. Gleichzeitig verschafft uns das Anerkennung in unserer Position als Leitstute. Während also jede Verhaltung in der Bewegung weitere Span-

nung aufbauen würde, schafft die Bewegung ein Abreagieren und darüber hinaus Wohlgefühl und weiteres Vertrauen. Etwa so: „Na, das ist wirklich eine fähige Leitstute, in deren Gegenwart es mir so gut geht!" – Übrigens sind Pferde nicht generell in unserem Sinne als „nervös" zu bezeichnen. Es gibt wohl einzelne Tiere, die bei jedem Geräusch zusammenzucken, andererseits kennen wir Pferde, von deren Rücken aus zur Jagd geblasen wird – in einer Lautstärke, die nun wirklich nichts für empfindliche Ohren ist! „Nervosität" meint hier mehr, daß die Pferde für alle äußeren Reize empfänglich und darüber sofort ansprechbar sind. Und dieses Angesprochen-Sein durch äußere Reize wird dann sofort in einen Bewegungsimpuls umgesetzt.

So, inzwischen sind wir am Stall angelangt und binden Britta erst einmal an. Bei ihr sind dabei keine Schwierigkeiten zu erwarten, da sie schon etwas älter und gesetzter ist. Nur jungen Pferden wird es hierbei gelegentlich „zu eng", und dann könnte wieder der Fluchtreflex aktiviert werden. – Für das Anbinden gibt es kaum feste Regeln. Manche Pferde brauchen etwas mehr Freiheit, andere weniger. Wichtig ist, daß der Strick nicht so lang ist, daß das Pferd darauftreten und sich auf diese Weise verfangen kann. Und wichtig ist auch, daß die Anbindetechnik eine blitzschnelle Lösung gestattet, für den Fall, daß einmal eine wirklich gefährliche Situation für das Pferd entstehen sollte. Die klügeren oder ungeduldigeren Pferde bekommen in der Regel schnell heraus, wie sich der Strick wieder lösen läßt, und spielen entsprechend damit herum; deshalb ist es gut, wenn wir den Knoten im Auge behalten. Ja, die Fähigkeit, möglichst alles auf einmal „im Auge" zu behalten, ist sehr pferdegemäß: Augen, Ohren und Nase des Pferdes sind fast immer damit beschäftigt, wahrzunehmen, was alles sich in der Umgebung abspielt – es könnte ja auch ein Tiger sein, der sich da gerade durch das Gebüsch anschleicht. Flucht- und Beutetiere brauchen diese Wahrnehmungspräsenz zum Überleben!

Das Putzen übergehen wir heute – das habe ich vorhin schon für Sie erledigt. Im Moment genügt es, daß Britta in der Zwischenzeit kein Sand- oder Schlammbad genommen hat, so daß sich keine Dreckkrusten in der Sattellage bilden konnten. Die Hufe sehen wir uns allerdings vor und nach jedem Ritt an, um zu überprüfen, ob sich dort nicht etwa unbemerkt kleine Steinchen festgeklemmt oder eingetreten haben.

Wort-
Verständnis
–
Sinnverstehen

Fordern Sie Britta jetzt auf, Ihnen nacheinander die Hufe zu geben. Ja, Sie stehen seitlich neben dem Pferd, zuerst vorne links, dann hinten links, hinten rechts und vorne rechts. Pferde lieben feste Gewohnheiten, dies ist eine solche. Auch für den Rhythmus im Tagesablauf haben sie eine große Vorliebe und ein außerordentlich feines Gespür. Für meinen Longenunterricht brauche ich keine Uhr, die Stuten wissen ganz genau, wann dreißig Minuten vorbei sind! – So, und nun sagen Sie dem Pferd, was Sie von ihm wollen, und denken Sie dabei an das, was wir oben über die innere Stärke gesagt haben. Sie können dem Pferd sagen „gib Fuß", einfach „Fuß" oder was Ihnen sonst noch einfällt. Es ist nicht wichtig, für welche Worte Sie sich dabei entscheiden. Nach allem, was wir heute wissen, verstehen Pferde Worte nicht von ihrem Wortlaut her, sondern von ihrer stimmlichen Qualität. Sie brauchen ein Wort noch nicht einmal zu kennen, und doch wissen sie ganz genau, was gemeint ist. In dem Klang unserer Stimme schwingt nämlich unsere innere Verfassung mit, unsere Sicherheit und Entschiedenheit ebenso wie unsere Zaghaftigkeit oder unsere Angst.

Im Grunde besitzen auch wir Menschen dieses Vermögen, Worte aus dem Klang der Stimme zu verstehen. Wenn ich manchmal einen Reiter so ein „gib Fuß" sagen höre, dann brauche ich kein Pferd zu sein, um bereits am ungeduldigen oder genervten Tonfall zu erkennen, daß er jetzt wieder die alte anstrengende Prozedur mit allen Widersetzlichkeiten des Pferdes erwartet. Und entsprechend den heimlich-ängstlichen Vorstellungen seines Reiters zieht das Pferd ein vollständiges Programm von Eigenwilligkeiten ab. Oder es wird eine Bitte formuliert: „gib doch – *bitte* – Fuß...", ein Moment, in dem das Pferd einen riesigen Freiraum genießt, dieser Aufforderung nachzukommen – oder eben auch nicht.

Bedeutung
innerer Bilder

Aus meiner Erfahrung ist es notwendig, sich eine genaue Vorstellung zu bilden, also vor dem inneren Auge vorweg genau das Bild entstehen zu lassen, wie das Pferd seinen Huf anhebt und ihn mir in die Hand legt. Dadurch schalte ich die Zweifel aus, was das Pferd alles sonst noch tun könnte oder eben nicht tun könnte. Ich konzentriere mich stattdessen absolut auf die Ausführung des gesamten Vorganges, und wenn ich mit einer solchen Vorbereitung das Pferd freundlich und bestimmt auffordere, dann schwingt in meiner Stimme kein „Wenn oder Aber" mehr mit. Dem Pferd ist der klare Rahmen vorgegeben, in dem es jetzt genau das tut, was ich von ihm erwarte.

Diese Übung, den angestrebten Vorgang vor dem inneren Auge ins Bild zu bringen, hilft übrigens auch bei vielen anderen Abläufen. Das folgende Beispiel soll das noch weiter verdeutlichen. Unsere Therapiepferde werden ständig dressurmäßig gearbeitet, und Arabella, eine Rappstute, begann bei einer Übung regelmäßig so viel Spannung aufzubauen, daß sie schließlich heftig buckelnd über den Reitplatz schießen mußte, um ihre Spannung wieder loszuwerden. Wenn ich dann auf ihrem Rücken lauthals schimpfte, weil ich keine Lust hatte, mich abwerfen zu lassen, beruhigte sie sich schnell, und so war mir klar, daß es sich hier nicht um Widersetzlichkeit handeln konnte, sie auch nicht in erster Linie den Reiter abwerfen wollte, sondern daß hier tatsächlich das Fluchttier aktiviert worden war, das einem Druck zu entkommen versuchte. Nur, wo kam der Druck her, wenn nicht von mir – und wie sollte ich ihn abstellen? Bei der betreffenden Übung handelte es sich um das sogenannte „Schenkelweichen", bei dem das Pferd seine Füße vorwärts und seitwärts zu bewegen hat. Ich übte nun mit dem Pferd an der Hand, das heißt, ich ging neben ihm her und zeigte ihm mit der Gerte statt mit dem Schenkel die Richtung. Die Stute war sehr aufmerksam und machte alles korrekt. Offenbar hatte sie bei dieser Übung keine Schmerzen, die festgestellte Spannung konnte also auch nicht aus ihrem eigenen Körper kommen. So blieb als Ursache eigentlich nur die Reiterin. Am nächsten Tag saß ich wieder im Sattel und dachte über das Problem nach. Während ich mir die einzelnen Abläufe der Übung nacheinander vorstellte, begann das Pferd plötzlich seitwärts zu treten – ganz so wie ich es mir gewünscht hatte. Diesem sensiblen Tier schienen also bereits die Veränderungen meines Sitzes, die *unbewußt bei der Vorstellung der Übung* entstanden waren, als Impuls zu reichen. Ich überprüfte die Vermutung, indem ich mich noch einmal bewußt genau nach der gelernten Anweisung hinsetzte und meine Hilfen zum Schenkelweichen ebenso genau nach Vorschrift ausführte. Tatsächlich begann die Stute nach drei oder vier Schritten wieder buckelnd über den Platz zu schießen. Das war des Rätsels Lösung: Die bewußt eingesetzten Hilfen wirkten viel zu stark. Kaum hatte ich sie wieder beruhigt, stellte ich mir die Hilfen als inneres Bild vor – und bekam saubere Vorwärts-Seitwärts-Schritte. Diese Erfahrung lehrte mich endgültig die fast unglaubliche Sensibilität des Pferdes, das schon auf die leisesten Veränderungen der Körperhaltung reagiert, bereits auf solche, die – mir unbewußt – durch meine innere Vorstellung ausgelöst werden. Natürlich fiel mir die Geschichte vom „klugen Hans" wieder ein, die schon zu Beginn des vergangenen Jahrhunderts ein Zeugnis davon abgelegt hatte, welch feine Änderungen im Verhalten eines Menschen vom Pferd registriert werden.

Losgelassenheit als körperlicher und seelischer Ausdruck

Es ist jetzt an der Zeit für Sie, Ihre eigenen Erfahrungen mit der Losgelassenheit zu sammeln, das heißt, auf dem Pferderücken das nötige Vertrauen und die nötige Sicherheit zu erleben. Dazu haben wir das Pferd gesattelt und schon kurze Zeit an der Longe laufen lassen, so daß es sich die Beine vertreten konnte. Das ist besonders dann wichtig, wenn die Pferde vorher eine längere Zeit, zum Beispiel in der Nacht, in ihrer Box gestanden haben. Meist wollen sie dann erst einmal ihren Rhythmus und ihren Takt wiederfinden. Manche brauchen auch gezielte Dehn- und Streckübungen, um so in ihre richtige Arbeitsstimmung zu kommen. Wieder andere Pferde haben das Bedürfnis, an der Longe erst einmal kräftig zu buckeln, fast so, als ob sie dadurch schneller zu ihrem Gleichgewicht fänden.

Erinnern wir uns: Einen Reiter zu tragen, entspricht nicht dem instinktbedingten Verhalten des Pferdes. Um ihm dies dennoch erträglich zu machen, ist eine Menge Vertrauen notwendig, Vertrauen, das zudem immer wieder bestätigt werden will. Dieses Vertrauen als Voraussetzung für „Losgelassenheit" ist kein Ausbildungsergebnis, das einmal und für immer erreicht wird, sondern ein in der täglichen Arbeit ständig wiederkehrendes Thema. Das heißt aber nicht, daß wir beim Üben immer dieselben Abfolgen zu wiederholen hätten – das würde den Pferden schnell langweilig, und sie würden sich wieder verspannen. Manchmal sorgen sie dann übrigens auch selbst für die nötige Abwechslung, indem sie zum Beispiel plötzlich etwas entdecken: Vielleicht hängt da ein Pullover über der Absperrung. Der hängt da zwar schon seit einer Stunde, aber *jetzt* ist er interessant! Bei genauerem Hinsehen könnte das ja auch ein gefährlicher Vogel sein. Auf alle Fälle ist es sicherer, ihm nicht mehr zu nahe zu kommen, am besten sogar wegzurennen.

Eines Tages aber sind dann in der Grundausbildung die wichtigsten Voraussetzungen geschaffen: Die Vertrauensbasis ist verläßlich, das Pferd hat seinen Takt gefunden, und seine Muskeln sind für das Gewicht des Reiters trainiert. Es hat sogar gelernt, daß es angenehm sein kann, einen Reiter auf dem Rücken zu tragen. Wenn diese Stufe der Losgelassenheit erreicht ist, ist das auch äußerlich erkennbar: Das Pferd ist zufrieden und auf seine Arbeit konzentriert. Es bewegt sich ohne körperliche oder seelische Einschränkung vorwärts und vertraut seinem Reiter. Damit kein Mißverständnis aufkommt: das heißt nicht, daß es jetzt etwa „lässig" ist oder sogar „nachlässig"! Losgelassenheit hat nichts mit jener Entspannung im Sinne von die „Seele-baumeln-lassen" zu tun, sondern bedeutet im Gegenteil eine hochkonzentrierte, wache Aufmerksamkeit auf der seelischen und ein aktives Muskelspiel auf der körperlichen Ebene. Und woran erkennen wir besonders schnell, daß ein Pferd gelöst und „zufrieden" ist? Wieder an den Ohren! Sie spiegeln am deutlichsten die innere Verfassung des Pferdes. Auch aus der Position des Reiters sind sie gut zu erkennen. Ohren, die aufmerksam nach vorne gestellt sind, zeigen an, daß sich das Pferd für etwas interessiert – leider meist mehr für das, was vor ihm liegt, als für das, was der Reiter auf seinem Rücken beabsichtigt. Nach hinten geklappte Ohren beweisen eher Unzufriedenheit oder Ablenkung. Wenn die Ohren jedoch „spielen", ist das ein gutes Zeichen. Die meisten Pferde beantworten die Impulse, die ihnen der Reiter mit seinem Bein gibt, mit einem leichten Spiel des gleichseitigen Ohres. Ein anderes Zeichen für Zufriedenheit ist das Abschnauben, ein gedehntes, rollendes Prusten, das gleichmäßige, ruhige Atmen oder auch das Kauen auf dem Gebiß. Ein aufgesperrtes Maul, in dem womöglich noch die Zähne zu erkennen sind, signalisiert dagegen Verspannung. Auch der Schweif, der „getragen" wird und leicht im Schwung der Bewegung pendelt, verrät eine gute Verfassung.

Am stärksten aber ist die Losgelassenheit für den Reiter spürbar, wenn der Pferderücken im Rhythmus der Bewegung zu schwingen beginnt und sich anfühlt wie ein Schaukelstuhl. Schließlich – für den Reiter nicht so gut sichtbar, dafür aber um so besser für den Zuschauer – ist noch der zufriedene Gesichtsausdruck des Pferdes zu nennen, der ebenfalls Losgelassenheit signalisiert.

Losgelassenheit – ein Ziel auch des Reiters

So haben wir bis zu dieser Stelle gelernt, daß Losgelassenheit beim Pferd Ausdruck seines Wohlbefindens ist, welches sich einstellt, wenn das Pferd seinem Wesen entsprechend behandelt wird, so daß es sich angstfrei, vertrauensvoll und entspannt einer sicheren Führung hingeben kann. Dazu wiederum braucht es selbst nur wenig zu lernen. Entscheidend ist, daß es einen Reiter findet, dem es sein Vertrauen schenken kann, und damit erhebt sich die Frage, wie es mit dessen Losgelassenheit bestellt ist. Der Reiter hat auf dem Weg zu diesem Ziel in der Regel eine Menge zu lernen!

Zunächst rein äußerlich durch die veränderten körperlichen Verhältnisse: Wenn wir auf ein Pferd steigen, wird unsere Augenhöhe um etwa einen Meter angehoben. Für unser Gefühl und unsere Wahrnehmung ändert sich damit unsere gesamte Perspektive, unser gesamter Bezugsrahmen. Besonders beim ersten Mal: Alles sieht von oben anders aus. Es handelt sich zwar „nur" um einen lächerlichen Meter, aber dazu kommt die bisher ganz ungewohnte Bewegung! Wenn wir auf eine Leiter klettern, haben wir es zwar ebenfalls mit der Höhe zu tun, aber wir dürfen dabei immer mit den Füßen auf einer sicheren Stufe stehen, immer im Gefühl, einen festen Halt unter den Füßen zu haben. Beim Pferd dagegen fehlt ein solcher Halt. Stattdessen beginnt sich, sobald das Pferd antritt, der ganze Rücken zu bewegen. Und was für den Zuschauer eben noch so einfach aussah, nämlich das Sitzen auf dem Pferderücken, führt in der ersten Selbsterfahrung des Reiters zu einer kompletten Verunsicherung. Sein Körper beantwortet die neue Situation mit dem sofort einsetzenden Reflex, sich mit allen Muskeln an das Pferd zu klammern, und sein Inneres reagiert in der Regel mit Angst. Oder erleben Sie es anders, während Sie soeben zum ersten Mal oben auf dem Pferderücken sitzen und zu schaukeln beginnen? Welche Gefühle werden in Ihnen wachgerufen?

Zugegeben, das ist keine angenehme Situation, keine zum Wohlfühlen, sondern eher eine, die Verspannung, Angst, Verwirrung und den Verlust von Orientierung und Authentizität begünstigt. Wahrscheinlich schwirrt Ihnen der Kopf, empfinden Sie sogar eine gewisse Panik, besonders wenn bei diesem ersten Versuch eine Freundin oder der Partner dabeisteht. Jetzt vor allem nicht die Geduld verlieren, auch dann nicht, wenn vielleicht noch bestimmte Sätze aus Ihrer Kindheit auftauchen, Sätze wie: „Sei doch nicht so ein Angsthase!" – „Ein Indianer kennt keinen Schmerz" – „Nun reiß dich doch endlich zusammen!" – und was immer an dergleichen „Zusprüchen" in unserer Tiefe leben mag. – All diese Versuche, unsere Angst zu bekämpfen, helfen aber leider überhaupt nicht. Wir können unsere Angst nicht überspielen, uns nicht über sie hinwegsetzen, sie nicht einfach ignorieren. Wenn Sie ein Pferd wären, würde ich Ihnen den Rat geben, loszugaloppieren und sich in der Bewegung neu zu finden, aber genau das ist uns ja nicht möglich. Nein, es ist wirklich nicht so einfach, mit unserer Angst fertigzuwerden, das erfordert schon eine ernsthafte Auseinandersetzung. Doch die lohnt sich: Dahinter wartet ein Lernprozeß, und dem können wir uns – freudig sogar! – stellen.

Ich rate Ihnen jetzt, die Gedanken einfach fließen zu lassen und erst einmal gar nichts zu tun. Die Umstehenden können ruhig warten. Und das, was Sie da gerade erleben, ist eine ganz normale Reaktion, die andere genauso erfahren haben. Und jetzt versuchen Sie einmal, in sich hineinzugehen, nach innen zu horchen und zu spüren, was mit Ihrem Körper los ist. „Los" im Sinne von „gelöst", „losgelassen" scheint da noch nichts zu sein. Im Gegenteil lauter Festigkeit, Verhärtung, Verspannung, Enge. Ja, *Enge*! Da sitzt die *Angst*, die *Ängstlichkeit*! Lassen Sie das alles ruhig so sein – Sie können es ohnehin nicht wegkommandieren. Bleiben Sie mit Ihrem Gespür bei den verhärteten Muskeln und warten Sie ruhig ab, was weiter damit geschieht.

Vor allen Dingen lassen Sie sich Zeit, auch wenn es Sie innerlich drängt und Sie wieder so schnell wie möglich frei sein möchten. „Jedes Ding braucht seine Zeit" – ein Satz, den unsere hektisch gewordene und ständig dem Erfolg nachjagende Zeit nicht mehr gerne hört, ohne den wir aber nicht zu unserem Eigentlichen, zu

Zeit zum Lernen – Zeit zum Loslassen

unserem Selbst zurückfinden. Solange wir Angst haben, sind wir davon abgeschnitten. Lassen Sie sich nicht jagen, nicht von Außenstehenden und nicht von Ihren eigenen Zielvorstellungen! Nehmen Sie das Lernangebot an, das hier für jeden Reiter entsteht und uns über das Reiten hinaus in jeder Weise viel zu bieten hat. Lassen Sie sich ein auf den Prozeß in Ihrem Inneren und spüren Sie mit voller Achtsamkeit dem nach, was dort geschieht.

Ein Muskel braucht Monate zu seinem Aufbau, eine Verspannung verhärtet ihn in Sekundenschnelle, sie löst sich erst mit der Zeit. – Unsere Angst ist eine seelische Verspannung. Mit ihr fertig zu werden, können wir nicht in einer Stunde lernen. Es gibt keine Methode dafür, und es genügt auch keine Erkenntnis – und wenn sie noch so klar wäre! Wir müssen uns ihr immer wieder stellen, immer wieder neue Situationen erleben, sie durchstehen, schrittweise in ihnen unsere Erfahrungen machen – manchmal auch schmerzhafte – , wir müssen dem Lösungs- und Wachstumsprozeß in uns Raum und Zeit lassen.

So ist es mit allem Lernen bestellt. Einsichten und Erkenntnisse können in Sekundenschnelle in uns aufblitzen und uns zu eigen werden. Lösungen von alten Vorstellungen und Veränderungen in unserem Verhalten dauern oft Jahre. Die alten Verhaltensweisen haben uns in der Vergangenheit Rahmen und Sicherheit gegeben und waren das Beste, das uns zur Verfügung stand. Manchmal taugen sie jedoch nicht für neue Anforderungen oder sie sind inzwischen fest geworden, veraltet und verhärtet. Trotzdem halten wir an ihnen fest, bis wir etwas Besseres gefunden haben. Dann erst sind wir bereit loszulassen. Doch die Lösung vollzieht sich nicht in einem einmaligen Akt, sondern nur in einem geduldigen Lernprozeß. – Das müssen wir erst wieder lernen: Unser Leben als einen Lernprozeß zu begreifen und den Lernprozeß als einen Lebensprozeß zu bejahen. Lernen ist nicht das lästige Durchgangsstadium auf dem Wege zu einem Ziel, sondern es ist selbst Element des Lebens. Wenn wir uns auf solches Lernen einlassen, lassen wir uns auf das Leben ein, auf das Leben, das sich – mit allen Schwierigkeiten, Krisen und Widerständen – im Lernen und im Erleben von innerem Wachstum erfüllt.

Wir liegen also richtig, wenn wir uns für das Reitenlernen Zeit und immer wieder Zeit nehmen. Wir haben es mit einem so unglaublich umfassenden und tiefgreifenden Lernprozeß zu tun: Kein Wunder, daß Reitschüler dabei leicht ungeduldig werden, wenn alles so lange dauert und ihr Körper dem Vorgang, den der Kopf so schnell begriffen hat, nur so entsetzlich langsam folgt. Aber es geht ja nicht nur um das Erlernen von Techniken und Fähigkeiten, sondern um unser inneres Wachstum, und das braucht eben Zeit. Dies einzusetzen bedeutet eine wichtige Stufe in unserer Lebenserfahrung.

Sich Zeit lassen – auch ein Loslassen

Gut also, wenn Sie losgelassen haben von Ihrer Vorstellung, sie müßten Ihre Angst bekämpfen und so schnell wie möglich wieder loswerden! Vielleicht spüren Sie dadurch inzwischen so etwas wie einen Anflug von Gelassenheit oder Losgelassenheit. Jedenfalls ist es ein wunderbares Gefühl, ein allmähliches Abklingen der Angst zu erleben. Lassen sie diese einfach müde werden!

Gelassenheit – Losgelassenheit

Mittlerweile werden Sie sich auch schon etwas an die Höhe des Pferderückens gewöhnt haben und sich ein wenig umzuschauen wagen. Dann können wir zu einer behutsamen Bewegung übergehen und mit ein paar gymnastischen Lockerungsübungen anfangen. Zunächst üben wir alles nur im Schritt. Sie halten sich vorne am Sattel fest und erst, wenn Sie sich dort sicher fühlen, arbeiten wir später auch im Trab und im Galopp. Jeden einzelnen Schritt kündige ich Ihnen vorher an. Ich lasse das Pferd bestimmt nicht plötzlich im Galopp anspringen, um Ihre Angst vielleicht auf diese Weise auszutricksen. Solche „Tricks" lehne ich grundsätzlich ab. Außerdem würden sie in der Arbeit mit Erwachsenen auch nichts bringen, weil von nun an ein gewisses Mißtrauen mir gegenüber überwunden werden müßte. Mit Kindern arbeite ich allerdings manchmal mit kleinen Tricks, zum Beispiel gebe ich ihnen, wenn sie mit dem Pferd schon einigermaßen vertraut sind, aber immer noch nicht frei von Angst, gelegentlich Übungen, bei denen sie sich nur mit einer Hand festhalten, und dann lasse ich sie so schnell die Hand wechseln, daß sie zwischendurch immer wieder kurz freihändig auf dem Pferderücken sitzen. Das geschieht im Spiel. Wenn sie dann merken, daß sie sich gar nicht mehr festgehalten haben, sind sie mächtig stolz und deutlich ein Stück vorangekommen.

Während ich Ihnen dabei zuschaue, wie Sie sich auf die neue Situation einstellen, sich mehr und mehr auf dem Pferderücken eingewöhnen, möchte ich mit meinen Gedanken noch einen Augenblick bei dem Thema „Angst" bleiben, der Angst, die eine Grundbefindlichkeit in unserem Leben darstellt. Es ist nicht anders: Auch wenn wir das nicht gerne zugeben, wird unser Leben weithin von Angst bestimmt. Wir neigen dazu, diese Ängste zu überspielen, sie zu verdrängen und uns durch Sicherungssysteme abzuschirmen. Das ist verständlich und macht uns in gewisser Hinsicht handlungsfähig, aber wir werden auf diese Weise doch nie ganz frei; unterschwellig bleiben sie doch bestehen und „pfuschen" uns manches Mal ins Handwerk: unsere Ängste vor Verlust, Versagen, Isolation, Mangel, Schmerz und so weiter. Wieviel Krankheiten finden wir bei genauerem Hinschauen, die darin ihre Ursache haben, wieviel Unfreiheit im Verhalten und in der gesamten Lebensführung! Es gibt eben keine Radikalkur gegen die Angst, und meine Überlegungen können und sollen auch nicht versuchen, die Angst zu beseitigen, die Sie vielleicht auch jetzt auf dem Pferderücken noch immer spüren. Aber hilfreich kann es sein, statt die Augen vor diesen Ängsten zu verschließen, sie anzuschauen, sie kennenzulernen und sich ihnen zu stellen. Wenn wir das tun, wenn wir uns der Angst stellen, sie als einen notwendigen Faktor in unserem Leben anerkennen, dann wird sie einen Lern- und Wachstumsprozeß in Gang setzen, bei dem wir nach und nach Fähigkeiten und Fertigkeiten in uns ausbilden und dadurch ein Vertrauen in uns wachsen lassen, das der Angst auf die Dauer keinen Platz mehr läßt.

Angst als Schutzfunktion

Dieses Anschauen der Angst bedeutet, daß wir lernen, sie auch in ihren positiven Funktionen zu sehen. Oft ist sie ein wichtiges Signal des Organismus, das unsere erhöhte Wachsamkeit herausfordert. So warnt sie uns vor wirklich gefährlichen Situationen. Die meisten von uns kennen beispielsweise eine bestimmte Sehnsucht, plötzlich loszugaloppieren und über alles zu springen, was auf dem Wege liegt. Über mich kam diese Versuchung früher besonders auf unbekannten, einsamen Waldwegen. Einsamkeit und fehlendes Training bedeuten für dieses Vorhaben aber eine objektive Gefahr, und da war es tatsächlich eine Hilfe, wenn sich meine Angst gerade noch zur rechten Zeit meldete und mich daran erinnerte, daß es viel sicherer sei, in gemäßigtem Tempo weiterzureiten und zunächst noch zu Hause entsprechend zu üben. Eine solche Art von Angst warnt uns also, etwas zu tun, für das wir nicht genügend vorbereitet oder ausgebildet sind.

Dasselbe trifft zu, wenn wir Angst haben, vom Pferd herunterzufallen. Auch diese Angst ist berechtigt und sinnvoll, solange wir das notwendige Gleichgewicht noch nicht entwickelt haben. Halten Sie sich deshalb mit den Händen fest. Sie geben damit außerdem Ihrem Organismus ein Zeichen, daß Sie sehr wohl für ihn sorgen und der Klammerreflex der Beine sich vielleicht schon ein wenig lösen kann.

Trainieren Sie von nun an (Sie wissen schon: mit Zeit und Geduld!) Ihre reiterliche Kondition und suchen Sie sich einen guten Unterricht, in dem Sie dann auch lernen, mental die Beweglichkeit Ihres Körpers zu bahnen. Stunden an der Longe sind ebenfalls hilfreich, da hier schwierige Bewegungsabläufe oder auch nur einzelne Passagen daraus gesondert geübt werden können. Dieses alles sind Maßnahmen, die mit dem Erwerb reiterlicher Fertigkeiten auch unseren Mut wachsen lassen. Hier gilt nämlich, daß Übung nicht nur den „Meister" macht, sondern auch unser Selbstvertrauen und unsere Besonnenheit in schwierigen Situationen stärkt. Die Angst verliert an Berechtigung!

Natürlich kommt wahrscheinlich trotzdem eines Tages der Moment, daß wir im Gefühl, uns schon ganz passabel auf dem Pferd auszunehmen, genau in die Situation geraten, der wir dann doch noch nicht gewachsen sind und uns wieder wie total unbegabte Anfänger vorkommen, vielleicht sogar vom Pferd fallen. Aber keine Panik, auch eine solche Erfahrung ist nur eine neue Lernchance. Sie lehrt uns, künftig noch wachsamer zu sein und unser Realitätsgespür noch gründlicher zu entwickeln.

Viele Reiter haben besonders davor Angst, daß ihnen das Pferd durchgehen könnte. Auf diesen Fall sollte man vorbereitet sein. Dazu ist als erstes zu sagen, daß wir in der vollen Konzentration

Ein Pferd „geht durch"!

auf die aktuelle Situation sehr oft die Fluchttendenz des Pferdes rechtzeitig erspüren können, eben im Moment ihres Entstehens. (Sie erinnern sich an das letzte Kapitel mit der Stelle über das Erspüren der Bewegungen des Pferderückens.) Ein Reiter, der seine volle Aufmerksamkeit auf die Situation richtet, spürt die Anspannung des Pferderückens, spannt sich selbst ebenfalls leicht an und läßt danach eine deutliche Entspannung eintreten, in der das Pferd sich wieder beruhigt.

Aber manchmal wird der Reiter, und auch der geübte, von dem scheuenden Pferd doch überrascht: Er wird durch das Zur-Seite-Springen seines Tieres zunächst aus dem Gleichgewicht geworfen, und während er sich zu halten versucht, galoppiert das Pferd mit ihm wahrscheinlich schon durch die Gegend. Dann kommt zu der Schwierigkeit mit dem Gleichgewicht die dringende Notwendigkeit, das Pferd wieder einzufangen. In der Not wird dazu oft am Zügel gezogen, und das Pferd, das bereits erschreckt ist, bekommt jetzt zusätzlich noch die volle Gewalt des Zügels in seinem Maul zu spüren. Das ist ein richtiger Schmerz! Und so wird es immer schneller, versucht immer schneller von dem Schmerz fortzukommen, dessen Ursache es auf seinem eigenen Rücken mit sich trägt. Der geübte Reiter weiß damit umzugehen. Er „sitzt" in der Bewegung und stellt dabei die Verbindung durch den Zügel schnell und weich wieder her, falls die verloren gegangen sein sollte. Er nimmt den Zügel an und wird ihn dann auch sofort wieder nachgeben. Und wenn das Pferd darauf nicht reagiert, dann wird der Zügel erneut genauso weich angenommen und wieder nachgegeben – bis die Verbindung wieder hergestellt ist. – Diesen Grundsatz können wir gar nicht tief genug verinnerlichen: ein Zügel, der angenommen, das heißt verkürzt wird, muß auch um dasselbe Maß wieder nachgegeben werden. – Und so kann man schließlich auch ein durchgehendes Pferd wieder einfangen!

Urvertrauen Unsere Ängste, die uns in unserem Lebensalltag einengen, gehen alle irgendwie zurück auf eine Urangst, eine Angst vor der Daseinsbewältigung, die wir aus unserer frühesten Kindheit mitbringen und von der kein Mensch frei ist. Doch ihr gegenüber steht – wenn wir das vielleicht auch vergessen haben – ebenso ein Urvertrauen, denn wir alle waren einmal geborgen, wurden (im Mutterleib) getragen und versorgt – sonst wären wir nie geboren worden. Wenn wir von diesem Urvertrauen auch abgeschnitten sind, können wir doch die Verbindung dazu wieder herstellen. Vielleicht wurden Sie als Kind von der Mutter liebevoll geschaukelt, vom Vater sicher getragen. Dann können Sie an diese Bilder und Erfahrungen anknüpfen, das Glücksgefühl aus der Kindheit wieder in Ihrem Körper aufsteigen lassen und sich mit der freudigen Erwartung, wieder getragen zu werden, dem Rücken des Pferdes *anvertrauen*. Oder haben Sie als Kind, vielleicht auch erst im Laufe Ihres Heranwachsens Erfahrungen gesammelt, nach denen es besser ist, sich keinem anderen Wesen anzuvertrauen, sich grundsätzlich niemandem zu überlassen? Dann lassen Sie in Ihrer Vorstellung Bilder des Getragenwerdens entstehen, erspüren innerlich, welches Gefühl dabei in Ihrem Körper aufsteigt, und steigen Sie dann mit der hoffnungsvollen Erwartung auf Ihr Pferd, dieses wundervolle Gefühl nun tatsächlich zu erleben, wie es ist, getragen zu werden. Elisabeth Pringle, von der ich viel über Psychotherapie gelernt habe, hat in ihrer Praxis in Florida eine Tafel hängen: „Es ist nie zu spät, eine schöne Kindheit zu haben". Hier beim Reiten haben Sie Gelegenheit, zu diesem Nachholen, sich nämlich von einem Pferd tragen und schaukeln zu lassen – ein Dienst, den selbst ein liebevoller Partner nur ausnahmsweise übernehmen wird. Und schließlich wollen Sie auch nicht, daß der sich dabei sein Kreuz verrenkt!

Wir sind vom „Loslassen" gekommen und haben uns etwas länger mit dem Thema „Angst" aufgehalten. Nun noch zu den Spannungen und Verspannungen, denn die sind es ja, die uns starr und fest, unsensibel und unflexibel machen und die wir lösen – loslassen müssen, wenn wir ein Pferd reiten wollen. Wie viele Gelegenheiten gibt es, sich zu verspannen! Oft sind es äußere Gründe wie die Haltung am Schreibtisch oder Arbeitsplatz, die zu Verspannungen unserer Muskulatur führen und denen wir dann mit Lockerungsübungen begegnen können. Meist aber liegen die Ursachen tiefer im innerseelischen Bereich, und oft sind sie so fein, daß wir sie gar nicht bemerken, haben uns aber gerade deswegen besonders gut im Griff. Manchmal reicht es schon, wenn wir uns innerlich mit einer Frage herumschlagen oder unablässig und intensiv nach der Lösung eines

Spannung – die Körpersprache, die das Pferd versteht

Problems suchen. Man weiß, man hat sie schon fast, und doch ist es zum Verzweifeln, man bekommt einfach nicht klar, wie sie zu finden ist. Fassen Sie in einer solchen Situation einmal in Ihren Nacken und spüren Sie, wie sich die Muskeln dort anfühlen – fest wie Eisen! Oder jemand hat Sie nach einem Namen gefragt, und der fällt und fällt Ihnen nicht ein, obwohl er Ihnen auf der Zunge liegt. Und wie reagiert Ihr „armer" Nacken? Aber mal ehrlich: Fragen wir wirklich, wenn uns nicht gerade jemand direkt dazu auffordert, jemals von selbst nach unserem Nacken, wissen wir, was mit unserer Muskulatur los ist? Haben wir den Sinn für Spannung und Verspannung überhaupt entwickelt, in bezug auf unseren Körper beziehungsweise auf unser Verhalten? Ich fürchte, daß dies in der Regel nicht der Fall ist.

Die Pferde jedoch sind in dieser Beziehung außerordentlich feinfühlig und lassen sich nicht betrügen oder bestechen. Mit ihrer außerordentlich feinen *Wahrnehmung* nehmen sie einfach *wahr*, was ist: jede unserer Spannungen. Natürlich fragen sie nicht danach, woher ihr Reiter sie hat. Spannung ist für sie Spannung, ob diese von innen oder außen kommt, sich in seiner Körperhaltung, seinen Gesichtszügen, in seiner Stimme oder auch nur in seinen Gedanken manifestiert. Die Mühe, freundlich entspannt zu sprechen, können wir uns sparen, wenn es uns eben „Mühe" macht. Die Pferde lassen sich nicht täuschen. Spannung ist die Sprache, die sie sofort verstehen und die ihnen „Alarm!" signalisiert. Als Fluchttiere sind sie darauf angewiesen, Situationen schnell aufzunehmen und darauf zu reagieren. Die Körpersprache sagt ihnen alles. Wieder erinnern wir uns an die Geschichte vom „klugen Hans", das Pferd, das zu den am besten untersuchten Objekten der Verhaltensforschung gehört und in so unglaublich feiner Weise Spannungen wahrzunehmen verstand.

Aus dieser Erkenntnis ergeben sich wichtige Folgerungen für den Reiter. Wenn Sie zum Beispiel auf dem Pferderücken sitzen, zwischen Nacken und Kreuz des Pferdes, und Sie können in dieser Situation Ihre Sorgen und Ihren Berufsstreß absolut nicht loslassen – wie soll sich da Ihr Pferd entspannen können? Es bekommt ja immer wieder von neuem das Signal, daß irgendetwas Besorgnis Erregendes in der Luft liegt. Besonders stark wirken diese Signale, wenn das Pferd Sie bereits als Leittier akzeptiert und Vertrauen zu Ihnen gefaßt hat. Da hilft in der Konsequenz eigentlich nur: Absteigen, Bilanz bei sich selber ziehen, Übungen zum Entspannen durchführen – loslassen.

Das ist es nämlich, was wir lernen müssen: Das Loslassen. Doch wie groß ist die Zahl der inneren Belastungen, die zu unseren Verspannungen führen: Ärger, Ehrgeiz, Leistungsdruck, Bewertungsangst, jede Art von Sucht, Schuld- und Fremdheitsgefühlen, aber auch Unsicherheit, verkrampfte Selbstkritik und so weiter. Und – wie gesagt – am festesten haben uns die im Griff, die wir selbst nicht wahrnehmen, weil wir sie nicht wahrhaben wollen. Aber da stehen uns unsere Pferde als treue und unbestechliche Helfer zur Seite. Wie oft habe ich es beim Reitunterricht erlebt, daß ein Pferd sich über längere Zeit einfach nicht reiten läßt und den Reiter schier zur Verzweiflung bringt. Der kann sich nicht lösen, alle Anweisungen scheinen vergeblich, sie kommen bei ihm nicht durch. Und die Pferde sind verspannt, bleiben „hartnäckig". Bis die Verzweiflung dann so groß wird, daß sie sich – meist durch einen auf das Pferd gerichteten Ärger – doch noch Bahn bricht und die Störfelder geklärt und beseitigt werden in Familienverhältnissen, Ehe, Examensnöten oder um was auch immer es sich handeln mag. Danach lassen sich dann die Pferde wieder ganz normal lösen.

Was wäre, wenn wir all das, was uns bedrückt, was in uns an ungeklärten Ängsten und frustrierenden Gefühlen unbewältigt lebt – was wäre, wenn wir dieses alles wirklich loslassen könnten? Dann wären wir ja plötzlich frei und wieder beweglich, entspannt und locker und in ganz neuer Weise handlungsfähig! Diese Aussicht gibt uns neuen Lebensmut, und damit sind wir wieder an der Stelle angelangt, bei der wir spüren, auf welch eine tiefgreifende Ausbildung wir uns mit dem Reitenlernen eingelassen haben, welch hohe Anforderungen diese an uns stellt, aber auch welche wertvollen Wachstumschancen sie für uns bereithält.

Zum Thema Loslassen gehört, daß wir auch über Möglichkeiten sprechen, Entspannung durch chemische Mittel zu bewirken. In der allgemeinen Hektik lassen sich Menschen heute in der Regel nicht mehr genügend Zeit für ihre Heilungsprozesse, sondern

Künstliche Entspannung und Handlungsfähigkeit

greifen bei Verspannungen schnell zu Schmerz- oder Beruhigungsmitteln. Davor muß ich in bezug auf das Reiten dringend warnen. Die Pferde lassen sich durch Medikamente nicht täuschen. Aber eigentlich auch unser Körper nicht, denn wir beseitigen auf diese Weise nicht die Ursache des Übels, sondern schalten nur seine Wahrnehmung im Gehirn ab. Wir schalten einen Notruf ab! Schmerz ist seiner Funktion nach eine Botschaft, die uns auffordert, uns um einen bestimmten Körperteil besonders zu kümmern. Diese Warnung wird durch Medikamente wie ein lästiges Telefon abgestellt. Ebenso schaffen Schlaf- oder Beruhigungsmittel keine Ruhe, sondern unterbrechen lediglich die Wahrnehmung der Unruhe. Das mag in bestimmten Situationen sinnvoll sein, zum Beispiel nach Operationen, für das alltägliche Funktionieren aber stellt die Einnahme solcher Medikamente eher eine Zeitbombe dar.

Dieses Abschalten bestimmter Funktionen im Gehirn geschieht nun leider auch nicht so, daß nur das eine in Frage kommende Schaltzentrum, das für den Schmerz im Rücken, im Nacken oder für die Unruhe vor der Prüfung zuständig ist, erreicht wird, sondern es wird mehr oder weniger das gesamte Gehirn in seiner Funktion gedämpft. So ist unter Beruhigungsmitteln – ähnlich wie unter Alkoholeinfluß – eine Veränderung der gesamten Wahrnehmung und der feinmotorischen Beweglichkeit festzustellen. Aber genau diese feinsten Wahrnehmungen im Hinspüren, Aufmerken und Reagieren sind es ja, die wir beim Reiten brauchen, die wir immer wieder üben, um dadurch die Verständigung mit dem Pferd zu verbessern. Wir behandeln also nicht nur uns selbst schlecht, wenn wir zu solchen Mitteln greifen, sondern beeinträchtigen damit auch insgesamt unsere reiterlichen Funktionen und möglicherweise sogar die Sicherheit anderer. (Bei gewissen Beruhigungs- und Schmerzmitteln ist zum Beispiel das Autofahren verboten!)

Spannungen und negative Gefühle herausreiten

Wenn wir nun in unserer Reitausbildung ein wenig weiter fortgeschritten sind und gelernt haben, unsere Spannungen und Verspannungen zu erkennen und mit ihnen umzugehen, vor allen Dingen wissen, daß wir gar keine Chance haben, sie zu ignorieren, sondern sie anerkennen und uns ihnen stellen müssen, dann erweist sich das Reiten als hervorragende Methode, sie aufzulösen. Und das gilt nicht nur für unsere Spannungen, sondern ebenso auch für unsere negativen Gefühle, unsere Enttäuschungen, unsere Verletzungen, Verstimmungen, die uns krank machen, wenn sie unbewältigt in uns stecken bleiben, und die wir ebensowenig leugnen, unterdrücken oder wegreden können.

Was ist da zu tun? Die Spannungen oder negativen Gefühle *bewußt* mit auf das Pferd nehmen und mutig losreiten! Wir können dann zusammen mit dem Pferd nach einem Bewegungsausdruck für diese Spannungen suchen – und werden erleben, wie die ursprüngliche Thematik sich zunehmend verändert und durch ein *Erleben mit unserem Pferd* ersetzt wird. Wir können uns von der Bewegung des Pferdes mitnehmen lassen, uns tragen lassen und uns in den gewählten Gangarten wieder in unseren eigenen Rhythmus hineinschaukeln lassen. Unsere Lungen füllen sich mit frischer Luft, unsere Konzentration ist gefordert, wir „regieren" wieder und reagieren dabei ab, was uns eben noch gefangen gehalten hat. Einfach dadurch, daß wir das Negative mit in den Bewegungsprozeß hineinnehmen, uns auf das Pferd und unsere gemeinsamen Bewegungen *einlassen*, wird ein *Loslassen* eingeleitet, finden wir einen Weg zu uns selbst und zu unserem eigentlichen Selbst-Wert-Gefühl zurück; und was uns eben noch unerreichbar schien, erleben wir plötzlich in ganz neuer Weise: lebendige Aktivität.

Und unser Pferd nimmt teil an unserer Befreiung und Freude. Es braucht sich nicht länger mit unseren Mucken und Macken herumzuplagen und ist ebenfalls erlöst. – Wenn so die Spannung in die Bewegung entlassen, gemeinsam herausgeritten und vielleicht sogar ausgetobt wird, kann das zu den schönsten Momenten des Reitens überhaupt gehören. Das Erfreuliche daran ist, daß alles so selbstverständlich geschieht. Wir brauchen dem Pferd nicht erst lange zu erklären, was uns bewegt. Wir sind sofort im Einverständnis, können einfach etwas gemeinsam tun und finden uns in diesem Tun als Verbündete. Die positive Rückmeldung, die wir auf diese Weise vom Pferd bekommen, gibt uns noch einmal neue Stärke, und da bleibt wirklich kein Platz für die alten Sorgen!

Einverständnis von Reiter und Pferd

Wenn wir uns auf das Reiten wirklich *einlassen* – und dazu gehört immer die *Losgelassenheit* – dann sind der Erfahrungen so viele, und jede ist wieder anders, von Grund auf neu und aufregend. Ein Erlebnis möchte ich hier einfügen, weil es auch ein Beispiel ist für das geglückte Einverständnis von Reiter und Pferd. Bei meinen Reitübungen in der Halle gab es eine Ecke, gegen die meine Stute eine entsetzliche Abneigung hatte. Schon einige Meter vor einem bestimmten Punkt begann sie sich zu spannen, machte sich zur Wand hin „hohl" und sprang dann unter heftigem Schnauben in die Mitte der Bahn, wo ich sie jedes Mal wieder zu beruhigen hatte. Natürlich hielt ich selbst schon beim Anreiten dieses Punktes des Atem an, versuchte mich gegen die Spannung zu setzen, zog am Zügel und hatte nur den verzweifelten Gedanken im Kopf: „Du mußt da durch!" Ich versuchte es mit List, arbeitete im unteren Ende der Halle und ritt dann scheinbar absichtslos wieder die Länge der Bahn entlang bis zu jener Ecke. Vielleicht gelang es mir sogar ein- oder zweimal auf diese Weise durchzukommen, aber meistens wußte das Pferd schon lange vorher, daß jetzt wieder die Ecke an der Reihe war und sprang zur Seite. Eines Tages – ich war mir damals über meine reiterlichen „Hilfen" noch nicht immer im Klaren, hatte aber wohl einen besonders guten Tag und war innerlich recht gelöst – rutschte ich auf dem Pferderücken auf die Außenseite, mit dem Gewicht dorthin, wo sich das Pferd gerade „hohl" machen wollte. Dadurch schien es für meine Stute, als ob ich diese Haltung von ihr verlangt hätte – und sie vergaß, daß sie eigentlich zur Seite springen wollte. In dieser Situation gab ich, ebenfalls noch mehr zufällig, die Impulse zum „Schenkelweichen" – und das Pferd war von dieser Variante, durch die Ecke zu gehen, so überrascht, daß es besser seitwärts ging als in vielen Versuchen vorher, bei denen ich die üblichen Hilfen eingesetzt hatte. Dieses gegenseitige Entgegenkommen und Aufeinandereingehen – das Pferd bietet etwas an, der Reiter nutzt es, das Pferd wird zufrieden und der Reiter ebenfalls – war für mich ein wichtiges Schlüsselerlebnis. Damals war das alles noch mehr ein Zufall, aber er zeigt, welche unerwarteten erfreulichen Möglichkeiten sich im Zusammenspiel von Reiter und Pferd ergeben – Offenheit und Geistesgegenwart vorausgesetzt!

Wenn es uns gelingt, eine heikle Situation wie die soeben geschilderte durch ein sinnvolles Umfunktionieren zu bewältigen, haben wir einen weiteren Vorteil: Wir können das Pferd, das sich willig auf uns eingelassen hat, anschließend loben – und Lob wiederum stabilisiert die Losgelassenheit! – Lob bewirkt Erstaunliches bei Pferd und Reiter. In meiner Arbeit mit den Pferden, besonders aber mit den Reitschülern, hilft es oft, wenn ich aufmerksam nach allem suche, was ich ehrlich loben kann. Manchmal ist das leicht, da hat jemand Fortschritte gemacht, die für alle Beteiligten sichtbar sind. Aber manchmal ist das auch nicht so leicht, und ich gerate unter Druck, weil zum Beispiel jemand seit längerem auf der Stelle tritt – und dann um so dringender die Anerkennung benötigt. Erschwerend kommt hinzu, daß Reitschüler sich selbst oft überaus kritisch sehen – wie übrigens viele Menschen: sie halten sich ständig vor Augen, was andere so viel besser machen, sie selbst aber nie schaffen oder nur so schlecht. In bezug auf uns selbst sind wir fast alle ausgemachte „Fehlergucker". Und schon beginnt sich ein Teufelskreis zu drehen, denn wie wirkt sich das auf unsere Muskeln aus, die gerade in diesem Moment anfangen wollen, sich zu entspannen? Um so wichtiger ist es jetzt, dieses Spiel zu durchbrechen und den Betreffenden glaubwürdig für das zu loben, was er alles schon kann und gelernt hat. Auch meine Reitschüler ermuntere ich, sich über jeden kleinen Fortschritt wirklich zu freuen. – Und wenn ich mein Pferd lobe, dann spüre ich förmlich, wie es sich innerlich aufrichtet und wie eine Welle der Freude durch seinen Leib strömt.

Lob als Stabilisator von Losgelassenheit

Wir wollen das Kapitel über die Losgelassenheit nicht beschließen, ohne noch eine wichtige Frage behandelt zu haben. Bisher wurde eine Reihe von Übungswegen erarbeitet, die auf vielfältige Weise zur Entspannung und zum Loslassen führen. Wie aber, wenn sich diese Entspannung, aus welchen Gründen auch immer, nicht einstellen will? Müssen wir dann nicht das Reiten aufgeben? Nein, ganz bestimmt nicht! Sicherlich gibt es starke innere Verspannungen, die meist tiefliegende biographisch bedingte Ursachen haben und sich in einem normalen Reitunterricht mit gutem Willen und entschlossenen Optimismus nicht einfach ausreiten lassen, sondern intensive therapeutische Hilfe erfordern. Aber nach meiner Erfahrung gibt es keine bessere

Wenn Spannungen sich vorerst nicht abbauen lassen

Therapie als das Reiten – vorausgesetzt es gibt eine Anleitung unter ganzheitlichen Aspekten, wie wir sie hier herauszuarbeiten uns bemühen. Das mag manchmal einige Zeit in Anspruch nehmen und Geduld erfordern, aber ich habe immer wieder erlebt, daß es letztlich doch zu einem entscheidenden Durchbruch, einer Lösung gekommen ist. – Von einem Reiten unter solch einer Anleitung geht eine direkte therapeutische Wirkung aus, die in ihrem Kern gar nicht so sehr auf der Führung durch einen erfahrenen Ausbilder oder Therapeuten beruht. Dieser ist und bleibt als Mensch immer ein Partner auf der gleichen menschlichen und zwischenmenschlichen Ebene, der Ebene, auf der eben auch die Störungen, die krankhaften seelischen Prozesse liegen. Zwischen dem Patienten und seinem Therapeuten entfaltet sich ein kommunikatives Wechselspiel von Abwehr, Übertragungen und Gegenübertragungen. Der Reiter dagegen muß sich in erster Linie mit seinem Pferd auseinandersetzen, ein Zusammenspiel, das die Spielregeln menschlicher Kommunikation oft genug aushebelt. Er ist dann in ganz anderer Weise, auf ganz anderer Ebene mit einer Wirklichkeit – verkörpert in seinem Pferd – konfrontiert, und bekommt in dieser Begegnung die Chance, neue Muster und Bezüge zu entwickeln und dabei auch mit sich selbst zu einem geklärten Verständnis zu finden.

Diese eigene Lebenswirklichkeit gewinnt zum Beispiel an Klarheit, sobald der Reiter sich angewöhnt, sich auch für sein eigenes Handeln, für sein Wollen und Vorhaben genaue innere Bilder zu machen. Erinnern Sie sich noch, wie wichtig diese Bilder in der Führung des Pferdes waren? Und wie das Pferd sofort Aufmerksamkeit, Mitarbeit und Gehorsam verweigerte, sobald wir nur einen Augenblick lang unsicher waren oder nicht meinten, was wir sagten?

Überprüfen Sie deshalb jetzt einmal, wie es Ihnen geht, wenn Sie im Zusammensein mit Menschen Entscheidungen treffen wollen, ohne sich vorher klare Bilder oder Vorstellungen gemacht zu haben. Werden Sie dann nicht zum Spielball von anderen, besonders, wenn diese sich sehr wohl ihre Vorstellungen klar und präzise gemacht haben und diese dann auch noch authentisch vertreten können?

Ich selbst hatte als Berufsanfängerin mitunter Schwierigkeiten in bezug auf meine Authentizität, zum Beispiel, wenn es darum ging, jemandem einen Wunsch abzuschlagen und das „Nein" zu sagen, das meiner inneren Absicht und oft auch meinen Möglichkeiten entsprach. Jede Absage bereitete mir ein schlechtes Gewissen. Erst von meiner Stute lernte ich, das, was ich von ihr wollte, auch wirklich zu wollen und ihre Unarten kompromißlos nicht zu wollen.

Eine Patientin berichtete mir, seit sie in konkreten Vorstellungen und Bildern denke, falle es ihr leichter, jemandem einmal einen Wunsch abzuschlagen. Früher habe sie ewig lange Anrufe von ihrer Freundin ertragen, die ihr stets jedes ihrer neuesten Liebesabenteuer ausführlich unterbreitete. Dann habe sie stundenlang ungeduldig den Telefonhörer in der Hand gehalten, ihre eigenen Tagespläne über den Haufen werfen müssen und sei am Ende immer ärgerlich über sich selbst geworden, weil sie nichts von ihren eigenen Vorhaben geschafft hatte, und vor allem, weil sie nicht den Mut gefunden hatte, ihre Freundin zu enttäuschen. Inzwischen mache sie sich bildliche Vorstellungen von allem, was sie noch zu erledigen habe, und dann sei es für sie entschieden, die Freundin auf eine andere Zeit zu vertrösten. Außerdem – so berichtete die Patientin – habe sie es gewagt, sich das Bild ihrer Freundin zu machen, wie diese ob der Zurückweisung ärgerlich würde. Aber das wirklich konkret vorgestellte Bild sei dann gar nicht so bedrohlich gewesen wie vorher befürchtet. Jedenfalls habe sie mit dieser doppelten Klarheit der Freundin bei deren nächstem Anruf sagen können, sie möchte später anrufen – und als die das zum ausgemachten Zeitpunkt tat, ergab sich ein wirklich gutes, zugewandtes Gespräch.

Bildliches Vorstellen hat aber abgesehen von der Klarheit, zu der es uns verhilft, noch eine weitere, äußerst wichtige Funktion: Es bindet unsere Gefühle mit ein und wird damit zur starken und verläßlichen Entscheidungshilfe.

Nach all unseren Betrachtungen schauen wir wieder einmal genau hin, wie Sie sich inzwischen auf dem Pferderücken eingelebt haben. Sie wissen jetzt, wann und wie Spannungen entstehen und auch, wie sie sich lösen lassen. Spüren Sie noch einmal be-

Das Pferd „macht seinen Rücken auf"

wußt Ihre Schultern, fühlen die sich locker an? Und wie ist es mit dem Nackenbereich – sind Sie da beweglich? Gelingt es Ihnen auch schon, das Becken leicht zu kippen, so daß das Hohlkreuz von vorhin aufgehoben wird? Und spüren Sie, daß das Pferd dann sofort längere Schritte macht? Das ist dann die Reaktion auf Ihr Loslassen!

Wenn das Pferd sich losläßt, losgelassen geht, dann sagen manche Pferdeleute: „Es geht über den Rücken" oder „es läßt seinen Rücken los". Eine Reitlehrerin benutzt die anschauliche Beschreibung: „Das Pferd macht seinen Rücken auf". Ich liebe diese Wortwahl besonders, weil in diesem Bild anklingt, daß das Pferd körperlich entspannt und seelisch offen ist. Es ist offen für die Bewegung und neue Aufgaben, offen für die Begegnung und offen in seiner Bereitschaft, mit dem Menschen zusammenzuarbeiten.

Damit sind wir schon bei dem nächsten Kapitel, der „Anlehnung" angekommen. Doch bevor wir uns näher auf dieses einlassen, muß ich noch etwas zu dem Pferderücken sagen, denn da fällt mir ein Erlebnis mit meiner Stute ein, die ich nach der Arbeit in einen See ritt. Zunächst schreckte sie vor dem Wasser und seiner spiegelnden Oberfläche zurück, traute sich dann aber, vorsichtig einen Fuß nach dem anderen in das tiefer werdende Wasser zu setzen. Als sie fast bis zum Bauch im See stand, begann sie mit dem Vorderfuß auf das Wasser zu schlagen und fand zunehmend Gefallen an dem hochspritzenden Naß. Sie plantschte übermütig wie ein kleines Kind, und ich spürte eine Welle von Energie, die aus dem Pferderücken kommend in meiner eigenen Wirbelsäule hochstieg und sich bis hinauf in meinen Kopf in meinem Inneren als Freude ausbreitete. Seit diesem Augenblick achte ich immer besonders auf die Informationen, die ich vom Pferderücken erhalte. Und wirklich gelingt es, auch das Erschrecken oder die Anspannung der Pferde als erstes dort zu spüren.

Genauso schaue ich als Beobachterin vom Boden aus einem Pferd immer zuerst auf den Rücken. Dort sehe ich, ob es sich entspannt bewegt, ob es sich verhält oder sich öffnet, und bei der Beurteilung einer Lahmheit kann ich hier ebenfalls den An-

Abb. 6: „Das Pferd macht seinen Rücken auf" – Steinritzzeichnung in Mesići, Bosnien. Kultur der Bogumilen, 12. – 16. Jahrhundert in Bosnien und Hercegovina.

halt dafür finden, wo die Ursache des Schmerzes sitzt. Und der schönste Augenblick ist es immer, wenn ich erkenne, daß das Pferd „seinen Rücken aufmacht".

Eine Reitschülerin sagte mir einmal, daß ihr für das Schaukeln mit dem Becken, für das Eingehen in die Bewegung, die Vorstellung helfe, sie massiere den Rücken ihres Pferdes, weil sie dann gar nicht darüber nachzudenken brauche, welche Seite sie gerade hochziehen müsse. – Ich denke, diese Schülerin war auf einem guten Wege. – Eine andere erzählte mir freudestrahlend, sie habe sechs Kilo abgenommen. Ich fragte sie, wie sie das geschafft habe, und sie sagte, sie habe gar nichts gemacht, sie sei nur nach den Reitstunden immer so mit sich im Einklang und so zufrieden, daß sie nicht mehr so viel essen müsse. – Ich denke, dies ist ein sichtbares Zeichen der Losgelassenheit für Pferd und Reiter: mit sich im Einklang und zufrieden sein.

Wir verlassen das Kapitel „Losgelassenheit" mit der Erfahrung, daß so eine Reitausbildung ungeahnte und tiefgreifende innere Entwicklungsprozesse in uns in Gang setzt, jedenfalls fühlen wir uns frei und gelöst, bereit für neue Lernerfahrungen.

KAPITEL 3
Anlehnung

Alle Moral, die dir ein Reitlehrer predigt, kann das süße, zarte Geplauder deines Pferdes nicht ersetzen, wenn es an einen schönen Sommermorgen die ersten Tritte unter dir ins Freie tut, mit fühlenden Lippen vom Gebiß aus am Zügel entlang deine Hand sucht, sie leise erkundet und befragt; wenn es dann neugierig und prüfend mit der feinen Stahlstange im Maule spielt, sie mutwillig ein wenig fortstößt, sich versuchend ein wenig gegenlehnt, um sie dann mit langem Hals, mit aufgerichtetem Genick, freien Kopf und zartem Zungenspiel aus deiner Hand entgegenzunehmen, wie ein ihm zugedachtes Geschenk, auf das es stolz sein darf. Dann ist dein Pferd glücklich.

Rudolf G. Binding

Nachdem Pferd und Reiter sich mit Takt und Losgelassenheit als zwei wichtigen Ausbildungsstufen vertraut gemacht haben, kommen wir nun zu einer weiteren Stufe, der Anlehnung. Auch diese ist eng mit allen anderen Ausbildungsthemen verflochten, so daß immer wieder vor- und zurückgegriffen werden muß, wie Sie das aus den beiden ersten Kapiteln bereits kennen. Auch muß nochmals daran erinnert werden, daß es notwendig ist, Takt und Losgelassenheit, immer wieder zu sichern und weiter zu verfeinern. Jedes Mal, wenn Sie Ihr Pferd aus dem Stall oder von der Weide holen, werden Sie es *lösen* müssen und nach Wegen suchen, auf denen es zu seiner Zufriedenheit findet, um mit Ihnen zusammen zu arbeiten. Und vergessen Sie dabei nicht sich selbst: Auch Sie bringen jedes Mal Ihre jeweiligen Gedanken, Gefühle, Stimmungen und Spannungen mit, die geklärt und losgelassen sein wollen, damit Sie sich frei und gelöst auf Ihr Pferd einlassen können. Nur auf dieser Basis kann das Tier seine Sicherheit beim Menschen finden und Vertrauen fassen, so daß Begegnung und Zusammenarbeit entstehen können. Wenn dieses Vertrauen entsteht und als Ausdruck dieses Vertrauens beide,

Schlüsselworte für Anlehnung: Vertrauen, Begegnung, Kontakt, Zusammenarbeit

Pferd und Reiter, so miteinander in Kontakt kommen, daß sie sich gegenseitig wahrnehmen, aufeinander eingehen, miteinander kommunizieren, dann sprechen wir in der Reitersprache von „Anlehnung". Lassen Sie uns kurz bei diesem Begriff bleiben und ihn auf seine Bedeutung im alltäglichen Sprachgebrauch hin abklopfen: Mit dem Bild der Unterstützung („sich an eine Mauer lehnen") kommen wir nicht weiter. Lebendig und treffsicher wird das Bild aber, wenn wir zum Beispiel zwei Menschen betrachten, die sich aneinander anlehnen: Jeder ist eine Persönlichkeit für sich, der für sich stehen kann, mit seinem eigenen Körper und seinen eigenen Gefühlen. Wenn sich die beiden aneinander anlehnen, dann entsteht an der Stelle, an der sie miteinander in Verbindung treten, eine unsichtbare Brücke, über die sie sich gegenseitig wahrnehmen und austauschen. – Während wir es bisher mehr mit dem Einzelwesen zu tun hatten, kommen wir jetzt mit dem Kapitel „Anlehnung" zu der sozialen Ebene, zum Zusammensein und zu der Zusammenarbeit.

Die „Anlehnung" der Pferde untereinander – soziale Ordnung – Rangordnung – Führungsfragen

Dabei bleibt Anlehnung immer etwas Besonderes: Auch wenn sie noch so sorgfältig vorbereitet wird, ist sie nie endgültig zu erreichen und behält, wenn sie denn gelingt, immer etwas von dem Vertrauensgeschenk eines Tieres, das doch von seinem eigentlichen Wesen her so schnell auf Flucht eingestellt ist. Um dieses Phänomen „Anlehnung" in seinem vollen Umfang würdigen zu können, werden wir uns zunächst der Anlehnung der Pferde untereinander zuwenden, den Formen ihres Zusammenlebens, ihrer Art, Freundschaften zu schließen und zu pflegen, ihrer gesellschaftlichen Ordnung und überhaupt ihren sozialen Fähigkeiten.

Diese Beobachtungen sind für uns wichtig, weil wir sie für unseren eigenen Kontakt mit den Pferden nutzen wollen, zum Beispiel für die Begrüßung und die Berührung. Wir wollen aber in diesem Zusammenhang auch den Stellenwert der Fellpflege mitsamt ihren kommunikativen Möglichkeiten kennenlernen sowie den Umgang, den ein Pferd mag oder auch nicht mag.

Pferde sind gesellige Tiere, die am liebsten in der Herde leben. Werden sie dagegen isoliert gehalten, sind sie in Gefahr, abzustumpfen oder sogar Verhaltensanomalien zu entwickeln. Natürlich wäre es auch hier wieder schön, wir könnten unsere Beobachtungen in der freien Wildbahn anstellen und die Pferde unter ihren ursprünglichen Bedingungen erleben. Da das nicht geht, müssen wir leider auf die Literatur zurückgreifen. Jedoch können wir die dort beschriebenen Beobachtungen ganz gut an unseren angepaßten Hauspferden überprüfen, da diese immer noch ein überaus reiches Repertoire von Verhaltensweisen aus der Savanne aufweisen.

Wenden wir uns zuerst der sozialen Ordnung der Pferde zu und der Frage der Führung: Interessanterweise zeigen hier die Beobachtungen, daß eine Pferdeherde sowohl durch einen Leithengst als auch durch eine Leitstute angeführt werden kann. Wenn in einer Herde kein Hengst zur Verfügung steht, wird dieser Platz von einer älteren Stute ausgefüllt. Monty Roberts (Der mit den Pferden spricht, S. 93) berichtet aus seinen Beobachtungen an Mustangs in der Wüste von Nevada, daß es dort zwar einen Leithengst gab, der jeweils seiner Familie zugeordnet war, sie auch nach außen verteidigte, daß die Ordnung innerhalb der Gruppe aber durch eine erfahrene Stute aufrechterhalten wurde. Diese Angabe ist mir wichtig, weil hier aus psychologischer Sicht die Herausforderung entsteht, sich im Kontakt mit Pferden von vornherein in beiden Seelenbereichen – dem weiblichen wie dem männlichen – angesprochen zu fühlen und beide in sich zur Übereinstimmung und ins Gleichgewicht zu bringen.

Unter natürlichen Bedingungen besteht eine Pferdeherde aus einem Hengst, seinen vier oder fünf Stuten, deren Fohlen sowie Ein- und Zweijährigen, also insgesamt aus etwa zwanzig Tieren. Allerdings wurden auch schon Herden mit zwanzig Stuten und deren Nachzucht angetroffen sowie Pferdeherden, in denen mehrere Hengste mit jeweils ihren Stuten zusammengeschlossen waren. Darüber hinaus gibt es auch Verbände von männlichen Tieren, die keine eigenen Familien führen. In allen diesen Formen einer Pferdeherde entwickelt sich immer eine Rangordnung, die jedoch nur in Einzelfällen den gängigen Vorstellungen wilder Kämpfe von Hengsten zur Verteidigung ihres Territoriums und ihres Harems entspricht. Diese Ordnung entwickelt sich meist in aller Ruhe und ohne jede Dramatik. Sie gibt einen sozialen Rahmen vor, der jedem einzelnen Tier seinen Platz zuweist und ihm dadurch die nötige Sicherheit gewährleistet. Über diese Rangordnung haben wir bereits ausführlich im zweiten Kapitel gesprochen. Das junge Tier testet sie gelegentlich aus, indem es sich zunächst spielerisch, fast wie „aus Versehen" Freiheiten nimmt. In der Regel reicht dann aber ein drohendes Zurücklegen der Ohren des ranghöheren Tieres, um die Grenzen zu sichern. Lucy Rees beschreibt sehr anschaulich, daß die Rangordnung der Pferde auf einer „zentrierten Aufmerksamkeit" beruht, in der die ranghöheren Tiere ständig von den anderen in ihrer Funktion wahrgenommen und respektiert werden.

Die Pferde auf unserer Wiese bummeln scheinbar absichtslos zur Tränke und bedienen sich, wenn sie frei ist. Die ranghöheren Tiere dagegen gehen, sobald sie nach der Arbeit auf die Koppel entlassen werden, zielstrebig zum Tränkewagen. Ihnen reichen leichte Drohungen nach den Seiten – falls jemand die Rangordnung übersehen haben sollte und ihnen zuvorkommen möchte oder nicht rechtzeitig den Weg freigibt. Und auch da gibt es Unterschiede. Die Leitstute Dinah droht selten, sie geht einfach zum Wagen. Daneben befindet sich in dieser Herde jedoch noch Arabella, eine etwa gleich starke Stute mit ausgeprägten Führungsansprüchen, und die versäumt es nie, die Ohren scharf nach hinten zu klappen, wenn eins der anderen Pferde auch nur guckt. Selbst wenn ich sie von der Wiese zur Arbeit abhole, „giftet" sie nach allen Seiten den Weg frei.

Sobald die Pferde im Herbst zur Nacht in den Stall geholt werden, steht Arabella schon etwa eine Stunde vorher am Koppelausgang, wandert dort auf und ab, während alle anderen Tiere in respektvollem Abstand von etwa fünf Metern um sie herumstehen. Da hat sie Glück, daß Dinah, die wirkliche Chefin, keinen Wert darauf legt, als erste im Stall zu sein. Gibt es allerdings auf der Wiese etwas zu fressen, dann drehen sich die Verhältnisse um, dann besteht Dinah auf ihrem ersten Platz, und Arabella, die sonst nach allen Seiten Respekt und Abstand fordert, geht friedlich zur Seite. Diese Beispiele zeigen, wie gutmütig Pferde mit der Rangordnung umgehen können. Werden die leisen Ordnung und Respekt heischenden Gesten allerdings nicht beachtet, dann werden die Drohungen deutlicher, um schließlich als Bisse, Kneifen oder Schläge mit den Hinterhufen zu enden. Insbeson-

Abb. 7: Drohgesicht – zurückgelegte Ohren und angespannte Maulpartie – heißt: Geh weg, erst komme ich!

dere die jüngeren männlichen Tiere können richtige Raufbolde sein und beschränken sich dann keineswegs auf die gemäßigten Umgangsformen der ranghohen Stuten, kämen andererseits aber auch nie auf die Idee, diesen ihren Platz streitig zu machen.

So bedeutet die Herde für das einzelne Tier Schutz und Sicherheit. Nachts können einige Tiere dösen, andere sich sogar der Ruhe einiger Tiefschlafminuten hingeben, während wiederum andere Mitglieder die Herde bewachen. Auf der Flucht bildet die Herde einen Verbund, in dem ein jagendes Raubtier nur dann eine Chance bekommt, wenn es ihm gelingt, ein einzelnes Pferd auszusondern. Aus diesem allen wird ersichtlich, daß das Pferd es gewohnt ist, sich dem Schutz einer Herde anzuvertrauen und sich hier dem Ranghöheren unterzuordnen. Als Reiter treten wir Menschen in diese Rolle des Ranghöheren ein; doch das Pferd kann uns nur dann als ranghöher akzeptieren, wenn es im Umgang mit uns ein ähnliches Gefühl von Eingeordnet-Sein, Schutz und Sicherheit erfährt, ihm sein Platz deutlich zugewiesen ist und ihm ermöglicht wird, „Zugehörigkeit" zu entwickeln.

Familien-bindungen und Freundschaften

Eine andere Form des sozialen Bezuges, der sich völlig über Rangordnungsfragen hinwegsetzen kann, sind Bindungen innerhalb der Familie und Freundschaften zwischen einzelnen Pferden. Die Bindungen innerhalb der Familie hängen stark von der jeweiligen Mutterstute ab, die in unserem Beispiel auch Leittier ist. Ich erzähle wieder einmal von Arabella, die in der Herde drei Töchter hat. Während der Zeit, in der die Fohlen noch saugen, bildet Arabella als Mutter mit ihrem Kind physisch fast eine Einheit, die nach dem Absetzen dann vollständig aufgelöst wird, indem das eigene Fohlen einfach fortgejagt, gelegentlich sogar deutlich gekniffen wird. Von außen ist eine Familienbindung jetzt nicht mehr zu erkennen. Interessanterweise haben sich ihre beiden älteren Töchter zu einer festen Freundschaft zusammengefunden, während die jüngste Tochter sich eng an einen gleichaltrigen, ebenfalls schwarzen Hengst angeschlossen hat. Diese Zweiergruppierungen sind typisch für Pferde. Deshalb ist es auch schwierig, Pferde in ungerader Zahl auf die Weide zu stellen – eins ist immer übrig. Zwei Pferde dagegen können sich gegenseitig das Fell pflegen und sich die Fliegen aus dem Gesicht wedeln, indem sie sich Kopf zu Schweif längs zueinander aufstellen. Ein drittes ist dann immer im Weg und wird sich je nach Temperament als mehr oder minder großer Störenfried aufführen. Dennoch ist es sicher besser, auch dieses dritte Pferd noch mit auf die Wiese zu stellen, wenn die Tiere sich wenigstens einigermaßen vertragen, als es zu Hause hinter der Garage auf einem kleinen Auslauf in Einzelhaft unterzubringen!

Arabellas ältere Töchter haben sich jedenfalls zusammengetan, wandern im Sommer den ganzen Tag zusammen über die Weide, grasen Seite an Seite, und wenn Besuch auf der Wiese erscheint, ist es die jüngere, die sich den zuerst anguckt, ihre Schwester kommt meistens etwas später dazu. Darüber hinaus zeigen die beiden keine für den Menschen wahrnehmbare Rangordnung. Die jüngste Tochter dagegen läßt ihrem Hengst überall den Vortritt, was ihr auch den Vorteil verschafft, sich ein bißchen hinter ihm verstecken zu können.

Abb. 8: Pferdefreundschaft   *Foto: T. Miček*

Arabella selbst pflegt ebenfalls enge Freundschaften, in der die Rangordnung wenigstens zeitweise aufgehoben wird. Sie ist mit einem großen braunen Wallach befreundet, der wiederum von ihrem Platz in der Rangordnung profitiert. Er folgt ihr, und sie nimmt ihn mit. In der ersten Zeit hatte ich die Bedeutung dieser Freundschaft noch nicht erkannt und versuchte, ihn zu verscheuchen, wenn ich die Stute von der Wiese abholen wollte. Arabella, die mir sonst immer entgegenkam, wandte sich sofort „kommentarlos" ab und ging mit ihrem Freund zusammen weg. Seitdem ich nun beide gleichzeitig begrüße, werde ich „freundlich aufgenommen", sobald ich auf die Weide komme, und Arabella folgt mir bereitwillig zur Arbeit.

Im vergangenen Jahr schaffte Arabella es, uns beim Warten auf ihr Fohlen auszutricksen. Sie bekam es vierzehn Tage früher als berechnet und hatte sich dazu eine Zeit am Morgen auf der Wiese ausgesucht, zu der dort noch wenig Betrieb herrschte. Als das Fohlen da im Gras lag, wollten alle anderen Pferde es begucken und beriechen. Aber das konnte Arabella natürlich nicht zulassen. Wir stellen immer wieder fest, *wie* neugierig Pferde sind!

Die erste Lebenswoche eines Fohlens gehört uneingeschränkt der Mutter und ihrem Kind. In dieser Zeit werden die jungen Tiere durch die Mutter geprägt. Andere Pferde dürfen jetzt nicht zu nahe an die beiden herankommen, und auch der Mensch sollte sich dem Fohlen nur „in Absprache" mit der Mutterstute nähern, anderenfalls wird sie alles tun, um ihr Junges zu beschützen. Fast kommt es mir vor, als sei die physische Trennung mit dem Abfohlen noch nicht vollständig vollzogen. Mutter und Kind bilden tatsächlich noch eine Einheit, das Fohlen könnte allein nicht überleben, und die Stute gerät völlig außer sich, wenn sie auch nur für einen Moment den Blickkontakt zu ihrem Kind verliert.

An diesem Morgen war Arabella noch sehr erschöpft, doch als die anderen Pferde anrückten, stand sie schnell auf, um unter allen Umständen ihr Fohlen zu schützen! Dazu bewegte sie sich mit dem Hinterteil nach außen in kleinen Sprüngen auf einer Kreislinie um das Fohlen herum, drohte mit scharf zurückgelegten Ohren und zuckenden Hinterbeinen und signalisierte damit allen, daß sie sofort ausschlagen werde, falls jemand ihr zu nahe kommen sollte. Und ihr Freund? Der war ebenfalls nicht zugelassen. Aber was tat der? Er begann sie zu unterstützen, indem er in einem zweiten Kreis um die Stute und ihr Fohlen herumjagte und so eine zusätzliche Sicherheitszone für die beiden schuf. – Dies ist keine Beschreibung eines typisch weiblich-männlichen Rollenverhaltens in einer Pferdegruppe, sondern sollte eher als Ausdruck einer engen Pferdefreundschaft verstanden werden.

Eine Art Ritual läßt sich beobachten, wenn im Herbst die Nächte kälter werden und sich auf der Wiese nicht mehr genügend Gras findet. In unserer kultivierten Landschaft können die Tiere dann ja nicht einfach weiterziehen, um neue Futterstätten zu erkunden, sondern stehen – zu ihrer Sicherheit – in einem eingezäunten Areal. Solange das Futter noch ausreicht, sind sie ziemlich friedlich. Wird dagegen das Futter oder noch schlimmer das Wasser knapp und muß zugefüttert werden, dann drohen Streitigkeiten, und um diesen in unserer künstlich zusammengestellten und sehr großen Herde vorzubeugen, bekommt jedes Tier morgens und abends sein Futter an seinem eigenen Platz. Wenn die Tiere dann am Morgen wieder einzeln aus dem Stall gebracht werden, laufen sie aufeinander zu und begrüßen ihre jeweiligen Freunde durch intensives Beriechen, manchmal auch durch groß angelegte Imponiergesten. Und dann kommt einer der schönsten Momente des Tages: Wie auf ein heimliches Kommando toben plötzlich alle Pferde gemeinsam über die Wiese. Das sind etwa fünfunddreißig junge und alte Tiere, mitten dazwischen die Fohlen. Sie scheinen einfach aus Lust am Laufen, an der Bewegung, am Galoppieren dahinzustürmen. Und während jetzt der Boden dröhnt, die Hufe vorbeidonnern, werden sie im nächsten Augenblick genauso plötzlich stehen bleiben, mit hoch aufgereckten Köpfen nach allen Seiten blickend und heftig schnaubend. Mir kommt es immer so vor, als werde nach einer Nacht, die jedes Pferd einzeln in seiner Box verbracht hat, durch diese wilde Jagd das „Wir-Gefühl" wiederhergestellt.

Offenbar sind Pferde recht beziehungsfähig und bereit, ihre Freundschaften auch auf den Menschen zu übertragen. Allerdings suchen sie dann hier ihren festen Platz und ihre Ordnung, was jedoch nicht heißt, daß sie sich dieser auch immer und unbedingt fügen. Darüber entscheidet ihr Temperament. Mitunter sind sie auch ganz und gar nicht „eingeordnet", weil sie zum Beispiel gerade daran interessiert sind, die Ordnung wieder einmal zu hinterfragen und ihren Reiter auf seine Fähigkeiten als Leitstute zu testen. Schließlich ist es eine Frage des Überlebens, sich nur einem Leittier anzuvertrauen, das wirklich Übersicht und Führungsstärke beweist. Schon oft, wenn ich in einem im übrigen klaren Bezug zu einem Pferd meine Gedanken einmal schweifen ließ, nicht richtig bei der Sache – sprich bei dem Pferd war – fand ich mich plötzlich in einem Rangordnungsgerangel wieder. Besonders bei Spazierritten durchs Gelände ist es für den Reiter immer wieder eine große Versuchung, die Gedanken schweifen zu lassen, sich selbst und dem Pferd „Urlaub" zu geben. Das führt regelmäßig zu Testsituationen: Die Pferde scheuen, springen plötzlich zur Seite, probieren aus, wie nahe sie an Bäumen vorbeigehen können und kümmern sich dabei nicht um die Beine ihres Reiters. Sobald der sich wieder auf die Situation konzentriert, hört der Unfug schlagartig auf, der aus der Sicht

Anlehnung zwischen Mensch und Tier – der Mensch im Gefüge von Rangordnung und Freundschaft

der Tiere zwar auch ein Spiel sein kann, in erster Linie aber ihrer Sicherheit dient. Sie scheinen zu sagen: wenn Du, Reiter auf meinem Rücken, in einer Position, die Du nur meinem Vertrauen verdankst, nicht gut aufpaßt, Gefahren überhaupt nicht oder zu spät erkennst und Dich damit als untauglich zum Führen erweist, dann will ich als Pferd lieber selbst aufpassen und wie ein Wirbelwind umkehren, wenn mir ein Rascheln im Gebüsch oder eine verlorengegangene Mütze, die ein anderer Spaziergänger an einem Busch aufgehängt hat, unheimlich vorkommen.

Andererseits kann ein Ritt in eine fremde Umgebung, bei dem sich der Mensch als Leitstute wirklich bewährt, auch den Grundstein für eine Freundschaft zwischen Pferd und Mensch legen, wie sie etwa zwischen zwei Pferden entsteht, die sich ursprünglich vielleicht gar nicht besonders leiden konnten, dann aber die Nacht vor einem Turnier in zwei nebeneinander liegenden Boxen in einer ihnen sonst fremden Umgebung verbrachten. Sie haben eine gefährliche Situation gemeinsam überstanden, und das schweißt zusammen!

Kontakt beginnt mit einer Begrüßung

Meine eigene Stute fühlte sich im wahrsten Sinne des Wortes über den Haufen gerannt – und zeigte dies auch deutlich – wenn ich in den Stall kam, ihre Boxentür öffnete und stracks auf sie zuging. Damit wurde ihre „persönliche Distanz" verletzt, sie reagierte gereizt, war kitzelig beim Putzen und löste sich beim Reiten nur mühsam. Kam ich dagegen in den Stall und blieb kurz an der Tür stehen, bis sie sich zu mir herumdrehte, dann zeigte sie sich, wenn ich die Box betrat, wesentlich ausgeglichener und ging viel entspannter an die Arbeit. Auf diese Weise hat sie mir angewöhnt, zunächst auf ein Signal von „Empfangsbereitschaft" zu warten, bevor der weitere Kontakt stattfindet. Und das berücksichtige ich nun auch bei anderen Pferden. Solche Erfahrungen sind Schlüsselerlebnisse und sagen viel darüber aus, was zu dem Thema „Anlehnung" für Pferde wichtig ist und respektiert werden sollte. Gehen wir deshalb noch einmal zurück auf die Weide, um noch mehr darüber zu erfahren, wie Pferde sich uns als soziale Wesen präsentieren.

Besonders in der Weite einer großen Koppel, auf der sich die Pferde frei bewegen können, erleben wir, wie spielerisch die

Kontaktaufnahme zu uns Menschen sein kann. Hier ist es ihnen möglich, sozusagen fließend und auf ihre eigene Art in Bewegung und mit uns in Beziehung zu kommen. Die Stute, mit der ich zur Zeit am häufigsten arbeite, beansprucht diesen Spielraum sehr deutlich. Bekommt sie ihn, interessiert sie sich für den Kontakt, arbeitet fleißig und interessiert mit und findet deutlich Spaß an der Arbeit. Wird ihr der Platz aber zu eng, schon wenn sie jemand energisch am Halfter faßt oder sich ihr zu gefühlvoll aufdrängt, dann wehrt sie sich heftig und zeigt deutliche Drohgebärden. Mitunter gibt es Tage, an denen ich sie zur Arbeit abholen will, aber sie hebt ihren Kopf nicht einmal aus dem Gras, gibt vor, mich nicht gesehen zu haben, und frißt eifrig weiter. Das ist bei einer so wachsamen und sensiblen Stute kein sehr glaubhaftes Verhalten, zumal ich sie anspreche und rufe. Sogar wenn ich dann auf sie zugehe, zieht sie scheinbar unbeteiligt weiter, als ob sie das alles nichts anginge, immer gerade so weit, daß sie aus meiner Reichweite gelangt. Man könnte glauben, das Pferd sei taub, blind und geruchsgestört. Doch Pferde können es sich als Flucht- und Beutetiere gar nicht leisten, nicht mitzubekommen, was oder wer sich da in ihrer Nähe bewegt, und wenn ich das Pferd genau ansehe, dann bestätigt sich das auch. Die Ohren spielen nämlich in meine Richtung, und in Wirklichkeit verfolgt die Stute jede meiner Bewegungen. Auch wissen wir von Robert Vavra und seinen Beobachtungen an wild lebenden Pferden, daß die Tiere aus dieser Haltung – das Maul dicht am Boden – besonders gut sehen können und die überschaubare Fläche besonders gut im Blick haben. Unser Hol-mich-von-der-Wiese-Spiel beende ich dann damit, daß ich meine Taschen untersuche und dort Taschentücher, Hufkratzer, Schlüssel – und möglichst irgendetwas, das knistert – zutage fördere. Dann siegt bei der Stute die Neugier, denn es könnte natürlich auch für sie etwas Freßbares dabei sein!

Eine ähnliche Art der Kontaktaufnahme konnte ich eines Tages bei meiner eigenen Stute und einem fremden Hengst beobachten. Sie stand in einer Außenbox, und wenn ich mit ihr in die Reithalle wollte, mußten wir den Hauptstall durchqueren. Einmal übernachtete dort ein Ponyhengst. Seiner Box gegenüber waren Pferdedecken zum Trocknen aufgehängt. Ich glaube, wir hatten den Stall kaum betreten, da hatte meine Stute an Geruch und

Geräusch den neuen Stallgenossen wahrgenommen. Sie konnte ihn aber noch nicht sehen. So ging sie – völlig entgegen ihrer sonstigen Gewohnheit – die Ohren steil nach vorne gestellt, schnurstracks durch den Stall, vorbei an der sonst so wichtigen Futterkiste, stoppte kurz vor der Hengstbox – und wendete sich dann intensiv nicht dieser, sondern den Pferdedecken auf der anderen Seite zu. Sie beroch diese von vorne und hinten, und es schien nichts, aber auch gar nichts Interessanteres auf dieser Welt zu geben als diese verschwitzten Pferdedecken. Hinter ihr in der Box hatte der Hengst die Stute gerochen und wieherte, versuchte sich bemerkbar zu machen, stieg vor Erregung – er hatte keine Chance. Meine Stute war völlig mit der Untersuchung der Pferdedecken beschäftigt. Nur die Ohren verrieten sie. Mit minimalen Bewegungen verfolgte sie jeden einzelnen Schritt, jede Bewegung des Hengstes. Sie stellte die Ohren auf ihn ein, daß ihr auch keine Nuance seines Lärms, kein Zentimeter seiner Bewegungen entgehen konnte. Ich hätte am liebsten gewartet, um zu erfahren, wie sich dieses „Spiel" auflöste, andererseits bedeutete die Situation für den Hengst eine ziemliche Quälerei, und so habe ich eingegriffen und die Szene beendet, indem ich die Stute zum Reiten in die Halle nahm.

Eine Pferdebegrüßung kann – wenn man sie nicht durch Naschereien verflachen läßt – immer wieder zu einem Erlebnis werden und manchmal Auftrieb für den ganzen Tag geben. Bei Pferden, die den Kontakt mit dem Menschen scheuen, kann ein freßbares Mitbringsel gelegentlich dazu verhelfen, daß ein Tier seine Zurückhaltung oder sogar Angst schneller abbaut, indem seine Neugier oder seine Gefräßigkeit siegt. Von sich aus suchen Pferde, die mit dem Menschen vertraut sind, aber eher den sozialen Kontakt: Da kommt jemand in meine Box, auf meine Wiese, den muß ich mir näher ansehen, wie riecht er heute, wie fühlt er sich an? Sind Pferde aber daran gewöhnt, daß dieser Mensch Futter in seinen Taschen hat, dann reduziert sich ihr Interesse schnell auf den Tascheninhalt. Wie Kinder scheinen sie zu fragen: „Hast du mir was mitgebracht?" Und auch bei Kindern finden wir es ziemlich ungezogen, wenn sie sich auf den Besuch stürzen, kaum „Guten Tag" sagen und nur ihre Geschenke einfordern. In meinem eigenen Umgang mit Pferden

Abb. 9: Eine Pferdebegrüßung kann immer wieder zu einen Auftrieb für den ganzen Tag werden

suche ich den Kontakt zum Tier und nicht den des Tieres zu meinen Taschen.

Für eine Pferdebegrüßung gilt natürlich auch wieder, daß diese nur dann ein Erlebnis werden kann, wenn ich vorher meine eigene Verfassung überdacht und geklärt habe. Es ist ein Unterschied, ob ich den Kopf für die Begegnung wirklich frei habe oder ob sich dort noch Einkaufslisten, Termine und allerlei Probleme meiner Patienten tummeln.

Pferde begegnen sich, indem sie sich intensiv beriechen und beschnuppern. Befreundete Pferde, die für kurze Zeit getrennt waren, pflegen ausgiebige Nasenrituale. Die Stute, die ihr Fohlen geworfen hat, beschnuppert es immer und immer wieder. Dieses Beriechen ist zugleich ein zartes Betasten. Die etwas dickeren Haare, die den Pferden im Lippenbereich – besonders an der Unterlippe – wie ein kleiner Bart sprießen, sind Tastorgane. Bei uns Menschen ist der Geruchssinn, der beim Pferd eine so wichtige Rolle spielt, viel geringer ausgebildet. Daß aber auch bei uns ein Zusammenhang von Geruch und Kontaktaufnahme bestanden hat, verrät uns unsere Sprache, zum Beispiel, wenn uns „etwas stinkt" oder wir über einen anderen Menschen sagen: „Den kann ich nicht riechen." Das Pferd aber will die Information, wen es da vor sich hat und in welcher Verfassung der ist. Also lassen wir uns ruhig vom Pferd beriechen und betasten, bevor wir es selbst behutsam anfassen und über die Berührung dann die Begegnung weiter ausgestalten. Gut, wenn wir dabei Ruhe und Sicherheit ausstrahlen und nicht etwa Ängstlichkeit!

Daß sich über Berührung Kontakt mit Pferden aufnehmen und vertiefen läßt, ist heute vielen Menschen keine Selbstverständlichkeit mehr. In meiner Arbeit fällt mir immer wieder auf, daß bereits Berühren und Streicheln mit inneren Hindernissen verbunden sein können. Auch in dieser Hinsicht scheint mir die TTouch-Methode von Linda Tellington-Jones eine wichtige Anleitung zu sein. Wenn ich Frau Tellington-Jones bei ihrer Arbeit mit einem Pferd zusehe, kommt es mir so vor, als ob ihre Beziehung zu diesem Tier so stark ist, daß allein die Berührung genußreich aufgenommen wird und die technische Methode dabei fast unwichtig ist. Damit will ich jedoch nicht diese Technik herabsetzen, ich finde sie außerordentlich einleuchtend und wertvoll. Aber dennoch ist für mich daran das Wichtigste, daß Menschen durch sie die Anleitung erhalten, über die Berührung den Kontakt zum Pferd herzustellen, sich über die Hand zu vermitteln, und daß sie in die kleinen kreisenden Bewegungen hinein loszulassen und mit dem Pferd eine gemeinsame Schwingung aufzubauen lernen. Beide – Pferd und Reiter – finden auf diese Weise zu einer ersten Form der Anlehnung, lange bevor diese beim Reiten entsteht.

Auch die Fellpflege ist ein Thema, das zur Anlehnung gehört. Befreundete Pferde stehen lange nebeneinander auf der Wiese und zausen sich behutsam gegenseitig das Fell mit den Zähnen. Unsere entsprechende Arbeit mit Striegel und Kardätsche sollte ebenfalls ein solcher Freundschaftsdienst sein. Natürlich dient sie außerdem der Massage, dem Aufwärmen vor dem Reiten und der Säuberung. Im verschwitzten Fell bilden sich leicht durch Mist, der im Fell verklebt, durch Schlamm oder Sand Krusten. Wenn die nicht entfernt werden, bevor Sattel oder Gamaschen festgeschnallt werden, können durch das Abscheuern von Fell und Haut üble Wunden entstehen.

Übrigens bedarf dieses Putzen, wenn es nicht nur der Pflege, sondern auch der Anlehnung dienen soll, unserer vollen Konzentration. Schauen wir noch einmal zu den Pferden, die sich auf der Wiese begrüßen. Sie stellen sich absolut auf das jeweilige Gegenüber ein. Da wird nicht zwischendurch gegrast oder gewiehert: das ganze Pferd ist mit all seinen Sinnen, mit Sehen, Hören, Riechen und Tasten seinem Partner zugewandt. Ist Ihnen schon aufgefallen, daß manche Pferde es überhaupt nicht leiden können, wenn derjenige, der putzt, sich mit einem anderen unterhält, zum Beispiel über die Fete des gestrigen Abends? Unsere Pferde werden manchmal sogar schon unruhig, wenn ich beim Putzen einer neuen Klientin den Putzvorgang erkläre. In einer solchen Situation heißt es, die Aufmerksamkeit zu verteilen: Beim Strich mit der Bürste ganz zum Pferd hin, beim Erklären zum Menschen – aber dabei innerlich immer im Kontakt zum Pferd! – Das erinnert mich an die Pausen in der Musik: Wenn es dem Spieler nicht gelingt, eine Brücke des inneren Mitgehens über die Zeit zu schaffen, in der kein Ton erklingt, gibt es ein Loch, das der Zuhörer wie einen Bruch erlebt. Der Putzvorgang soll der Beziehung, die Berührung dem Vertrauen zwischen Mensch und Pferd dienen. Dazu muß sich das Tier auf den Menschen konzentrieren. Eine Unterbrechung erlebt es dann aber als Abbruch dieser Beziehung und wird dadurch irritiert. Darum lasse ich in den Pausen, in denen ich mich abwende, meine Hand möglichst auf dem Pferdeleib liegen. So bleibe ich mit dem Pferd verbunden. Auch ist mir aufgefallen, daß ich, wenn ich neben einem Pferd stehend mit jemand in ein Gespräch komme, meine Hand unwillkürlich auf den Pferdeleib lege, damit dem Pferd signalisierend: „Du bist mir wichtig, ich kann dir im Augenblick noch nicht die volle Aufmerksamkeit schenken, aber ich halte den Kontakt zu dir!"

Die bisherige Ausbildung hat an das junge Pferd große Ansprüche gestellt. Es wurden dabei all seine Instinkte, die es als

Das Suchen nach der Reiterhand

Fluchttier mitbringt, berührt, und teilweise mußten sie auch erst überwunden werden. Es hatte die Einengung, die Sattel und Zaumzeug bedeuten, zu ertragen, mußte lernen, nicht einfach davonzulaufen oder sich in Sicherheit zu bringen und schließlich entgegen seinem angeborenen Überlebensprogramm den Menschen auf seinem Rücken zu dulden. Ferner mußte es sich aus dem Gruppenverband der anderen Pferde lösen und alle neuen Aufgaben allein mit seinem menschlichen Ausbilder bewältigen. Auch wenn wir das junge Pferd nur aus seiner Box herausgeführt haben, um mit ihm in der Reithalle zu arbeiten, bedeutete das für das Tier jedes Mal den Verlust seiner Herde. Verständnisvolle Menschen haben ihm diesen Prozeß hoffentlich erleichtert, so daß es Vertrauen entwickeln und zu einer starken Pferdepersönlichkeit heranwachsen konnte. So hat es sich also inzwischen an das Geritten-Werden gewöhnt, ja es verrichtet diese Arbeit sogar willig, da der Mensch auf seinem Rücken offenbar keine Gefahr darstellt, sondern gut erträglich ist – im ursprünglichen Sinn des Wortes. Wenn es also in der Arbeit mit dem Menschen zu Takt und Losgelassenheit gefunden hat, verlangt das neue Thema „Anlehnung" vom Pferd, den Kontakt zu seinem Reiter nun auch von sich aus aufzunehmen, es soll mit seinem Maul die Verbindung zur Reiterhand suchen, soll „an den Zügel herantreten".

Doch das Suchen nach der Reiterhand ist nur ein Merkmal der Anlehnung, und zwar das von außen am deutlichsten erkennbare. Später wird das Pferd mit seinem ganzen Körper diesen Kontakt zu dem Körper des Reiters aufnehmen, sich vor allem mit seiner Rückenmuskulatur von unten an den Reiter heranschmiegen. Wir erinnern uns, daß wir bei dem Wort „Anlehnung" nicht an harte und tote Gegenstände wie etwa Stuhllehnen denken sollen, sondern das weiche Anschmiegen meinen, die vom Pferd gesuchte einfühlsame Begegnung. Das Pferd zeigt sich damit als aktiver Partner des Menschen, und der Reiter, der dieses zum ersten Mal erlebt, mag ansatzweise etwas von dem „höchsten Glück der Erde" erahnen, das nach dem alten Spruch „auf dem Rücken der Pferde" liegt.

Das Pferd nimmt also seinerseits die Beziehung zum Reiter auf. Dabei geht es allerdings zu „wie im richtigen Leben": Begegnung und Beziehung sind – einmal geschaffen – keine verläßlichen und endgültigen Tatsachen, sondern müssen genauso wie Takt und Losgelassenheit immer wieder von neuem gegriffen und erarbeitet werden. Aber selbst wenn sie zunächst Einzelerlebnisse bleiben, führen sie dennoch im Laufe der Zeit zu einer verläßlichen Verständnis- und Verständigungsbasis und damit schließlich zu der heute oft zitierten „Pferdesprache", in der Reiter und Pferd miteinander kommunizieren.

Diese ist keine Sprache aus Lauten, Worten oder Sätzen, sondern vielmehr eine Sprache der Gesten, der Mimik und der Schwingungen. Wenn Anlehnung so weit entwickelt ist, daß das Pferd mit seinem Maul die Hand des Reiters sucht, mit seinem Rücken die Verbindung zum Reiter aufnimmt, wenn Anlehnung so zur Begegnung wird, dann nimmt das Pferd schon die geringfügigsten Signale des Reiters wahr, dann läßt es sich zum Beispiel bereits von dessen Drehen des Kopfes in die gewünschte Richtung lenken, fast so als könne es Gedanken lesen.

Aus der Forschung wissen wir inzwischen, daß Gedanken zuerst als Bilder vom Gehirn erfaßt, dann auf dem Weg ins Bewußtsein in Worte transformiert werden und daß sich dieser Prozeß gleichzeitig blitzschnell auf der körperlichen Ebene ab„bildet" und dort die entsprechenden Reaktionen hervorruft. Diese Reaktionen sind es, die zum Beispiel von Lügendetektoren gemessen werden. Auch einige psychologische Richtungen, zum Beispiel das „Neurolinguistische Programmieren" (NLP), arbeiten mit solchen Informationen, die sich aus minimalen körperlichen Veränderungen gewinnen lassen. Pferde sind von einer derartigen Sensibilität, daß sie – wie Detektoren – die allergeringsten körperlichen Veränderungen wahrzunehmen in der Lage sind. Auf diese Weise erfassen sie unsere Gedanken oftmals bereits in ihrem Entstehungsprozeß, dann wenn diese erst als Vorstellungsbilder in unserem Inneren auftauchen, möglicherweise sogar bevor wir sie uns zum Bewußtsein gebracht oder ihnen durch Worte Ausdruck verliehen haben.

Pferde können Gedanken über die Abbildungen auf unserer Körperebene „lesen"

Ich bin immer wieder überrascht, mit welchem Gespür Pferde unsere unbewußten Gedanken aufnehmen und entsprechend reagieren. Oft brauche ich ziemlich lange, um mir den gesamten

Vorgang zu verdeutlichen; meist erschließt er sich mir, wenn ich auf der Bildebene nach einer Erklärung suche. Dazu ein Beispiel: Ich ritt einmal mit einer alten Stute auf einem Weg, der durch den Wald auf eine große Wiese führte. Plötzlich wollte die Stute nicht mehr weitergehen. Sie verspannte sich und versuchte sich mit allen Anzeichen von Panik wieder rückwärts in den Wald zurückzuziehen. Meine Überredungskünste und alle meine Versuche, sie energisch voranzureiten, halfen nichts, steigerten nur die Spannung, und schließlich mußte ich absteigen und das Pferd an der Hand ein Stück in den Wiesenweg hineinführen. Dabei versuchte ich herauszubekommen, was das Pferd geängstigt haben konnte, fand aber nichts. Im weiteren Verlauf unseres Rittes geschah nichts Ungewöhnliches. Am nächsten Tag ritt ich zufällig mit einer anderen Stute denselben Weg und bekam an derselben Stelle dieselben Schwierigkeiten. Dieses Pferd war viel jünger. Es prustete und schnaubte, sprang zur Seite, wollte umkehren und war ebenfalls nicht zu überreden, hinaus auf die Wiese zu gehen. Jetzt wollte ich es genau wissen! Ich ritt deswegen ein Stück zurück in den Wald und ließ mir die heutige und die gestrige Situation in allen Einzelheiten durch den Kopf gehen. Was war nur geschehen? Ich war den Weg durch den Wald geritten und dann auf die Lichtung gekommen ... ach ja, – die Lichtung! Der Weg, der sich aus dem dunklen Wald in eine weite helle Wiesenlandschaft öffnete, das Land, das von der Wintersonne überflutet vor mir lag – wenn ich mich da in das Licht hinausbegab, dann wäre ich aus dem Schutz des Waldes entlassen – in die Sichtbarkeit – und müßte mich zeigen. Plötzlich war mir alles klar: Hätte ich für meine damalige persönliche Situation, für Unsicherheit und Zaghaftigkeit ein Bild suchen sollen, ich hätte kein passenderes gefunden. In meinem Unbewußten *scheute ich* davor zurück, ins Helle zu treten. Diese innerliche Scheu hatte sich auf der körperlichen Ebene abgebildet und war von beiden Stuten als Spannung oder auch Rückzugstendenz wahrgenommen worden. Jedenfalls hatten sie das Signal „Gefahr" empfangen und prompt darauf reagiert. Als ich mir diesen Zusammenhang verdeutlicht hatte, ritt ich erneut auf die Lichtung zu, jetzt aber voller Freude darüber, wie das Licht auf der Wiese spielte, wie wir beide, das Pferd und ich in dieses Licht hineinreiten und die ganze Helligkeit der Wintersonne genießen würden. Und diesmal blieb die Stute gelassen und trat vollkommen ruhig auf die Wiese hinaus, als ob sich hier nie etwas Besonderes abgespielt hätte.

Erscheint Ihnen diese Geschichte zu weit hergeholt? Ich erlebe es immer wieder, daß Menschen sich scheuen, sich tiefer auf die Zusammenhänge zwischen ihrem bewußten und unbewußten Erleben einzulassen. Natürlich bleibt die Entscheidung hierüber jedem einzelnen überlassen, aber aus der psychosomatischen Arbeit weiß ich, daß solche Zusammenhänge keineswegs nur in krankhaften Prozessen eine Rolle spielen, sondern auch im Leben des gesunden Menschen. Sie machen unsere Ganzheit und unsere Vielschichtigkeit aus und damit einen wesentlichen Teil unserer menschlichen Lebendigkeit und künstlerischen Kreativität aus. Sie beeinflussen unser Dasein ständig und unabhängig davon, ob wir das wollen oder nicht, unabhängig von unserer Entscheidung, sie anzuerkennen und zu nutzen oder sie lieber zu ignorieren. In den Pferden jedenfalls haben wir ausgezeichnete „Detektive" um sie aufzuspüren und „uns auf die Schliche zu kommen".

Ich bleibe noch einen Augenblick bei dem Thema, wie innere Vorstellungen und innere Bewertungen unbewußt ihre Wirkung auf das äußere Verhalten ausüben, weil es mir so wichtig ist. Mit Ratten wurde ein interessanter Versuch angestellt, den Sie sicherlich kennen, den ich aber in unserem Zusammenhang doch noch einmal erwähnen möchte. In diesem Versuch wurden Ratten in drei nach ihrer Intelligenz und ihrem genetischen Potential völlig gleiche Gruppen eingeteilt. Eine dieser Gruppen wurde zur Kontrollgruppe bestimmt. Mit ihr wurde nichts Besonderes gemacht, sie erhielt genau dieselben Bedingungen im Tagesablauf, in der Futterzusammensetzung und so weiter wie die beiden anderen Gruppen. Diese wurden nun jeweils einem Versuchsleiter übergeben. Dem ersten wurde gesagt, er habe einen besonders intelligenten Rattenstamm zu trainieren und solle den Tieren bestimmte Verhaltensmuster beibringen. Dem anderen Versuchsleiter stellte man die gleiche Aufgabe, sagte aber, er habe es mit einem äußerst unintelligenten Rattenstamm zu tun, bei dem es sich eigentlich gar nicht lohne, da ein Lernerfolg allein durch die genetische Anlage gar nicht zu erwarten sei. Bereits nach kurzem Training zeigten die beiden Rattengruppen völlig verschiedene Intelligenzleistungen. Die erste Gruppe stellte sich besonders schlau an, die zweite Gruppe zeigte sich so dumm, daß man glauben konnte, es fehle hier wirklich an den genetischen Voraussetzungen. Die Kontrollgruppe diente lediglich dazu, die Abweichungen nach der einen oder der anderen Richtung abzulesen. – Übrigens ist ein entsprechender Versuch auch an Schülern und Lehrern mit demselben Ergebnis durchgeführt und mit großer Betroffenheit von seiten der Erziehungswissenschaft zur Kenntnis genommen worden.

Woran also lag die unterschiedliche Entwicklung der beiden Gruppen? Die Versuchsleiter konnten ihren Ratten ja nicht ihre Einschätzung des möglichen Lernerfolges mitteilen und auf diese Weise die Lernmotivation beeinflussen. Wenn ihre Erwartungen trotzdem bei den Tieren angekommen waren, dann müssen sie als Botschaften über andere Kanäle als die Sprache transportiert worden sein.

Daß es diese Kanäle wirklich gibt, ist uns Pferdeleuten nichts Neues. Dennoch gehen wir in der Praxis immer noch allzu leicht darüber hinweg, indem wir uns zum Beispiel über das „launische" oder „bockige" Tier aufregen und nicht prüfen, ob die Ursachen möglicherweise nicht beim Pferd, sondern bei uns zu suchen sind. Wir bürden dann – meist unbewußt – den Pferden unsere Lasten und Probleme auf und wundern uns, wenn sie nicht mitmachen und nicht loslassen wollen. Dabei würden sie doch so gerne, wenn wir sie nur ließen! Also wollen wir beim nächsten Mal die Ursache lieber zuerst bei uns suchen und uns im übrigen bemühen, in unserer Wahrnehmung selbst ein wenig subtiler zu werden.

Kontaktaufnahme durch den Reiter

Nach all den vorbereitenden Beobachtungen und Überlegungen wollen wir jetzt unsere eigenen Erfahrungen mit der Anlehnung machen, und zwar auf dem Pferd! Sobald dieses gesattelt ist, wird es ein paar Runden an der Longe geführt, damit es sich genügend recken und strecken kann, nachdem es vorher so lange im Stall gestanden hat. Und dann sitzen Sie auf. Inzwischen klappt das schon sehr gut! Anfangs fallen Schüler häufig noch zu hart in den Sattel – dadurch bekommt das Pferd dann jedes Mal einen harten Knuff in den Rücken. Eben jedoch sind Sie dort weich und geschmeidig gelandet, und das Pferd konnte dabei ruhig stehen bleiben. Wir beginnen die Arbeit wie immer mit der üblichen Lösungsphase, der Phase, die zur Losgelassenheit von Pferd und Reiter führen soll. Während das Pferd sich in die Bewegung hineinfindet, können Sie selbst zunächst im Schritt, dann auch im Trab und Galopp ein paar Lockerungsübungen machen. Stimmt, es ist gar nicht so einfach, nachdem man eben noch angespannt im Auto gesessen hat, nun die Hektik des Straßenverkehrs hinter sich zu lassen und sich vom Lenken einer Maschine auf ein lebendiges Wesen umzustellen. Inzwischen läßt die Stute ihren Rücken los, beginnt regelmäßig und lang zu treten – jetzt wird auch Ihr Sitz merklich geschmeidiger, beginnen Sie aus dem Becken heraus in die Schwingungen des Pferderückens hineinzugehen, kommen immer mehr ins Gleichgewicht. Richten Sie Ihre Wirbelsäule auf, aber aufpassen mit dem Hohlkreuz! Wie soll das Pferd seinen Rücken loslassen, wenn Sie den Ihren steif machen? Jetzt nehmen Sie die Zügel in die Hände, schließen die Fäuste und stellen sie vor sich auf. Nein, lassen Sie die Schultern unten! Kaum wird etwas Neues angekündigt, entsteht in uns sofort wieder Spannung. Das macht aber nichts. Mir selbst geht das genauso – gelegentlich heute noch. Hauptsache, wir merken die Verkrampfung und können sie sofort wieder lösen.

Wie schon bei der Kontaktaufnahme auf der Wiese oder im Stall beim Putzen wird auch beim Reiten die Hand des Reiters zum wichtigen Instrument, um den Kontakt herzustellen. Denn das gelöste Pferd, das zu Takt und Losgelassenheit unter dem Sattel gefunden hat, sucht nun mit seinem Maul über Gebiß und Zügel die Verbindung zur Reiterhand. Es zeigt damit seine Bereitschaft zur Zusammenarbeit, schenkt uns sein Vertrauen, indem es die Beziehung auf diese Weise aufnimmt. Wir können das Wort „Beziehung" hier sogar wörtlich nehmen.

Die Hand des Reiters, Bindeglied zwischen Mensch und Pferd

Damit bekommt der Reiter die Verantwortung in seine Hand. Wir können diesen Vorgang in seiner ursprünglichen Wortbedeutung wie ein Bild anschauen. Dabei vergegenwärtigen wir uns, daß so ein metallenes Gebiß, das wir dem Pferd ins Maul gelegt haben, scheußlich wehtun kann. Wenn Sie mögen, führen Sie ein Experiment durch, das Ihnen eine Ahnung von der Wirkung einer solchen Trense vermittelt: In jedem Haushalt gibt es Kleiderbügel aus Metall. Nehmen Sie einmal einen solchen quer in den Mund und drücken Sie damit ganz leicht gegen Ihre Mundwinkel. Nein, wehtun soll es nicht, sondern Ihnen lediglich ein Gespür für den Druck an Ihren Mundwinkeln vermitteln und so Ihrer Hand zu einer behutsamen Zügelführung verhelfen.

Sally Swift verwendet in ihrem Buch „Reiten aus der Körpermitte" ein Bild, das ich sehr mag. Sie sagt, der Reiter solle sich vorstellen, in jeder Hand einen kleinen Vogel zu halten, der nicht zerdrückt werden und keinen Schaden nehmen dürfe, andererseits aber auch so fest gehalten werden müsse, daß er nicht entkommen könne. Genauso sensibel *und* fest muß der Zügel gehalten werden. Wird er nicht genügend fest gehalten, zieht er sich mit jeder Kopfbewegung des Pferdes weiter aus der Hand, wird zu lang und schlägt – mit den Nickbewegungen des Pferdes schlenkernd – bei jedem einzelnen Schritt in die Maulwinkel. Dadurch wird er zu einem „harten Zügel" genauso wie der Zügel, der starr in der Hand gehalten und womöglich sogar zum Festhalten benutzt wird..

Voraussetzung für eine „weiche" Zügelführung ist der ausbalancierte Sitz des Reiters, der im Schritt, Trab und Galopp sein Gleichgewicht gefunden hat und die Bewegungen des Pferderükkens entlang seiner eigenen Wirbelsäule federnd ausleitet, so daß die Hände frei getragen werden können. Meinen ReitschülerInnen gebe ich als Test manchmal einen Becher mit Wasser in die Hand. Sie können dann selbst überprüfen, wie ruhig sie ihre Hände zu halten vermögen. Zu ihrem Erstaunen erleben sie dann, daß das Wasser um so sicherer überschwappt, je stärker willentlich konzentriert, das heißt je starrer sie den Becher ruhig zu halten versuchen. Natürlich ist dieser Test nicht ganz situationsangemessen, weil der Becher in sich unbeweglich ist, der Zügel sich aber in ununterbrochener Bewegung befindet. Jedes Kauen des Pferdes auf der Trense, jedes Kopfnicken, jede Veränderung durch Stellung oder Biegung will elastisch abgefedert und geführt werden. Die dazu notwendigen Bewegungen erfolgen aus den Fingerspitzen, der Hand oder dem Handgelenk – nicht etwa aus dem Ellenbogen oder gar der Schulter. Meistens genügt ein behutsames Anspannen, beziehungsweise Entspannen der Handmuskeln, etwa so wie wenn man einen Waschlappen ausdrückt. Manchmal muß die ganze Hand gedreht werden, nach außen oder nach innen. Und wenn der Zügel zu lang geworden ist, sei es daß er doch aus der zügelführenden Faust herausgerutscht ist, sei es daß das Pferd seine Haltung verändert hat, dann wird er durch Nachfassen verkürzt, muß aber daraufhin sogleich auch wieder nachgegeben werden. Bei Anfängern kann man beobachten, daß sie den Zügel immer wieder noch zum Festhalten benutzen, das heißt ihn zwar annehmen aber nicht wieder zurückgeben. Das maß- und gefühlvolle Nachgeben des Zügels zeigt den erfahrenen Reiter.

Nehmen Sie die Zügel so kurz, daß Sie die Verbindung zum Pferdemaul spüren. Konzentrieren Sie sich zunächst auf die ganz kleinen Bewegungen, die zwischen der Maultätigkeit und Ihren Händen entstehen. Folgen Sie diesen Bewegungen, indem Sie die Spannung Ihrer geschlossenen Hände ganz leicht lösen und wieder herstellen. Von außen ist dabei fast keine Bewegung sichtbar. Die Hände bleiben bei dieser Übung aufrecht gestellt, so daß Sie in die Fäuste hineinschauen können, und liegen auf einer Linie zwischen dem Pferdemaul und Ihren Ellenbogengelenken. Spüren Sie immer wieder zum Maul hin.

Die direkte Verbindung

Kürzlich informierte ich mich in einem Buchladen über Neuerscheinungen, als zwei Mädchen auftauchten, etwa zwölf Jahre alt, von denen das eine dem anderen erzählte, daß sie gar nicht wisse, was sie machen solle, der Pelle – offenbar das Pferd zu Hause – würde „nicht kauen". Das andere Mädchen riet ihr, es mit einem „Apfelgebiß" zu versuchen, und erfuhr, daß Pelle schon zwei davon aufgefressen hatte. Dann fanden die beiden ein Buch, in dem verschiedene Mundstücke abgebildet waren. Der arme Pelle! Denn jetzt wurde für ihn ein Gebiß ausgesucht, das so exotisch aussah, daß es einfach sämtliche Probleme lösen mußte. Ich meine, solche Gebisse, die in der Hand des nicht ausbalancierten Reiters zu schlimmen Marterinstrumenten werden können, dürften auf dem freien Markt gar nicht zu erwerben sein! Normalerweise mische ich mich nicht ein, wenn ich nicht gefragt werde, in diesem Fall aber erklärte ich den beiden Mädchen, daß sie ausprobieren sollten, die Zügel so zu führen, als hielten sie zwei kleine Vögel in ihren Händen. Sie schienen es verstanden zu haben.

Nehmen Sie's wörtlich: Hier entsteht Verbindung, zarte Beziehung!

Mit einer derartig austarierten weichen Zügelführung schaffen Sie die wichtigste Voraussetzung für die Anlehnung. Das Pferd nimmt die Verbindung auf und läßt sich auf die Kommunikation ein. Es wagt jetzt zunehmend, sein Maul zu entspannen und auf der Trense herumzukauen. Es wird sich dann sogar noch weiter lösen, erkennbar daran, daß auch die Ohrspeicheldrüsen tätig werden und der Speichel weiß schäumend in der Maulspalte erscheint. So wird aus der gefühlvollen Verbindung Maul – Hand nun eine wechselseitige Beziehung, die weich und tastend von beiden Seiten gesucht wird.

Ich selbst habe immer wieder die Erfahrung gemacht, daß Pferde gerade über die Maulverbindung austesten, was sie von ihrem Reiter zu halten haben. Junge Pferde fragen über den Zügel an, ob das, was da mit ihnen geschieht, wirklich alles seine Richtigkeit hat, ältere und erfahrene Pferde dagegen überprüfen durch ihn, was der Reiter wert ist. Halten sie ihn für wert, schenken sie ihm ihr Vertrauen und sind dann zu fast allen Leistungen bereit. Halten sie ihn dagegen für vertrauensunwürdig, dann gibt es Schwierigkeiten, weil sie dann nicht einsehen, daß sie sich „nach dem da oben" richten sollen.

Lebendige Führung – Pacing and Leading

Wir rufen uns in Erinnerung zurück, daß der Reiter immer in der Funktion des Leittieres bleiben muß. Er behandelt sein Pferd mit dem größten Respekt, in Achtung und Anerkennung der eigenen Wesenheit des Tieres, läßt aber niemals einen Zweifel daran aufkommen, daß ihm in der Rangordnung der oberste Platz gebührt. Seine lebendige Haltung erweist sich dem Pferd gegenüber als eine lebendige Führung.

Hierzu noch einmal ein Beispiel: Immer wieder erleben wir es, daß unser Pferd vor irgendeinem ihm bedrohlich erscheinenden Gegenstand zurückscheut, den wir aber als absolut harmlos erkannt haben. Wie sollten wir uns in solcher Situation verhalten? Treiben wir unser Pferd einfach mit Gewalt vorüber, entsteht eine Diskrepanz. Eine Verkennung der Gefahrenquelle kann uns in den Augen des Pferdes als Leittier disqualifizieren und zum

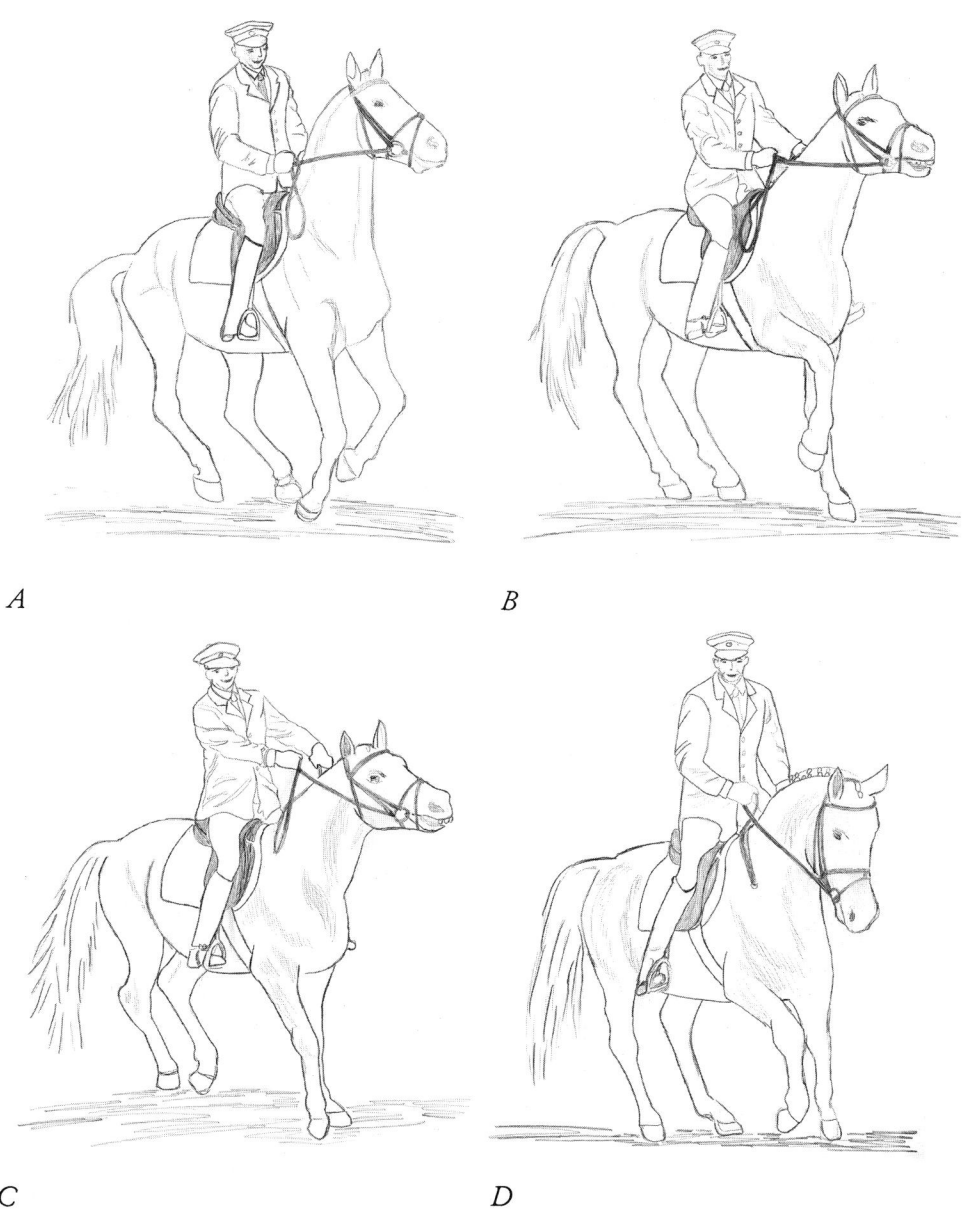

Abb. 10: Dieser junge Hengst auf einer Hengstparade erschrickt vor dem Beifall der Zuschauer. Beachtenswert der Sitz des Reiters, der von dem Geschehen scheinbar völlig unbeeinflußt ist. Die Hände geben die Verbindung zum Pferdemaul keinen Moment auf – und im nächsten Moment ordnet sich das Pferd wieder unter, um seine Ehrenrunde im Galopp zu beenden.

Vertrauensverlust führen. Also werden wir einen Augenblick aufmerksam in die Richtung starren, die uns das Pferd vorgibt – auch wenn uns von vornherein klar ist, daß da nichts zu entdecken ist. Damit signalisieren wir dem Pferd: „Aha, da scheint etwas zu sein, ich kümmere mich darum." Dann entspannen wir mit Nachdruck, atmen vielleicht tief durch und reiten weiter. Dadurch kommt beim Pferd die Botschaft an: „Nein, alles in Ordnung! – Der da oben hat das auch gesehen und findet es nicht gefährlich." – In der Regel haben wir damit Erfolg.

Da erhebt sich die Frage: ist das nicht Täuschung und Unehrlichkeit? Nein! Wir machen in der Wahrnehmung unserer Verantwortung nur das, was in der Psychotherapie als „Pacing and Leading" bekannt ist – „dem anderen folgen, um dann selbst die Führung zu übernehmen". Wir lassen uns – ganz Herr unser selbst und der Situation – auf das Pferd ein und steigen in dem Wissen darum, daß das Pferd uns ja nicht ärgern, sondern sich lediglich aus einem instinktiv-reflexhaften Verhaltensmuster vor einer wahrgenommenen Gefahr in Sicherheit bringen will, auf seine Vorstellungswelt ein. Wir nehmen sein Verhalten ernst, setzen uns aber souverän über seine „Bedenken" hinweg, weil wir in diesem Augenblick eben doch die bessere Übersicht haben und wissen, daß dort kein Tiger aus dem Busch springen und sich auch der Baum da hinten nicht auf uns stürzen wird, um uns zu zerreißen. Aus dieser überlegenen Einschätzung der mitgeteilten Gefahr signalisieren wir dem Pferd, daß alles in Ordnung ist. – Sie können das überprüfen: Wenn Sie selbst davon überzeugt sind, daß alles wirklich sicher ist, wird sich auch das Pferd entspannen. Wenn Sie aber ebenfalls Angst bekommen – nicht vor dem Tiger, aber vielleicht vor einer Panikreaktion Ihres Pferdes – dann wird dieses sich doppelt verunsichert fühlen und seinen Instinkten folgend die Flucht ergreifen. – Es ist wichtig, daß wir uns diese Zusammenhänge in aller Deutlichkeit klar machen, damit uns dieses Wissen in Fleisch und Blut übergeht und uns in der konkreten Situation als Handlungskompetenz zur Verfügung steht.

Unsere Handlungsweise in dieser Situation könnte fälschlich als Manipulation verstanden werden, aber in diesem Fall hat der Reiter keine Wahl, denn das Pferd könnte durch sein Ausbrechen ihn, sich selbst und möglicherweise irgendwelche Spaziergänger in Gefahr bringen. Im Umgang mit Pferden entspringt das, was – menschlich gesehen – als Manipulation gelten könnte, unserer bewußten Führungshaltung dem Tier gegenüber, und so darf unser „Manipulieren" manchmal auch spielerischen Charakter haben. Spiel bringt immer wieder Abwechslung und Lockerung, besonders natürlich auch für uns! Dazu ein Erlebnis, an das ich besonders gern zurückdenke:

Meine Stute scheute grundsätzlich vor Bänken, die im Wald für müde Spaziergänger aufgestellt sind. Schon fünfzig Meter vorher schnaubte sie mit allen Zeichen des Entsetzens, prustete heftig und blieb dann zehn Schritte vor einem solchen „Ungeheuer" stocksteif und wie angewurzelt stehen. Das führte dazu, daß ich selbst die Luft anhielt, wenn ich eine Bank sah, und falls die Stute diese einmal noch nicht gesehen haben sollte, merkte sie spätestens an meiner Reaktion, daß da eine Bank stand! Eines Tages brauchte ich die Luft nicht anzuhalten, denn mir fiel gerade ein, daß Bänke sich wie kleine Drachen am liebsten auf fuchsfarbene Pferde stürzen und sie dann vorzugsweise zum Nachtisch verspeisen, so ähnlich wie Venusfliegenfallen oder Sonnentau Insekten verspeisen. Warum eigentlich sollte es nicht auch Fleisch fressende Bänke geben? Diese Idee überraschte mich so, daß ich lachen mußte. Ob Sie diesen Quatsch ernst nehmen oder nicht: Wir ritten völlig entspannt an der Bank vorbei, und von da an hatte ich nie wieder Schwierigkeiten mit Bänken im Wald, weil sich Lachen und Angst einfach nicht miteinander vertragen. Es ist immer nur Platz da für eines von beiden.

Gelegentlich stellen mir Reiter ihre Pferde wegen irgendwelcher Schwierigkeiten vor. Beim näheren Hinsehen ist ein großer Teil dieser Schwierigkeiten erkennbar darauf zurückzuführen, daß eine zu scharfe Einwirkung über das Maul die Pferde verspannt oder verärgert hat. Dann empfehle ich häufig, die benutzte Trense gegen ein dickes doppelt gebrochenes Ausbildungsgebiß auszutauschen. Für die Reiter ist das zunächst meist Angst einflößend, weil sie meinen, ihre Pferde damit nicht mehr so gut kontrollieren zu können. Ich muß dann in der Regel selbst vormachen, daß es geht, und bin jedes Mal wieder beeindruckt davon, wie die Pferde sich mit der weichen Trense bekannt machen. Sie reagieren so als könnten sie es nicht fassen, daß da plötzlich „nichts" mehr ist. Einmal ritt ich nach solch einer Umrüstung einen Wallach. Er machte sich steif, nahm die Zügel überhaupt nicht mehr zur Kenntnis, ignorierte auch alle anderen Einwirkungen und schob sich nur „irgendwie" über den Reitplatz. Ich hätte natürlich eingreifen und die Aufführung beenden können, hatte aber das Gefühl, daß das Pferd nur irritiert war und ausprobieren wollte, ob es der neuen Situation trauen könne, im Grunde darauf wartend, daß es gleich den großen Ruck und die üblichen Schmerzen gäbe. Also ließ ich es gewähren. Und genau in dem Moment als ich dachte, jetzt ist es genug, jetzt *muß* ich eingreifen, hatte das Pferd die neue Situation wohl verarbeitet. Es stoppte, ließ sich wenden, entspannte sich, akzeptierte die reiterlichen Hilfen, suchte den Zügel und gab seinen Rücken frei.

Eine andere Stute war zuvor immer gut behandelt, aber so schlecht geritten worden, daß sie sich praktisch überhaupt nicht mehr reiten ließ. Beim Auftrensen kniff sie ihr Maul zu, und als ich versuchte, sie mit den üblichen Tricks dazu zu bringen, das Maul doch zu öffnen, fing sie an, mit dem Kopf zu schlagen. Schließlich blieb mir nichts anderes übrig, als mich mit einem unüblichen Trick durchsetzen. Ich bot ihr mit der Trense zusammen ein Stück Apfel an, dem sie nicht widerstehen konnte – und so bekam sie beides, die Trense und das Apfelstück. Beim Reiten sperrte sie ihr Maul dann so gegen die Trense, daß ich keine Chance hatte, den Kontakt zu ihr aufzunehmen, und rannte dann völlig verspannt und steif wie ein Brett über den Reitplatz. Vor meinem inneren Auge tauchte bereits das Bild auf, wie wir beide über die in der Mitte des Platzes aufgestapelten Reifen fielen, weil wir die Kurve nicht bekamen. Und auch die Stute hatte Angst, und zwar vor dem Moment, in dem ich die Zügel anziehen und sie dadurch den bekannten Schmerz erleben werde. Gegen diese Angst-Verspannungen versuchte ich anzugehen, indem ich immer nur dachte: „Lösen, lösen, Losgelassenheit, lösen". Ich trabte leicht, bog allen Hindernissen so gut es ging aus und bemühte mich, die Zügel so weich wie irgend möglich zu führen. Nach etwa zwanzig Minuten traute sich die Stute erstmals, ihr Maul zu entspannen, nach weiteren zehn Minuten begann sie auf dem Gebiß herumzukauen, und weiß schäumender Speichel erschien in der Maulspalte. – Wirklich eine Menge

Arbeit für einen Tag! Am folgenden brauchten wir keinen Apfel mehr, die Stute öffnete bereits beim leichten Kontakt mit der Trense willig ihr Maul und war schon nach einer kurzer Lösungsphase zur Mitarbeit bereit. Sie war jetzt lediglich noch durch ihre Steifheit behindert, die sie durch das unsachgemäße Reiten über lange Zeit entwickelt hatte. An diesem Tag erlebte ich, daß die Anlehnung zwar mit der Verbindungsaufnahme zwischen Pferdemaul und Reiterhand begann, sich aber dann erweiterte zu einer Kommunikation des ganzen Pferdes mit der ganzen Gestalt des Reiters, denn nun fing die Stute auch an, ihren Rücken unter den Sattel zu schieben, begann sie, mit ihrem ganzen Körper meine Beine und meine Bewegung zu suchen.

Diese Erfahrung können Sie selbst überprüfen. Reiten Sie Ihr Pferd losgelassen, reiten Sie es an den Zügel heran und konzentrieren Sie dann Ihre Wahrnehmung darauf, was unter dem Sattel geschieht. Spielen Sie mit dem Kontakt, indem Sie aus dem Rhythmus ihrer Gesäßbewegungen das Tempo des Pferdes, den Bewegungsablauf seines Rückens und seiner Füße bestimmen. Wenn Sie jetzt Ihr Bewußtsein wieder auf die Hände richten, die die Zügel halten, dann können Sie erleben, wie sich die Tätigkeit der Hinterbeine des Pferdes über seinen Rücken bis in Ihre Hände hineinschiebt – und jetzt erst wird „Anlehnung" vollständig. Jetzt erst ist das Pferd wirklich und deutlich bereit, mit Ihnen zusammenzuarbeiten. Dabei sind Takt, Losgelassenheit und Anlehnung spürbar zu einer Einheit verschmolzen, das heißt, die sichere Basis für alle kommende Arbeit ist hergestellt. Das Pferd hat begonnen „sich selbst zu tragen". Es ist dabei, seine *Haltung* zu entwickeln, und wird fortan auch seinen Reiter sicher und kraftvoll tragen. Man könnte auch sagen, in dem Maß, in dem das Pferd sich selbst zu tragen lernt, entwickelt es eine körperliche Haltung mit direkter „Anlehnung" an den Reiter. Dazu bedarf es keiner äußeren Verständigung: Kommunikation ereignet sich jetzt unmittelbar in Berührung und Beziehung.

Anlehnung wird vollständig – wird Haltung!

Merken Sie, daß das Pferd die Aktionen seines Rückens auf Sie abstimmt? Genießen Sie diese Bewegungen, schmiegen Sie sich Ihrerseits mit dem Gesäß in den Sattel und weichen Sie den anrollenden Wellen aus. – Machen Sie dazu eine Probe: Verstärken Sie aktiv die Schaukelbewegung Ihres Beckens, und ziehen Sie jetzt dessen eine Seite – die der anrollenden Muskelwelle nach vorne-oben ausweicht – einen Tick höher aus dem Sattel als es für ein bloßes Ausweichen erforderlich wäre. Merken Sie, wie der Pferderücken Ihnen sogleich folgt, wie das Pferd seine Bewegungen vergrößert? Behalten Sie nun die elastische Verbindung der Hände zum Pferdemaul bei. Und dann nehmen Sie auch noch die anschmiegende Bewegung der Schenkel mit in den Bewegungsablauf hinein. Das Pferd „steht jetzt an den Hilfen", wie die Pferdeleute sagen, und ist somit völlig offen für den Austausch mit dem Reiter und die gemeinsame Arbeit. Die Zusammenarbeit kann nun über den Sitz, den Einsatz der Schenkel und die Führung der Zügel immer weiter differenziert werden. Je feiner dieses Zusammenwirken geschieht, desto überflüssiger wird der Zügel, desto mehr beginnt das Pferd, sich selbst zu tragen, desto selbstverständlicher entwickelt das Pferd seine eigene Haltung.

Der Begriff „Haltung"

Gegenüber dem, was wir uns in dem Kapitel „Losgelassenheit" erarbeitet hatten, ist jetzt mit der „Anlehnung" etwas Neues entwickelt worden. Beim Loslassen handelte es sich im wesentlichen um Aufgaben, die Reiter und Pferd jeder für sich allein zu „lösen" hatten, und dabei sind die freigewordenen, die „losgelassenen" Kräfte mehr nach außen gegangen, durften sich in der Weite verlieren. Jetzt bei der Anlehnung waren Reiter und Pferd aufeinander angewiesen, stimmten sich aufeinander ab und standen in einem gemeinsamen Lernprozeß. Da war es dann so, als würden die losgelassenen Kräfte wieder eingefangen, kehrten über den jeweils anderen wieder zu ihrem Ursprung zurück. Mag dieses Bild auch vorerst noch ein wenig vage erscheinen – im nächsten Kapitel werden wir sehen, daß ein solcher Vorgang tatsächlich stattfindet – so ist doch schon hier spürbar, daß wirklich etwas Neues entstanden ist, und dieses Neue wollen wir mit dem Begriff der „Haltung" zu fassen versuchen.

Haltung als Ausdruck der inneren Verfassung

Ich wähle diesen Begriff nicht ohne einiges Zögern. In der Reiterei ist er geläufig, die „gute Haltung" taucht immer wieder auf, gilt als Kriterium der Beurteilung, und jeder glaubt zu wissen, was darunter zu verstehen ist. Ich vermute aber, daß sich dahinter doch ganz unterschiedliche Vorstellungen verbergen, und will ihn daher präzisieren. – Dabei hat mein Zögern noch einen weiteren Grund, und zwar liegt der darin, daß der Begriff „Haltung" in der jüngeren deutschen Geschichte arg in Mißkredit geraten ist. Da galt eine starre und stramme vorschriftsmäßige Haltung, da hörten wir Worte wie „Kopf hoch – Brust heraus" und „gefälligst Haltung annehmen"! Spüren Sie, wie sich allein bei diesen Ausdrücken unser ganzer Körper verspannen will und in Gefahr gerät, bewegungs- und handlungsunfähig zu werden? Jede feinere Wahrnehmung in uns wird dabei abgetötet, jedes persönliche Gefühl und jedes eigene Denken blockiert. Da werden wir nachdenklich, denn es wird uns deutlich, daß dem Menschen in solch einer verlangten Haltung keine individuelle Freiheit mehr bleibt, daß man sie manipulieren und „in Reih' und Glied" zu jedem Einsatz schicken kann.

Selbstverständlich, daß wir eine solche Haltung nicht meinen. Auch kommt es uns in unserer Arbeit nicht auf das äußere Erscheinungsbild an. Wenn wir in unserem Unterricht Korrekturen an der äußeren Haltung vornehmen, dann geschieht das nicht in der Absicht, eine irgendwelchen Normen entsprechende vorschriftsmäßige „gute Haltung" zu erreichen, sondern mit dem Ziel, Funktionsstörungen – wie etwa durch das Hohlkreuz – zu beheben. Wenn wir von Haltung sprechen, dann haben wir stets im Bewußtsein, daß äußere Haltung immer auch die Erscheinungsform eines inneren Seins ist, der Ausdruck einer inneren Verfassung, und wenn wir das jetzt nach der dritten Ausbildungsstufe neu Errungene als „Haltung" bezeichnen, dann meinen wir das innere Wachstum, das erfolgt ist und jetzt in der äußeren Haltung sichtbar wird. – Allerdings sind wir uns auch der Wechselwirkung bewußt und haben die Erfahrung gemacht, daß wir innere Störungen oder Blockaden an der äußeren Haltung erkennen können und über deren Korrektur auch die inneren Prozesse, die innere Verfassung recht erfolgreich beeinflussen.

Ein wichtiges Merkmal dieser neugewonnenen Haltung bildet die „Aufrichtekraft". In ihr kommt die innere Stärke zum Ausdruck, die der Reiter in sich entwickelt hat, um seinem Pferd gewachsen zu sein. Wir können den Eindruck gewinnen, er sei „um ein paar Zentimeter gewachsen". Das liegt nicht daran, daß er gelernt hat, sich besonders gerade, gestreckt zu halten, sondern einfach an

Aufrichtung – Aufrichtigkeit

der inneren Kraft, die ihn jetzt erfüllt, auch mit Stolz und Freude über die Arbeit mit dem Tier erfüllt. Dieses Merkmal dürfen wir dann auch „Aufrichtigkeit" nennen, denn dies innere Wachstum ist ein Wachstum in absoluter Ehrlichkeit, die das Pferd dem Reiter abverlangt hat und die jetzt in seiner Haltung zum Ausdruck kommt.

Sollen wir diese Aufrichtung/Aufrichtigkeit lokalisieren, dann hat sie ihren Sitz deutlich erkennbar im Rücken des Reiters. Und über den Rücken müssen wir jetzt sprechen, bezeichnet er doch sprachlich neben der äußeren immer auch die innere Stärke. Hier spürt der Reiter das Zentrum seiner Kraft und seiner Souveränität im Umgang mit dem Pferd.

Ich muß in diesem Zusammenhang immer an den impressionistischen Maler Edgar Degas denken und besonders an seine Entwürfe zu den berühmten Ölbildern von den Tänzerinnen. Leichtigkeit und Beweglichkeit lassen sich einfach nicht besser darstellen. In diesen Arbeiten zeigt sich deutlich, daß der Maler seine Figuren über den Rücken aufbaut. Offenbar war auch er fasziniert von der Biegsamkeit und Tragfähigkeit einer tänzerisch geschulten Wirbelsäule.

Probleme mit der „klaren" Haltung

Über Rücken und Wirbelsäule zu sprechen und Haltung als Übungsthema bewußt zu machen, ist heute wichtig und notwendig angesichts der Tatsache, daß so viele Menschen hier massive Schwierigkeiten haben. Sie fürchten sich im Grunde vor einer klaren Haltung, vor Entscheidungen, denn sie könnten sich ja vielleicht falsch entscheiden oder sich etwa „vergaloppieren". Oder es könnte, was in diesem Moment zwar noch als richtig erscheint, im nächsten schon wieder falsch sein – oder es könnte einem anderen Menschen schaden. Oder was würde der dann über uns denken? Und so weiter. Jedenfalls wann immer es darum geht, eine Entscheidung zu treffen, stellen sich solche verunsichernden Blockaden ein, und jedes Fünkchen Mut erlischt. – Diesen aber können wir aus unserer lebendigen Haltung, die wir uns in unserer reiterlichen Ausbildung erarbeiten, tatsächlich gewinnen. Hierauf werden wir im nächsten Kapitel über den „Schwung" noch besonders eingehen.

Rücken und Wirbelsäule also sind wichtig in ihrer Doppelfunktion von innerer und äußerer Haltung und werden beim Reiten ununterbrochen geschult. In dem Maß, in dem die Rückenmuskulatur ausgebildet wird, entwickeln wir die Stärke unseres „Rückgrats". Zu dieser Stärke gehören auch Biegsamkeit und Geschmeidigkeit, wie sie etwa ein Bambusstab besitzt, der den Halt in sich hat und diesen auch nach außen spenden kann. „Man weiß, woran man ist", heißt es beim Menschen, wenn man dessen Verläßlichkeit und gleichzeitig lebendige Handlungsfähigkeit kennzeichnen will.

Haltung und Rückgrat

Fassen wir das Bisherige zusammen: Wir haben die Grundlagen für drei Aufgabengebiete gelegt, in denen es einerseits um das sportliche Training von Roß und Reiter ging, andererseits aber auch um Einsichten in die jeweiligen Verhaltensweisen. Im „Takt" sind es vor allem die körperlichen Fähigkeiten, die ausgebildet werden und Pferd und Reiter zu einem kompetenten Umgang mit den drei Gangarten Schritt, Trab und Galopp verhelfen werden. Das Thema „Losgelassenheit" spricht in seinem umfangreichen Übungsfeld von Spannung und Entspannung mehr die seelische Ebene an, während es in unserem letzten Schwerpunkt „Anlehnung" um die soziale Dimension geht. Für den Reiter als Leitperson zeigt sich hier die Notwendigkeit, sich mit dem gesamten Beziehungsgefüge des Pferdes auseinanderzusetzen, mit seinem Sozialverhalten unter Artgenossen sowie mit der Anlehnung zwischen Pferd und Reiter, wobei es neben dem gegenseitigen Austausch besonders wichtig wird, auch die reiterliche Führungskompetenz zu entwickeln. An dieser Stelle befinden wir uns zur Zeit in unserem Kapitel, und sicherlich wird uns gerade bei den Themen „Haltung" und „Rücken" deutlich, welche Dimensionen sich in der „Anlehnung" für uns selbst eröffnen, wie hier äußere und innere Lernziele gleichermaßen zum Tragen kommen und unser eigenes Beziehungsverhalten berühren, und zwar unser Beziehungsverhalten in der menschlichen Gesellschaft, aber auch (ganz wichtig!) unser Verhalten im Umgang mit uns selbst. Denn auch auf diesem Gebiet findet ja unablässig Begegnung und Anlehnung statt. Jeder von uns kennt den inneren Dialog, in dem wir ständig unsere unterschiedlichen privaten und beruflichen Rollen mit unserem Selbst, das heißt mit unserem eigentlichen Ich in Einklang zu bringen versuchen.

Wir spüren vielleicht, daß während unserer reiterlichen Ausbildung auch hier manch eine Veränderung vor sich geht oder sich zumindest anbahnt. Und so befinden auch wir uns auf dem Wege zu einer neuen *Haltung* und fragen uns, wo jetzt eigentlich die alte „vorschriftsmäßige" Haltung geblieben ist, die von „Kopf hoch und Brust heraus und den Rücken durchdrücken"? Wir spüren wieder, wie sich allein bei dem Gedanken daran unser ganzer Körper verspannen will und wie jede Wahrnehmung in unserem Körper abgetötet, jedes Gefühl eingesperrt wird, sogar unser Ich-Gefühl. Jetzt werden wir nachdenklich, weil uns deutlich wird, daß Menschen in solcher Haltung manipulierbar sind, daß man sie zu jedem Einsatz schicken kann. Sogar die Angst, die ja ein wichtiges Signal darstellt, wird von der strammen Haltung („in Reih' und Glied") weggedrückt. Diese Haltung ist allerdings diametral entgegengesetzt zu derjenigen, um die wir uns beim Reiten bemühen und die wir brauchen, eine bestimmte und bestimmende Haltung, denn andererseits nähme uns kein Pferd ernst, wenn wir, in uns zusammengefallen, auf seinem Rücken herumrutschten. Viele Pferde sind zwar selbst dann noch bereit, den Menschen auf ihrem Rücken zu ertragen – aber sich seiner Führung unterzuordnen?

Der Reiter gewinnt neue Perspektiven und Verhaltensweisen für sich selbst

Wir nehmen uns die Zeit, um jetzt immer bewußter an dieser lebendigen Haltung zu arbeiten und nachzuspüren, was uns die einzelnen Stufen abverlangen und welche Veränderungen sich dabei in uns vollziehen. Natürlich können wir dieses Thema nicht vollständig abhandeln. Es muß bei Fragen, Akzentsetzungen und einzelnen Mosaiksteinen bleiben, wie sie sich eben aus unserer achtsamen Arbeit mit dem Pferd und mit uns selbst auf dem gemeinsamen Ausbildungsweg ergeben.

Zum Beispiel wäre es auch wichtig, hier ganz bewußt eine erneute Beziehung zur Losgelassenheit aufzunehmen. Ohne sie geht grundsätzlich „Handlungsspielraum" verloren: Wir werden starr und „berechenbar". Fast noch schlimmer jedoch wirkt es sich aus, wenn uns die sozialen Bezüge aus den Augen geraten. Dann besteht die Gefahr, daß unsere Haltung zum Selbstzweck wird, zu einer Art von Kokon, in den wir uns einspinnen. So eingesponnen können wir vielleicht sogar ein reiches Innenleben führen, aber sicherlich niemals als Schmetterling schlüpfen!

Reiterliche Haltung ist immer ein umfassender Begriff, der körperliche, seelische und soziale Dimensionen vereinigt und sich von den verschiedensten Seiten her behandeln läßt. Beginnen wir mit der äußeren Haltung, bei der wir sehr bald spüren, daß diese niemals eine starre und unbewegliche sein darf, sondern eine, die sich immer wieder den Gegebenheiten entsprechend korrigiert und das Gleichgewicht immer wieder neu herstellt, wenn wir denn handlungsfähig bleiben wollen. Der Mensch, der sich in einer solchen Haltung übt, muß nicht mehr länger in vorgegebenen eingeprägten Formen leben, sondern kann immer wachsamer und in voller Präsenz seine Aufmerksamkeit auf die jeweilige Situation richten und aus dieser heraus genau das tun, was getan werden muß. Er kann frei zu sich selber stehen, sich über seine Fortschritte und seine neu gewonnene Autonomie freuen und ebenso, wenn es notwendig ist, auch seine Schwächen freimütig zugeben.

Wieder wird klar, daß diese Haltung wirklich nicht nur als „äußerliche" bezeichnet werden kann, denn dieses Aufbrechen von äußerer Starrheit hat uns zugleich im Inneren beweglich und frei werden lassen. Je klarer wir nun diese lebendige Haltung entwickeln, desto zuverlässiger werden wir nicht nur für unsere Pferde, sondern auch für unsere Mitmenschen. Beide wollen sich auf unsere Geistesgegenwart verlassen können. Da versteht es sich von selbst, daß eine solche Verläßlichkeit innerlich geübt werden muß und nicht mit Berechenbarkeit oder Routine gleichzusetzen ist. *Haltung, Zuverlässigkeit, Geistesgegenwart, Selbstvertrauen*

Auch die Frage des äußeren und des inneren Gleichgewichtes, das jeden Augenblick – und immer wieder offen und neu – ausbalanciert werden will, gehört in diesen Zusammenhang. Wir befinden uns da in einer fließenden Bewegung. Wenn diese zum Stillstand kommt und das Gleichgewicht zum Beispiel durch Festhalten ersetzt wird, verliert die Haltung ihre Lebendigkeit, wird starr und hart. Und auch dieses gilt nicht nur für das Reiten! *Balance und Offenheit*

Eine lebendige reiterliche Haltung dagegen ist daran zu erkennen, daß sie offen ist und offen jedem Austausch entgegensieht. Sie läßt sich ein auf den bewegt-bewegenden Untergrund des Pferderückens. Ohne diese Offenheit in der Bewegung und für die Bewegung verlieren wir unser Gespür für das Gleichgewicht, spätestens dann, wenn das Pferd einmal stolpert oder auf unebenem Boden aus dem Takt gerät. Diese Offenheit hat ihre Entsprechung auf der menschlichen Ebene, insofern als sie auch hier die Grundlage für jeden Austausch und jede echte Begegnung ist. Allerdings sind die Pferde mit ihrer von vornherein selbstverständlichen Offenheit den Menschen überlegen. Wir wissen nach allem, was wir selbst erlebt haben, oft schon vorher – und zwar ganz genau – wer unser Gegenüber ist und was dies oder jenes bedeutet, wenn dieses gesagt oder jenes getan wird. Dermaßen festgelegt und „zu" sind Begegnungen anstrengend und unfruchtbar. Wenn mich der Austausch und die Begegnung mit einem Menschen wirklich fördern und mir Spaß machen soll, dann will ich „losgelassen" in einen gemeinsamen Fluß mit dem anderen kommen und die gemeinsame Wellenlänge finden, auf der Offenheit bestehen kann, auch dann noch, wenn wir durchaus unterschiedlicher Meinung sind.

Stefan von Máday berichtet von einem Pferd, das von seinem Besitzer schlecht behandelt worden war, sich wild und bösartig verhielt, das sich aber völlig beruhigte, als es in einem anderen Stall untergebracht wurde. Als eines Tages sein ehemaliger Besitzer zu Besuch kam – das Pferd konnte ihn noch nicht sehen, lediglich seine Stimme hören – begann es wie wild um sich zu treten. Damit zeigte es ein Verhalten, das sich nur auf der Ebene existentieller Bedrohung erklären läßt. Vermutlich hatte das Pferd derart unter seinem Besitzer gelitten, daß es ihn als lebensbedrohliche Gefahr erlebte, vergleichbar einem angreifenden Löwen. Und da Pferde einen Reflex in sich tragen, der bei dem Signal „Löwe" den gesamten Organismus sofort auf Alarm und Flucht einstellt, das Pferd aber aus seinem Stall nicht fortrennen konnte, mußte es vor Angst in Panik geraten. Aber ist es nicht erstaunlich, daß dieses Pferd im Umgang mit anderen Menschen seine derart schlimmen Erfahrungen hinter sich lassen konnte und wieder zu der Offenheit fand, die eine neue Begegnung und Zusammenarbeit ermöglichte?

Und dann läßt sich immer eins aus dem anderen ableiten: Das Erüben dieser lebendigen Haltung, die uns die Reitausbildung abverlangt, bewirkt mit der Zeit, daß wir zum Halt in uns selbst finden. Wir können uns selbst vertrauen, das heißt wir gewinnen ein immer stärkeres Selbstvertrauen. Und in dem Maße wieder, wie jemand sich selbst trägt, allein für sich die Kraft und den Spielraum und die Anlehnung entwickelt, fühlt er sich bestätigt, wächst in ihm die Freude an der Bewegung, am Fortschreiten und an der gewonnenen Kompetenz, und natürlich auch an der Gemeinsamkeit mit anderen und am gegenseitigen Austausch.

Aus dieser gesunden reiterlichen Haltung erwächst uns im weiteren, daß unser Selbstvertrauen sich zu jenem Selbstbewußtsein entwickeln kann, das die eigenen körperlichen Kräfte und Möglichkeiten immer genauer einzuschätzen lernt und natürlich auch die eigenen Schwächen, so daß nicht, wie es häufig geschieht, alle Mißerfolge pauschal dem Pferd angelastet werden, nämlich als dessen Unwillen oder Bockigkeit.

Klar, daß sich diese Entwicklung langsam vollzieht, in kleinen, oft kaum merklichen Schritten. Wir haben ja alle so viel aufzuarbeiten, sind durch unsere biographische Entwicklung oft so weit von unserer Quelle, unserem inneren Kraftzentrum entfernt! Wenn aber gelegentlich so ein Schritt – und sei er auch noch so klein – sichtbar wird, dann ist das erfreulich und ermutigend. Ein solches Erlebnis hatte ich mit einer Reitschülerin: Sie hatte bereits viele Stunden bei mir an der Longe genommen hatte, um ihren Sitz zu verbessern und ihre Einwirkung auf das Pferd zu verfeinern. Gegen Ende einer Übungseinheit fragte sie, ob sie noch einmal angaloppieren könne, und ich sagte ihr, sie kenne ja die Hilfen, also solle sie es tun. Sie versuchte also anzugaloppieren, was ihr aber trotz mehrfacher Versuche nicht gelang. Die Stute fiel nur immer wieder mit steifem Rücken in einen schnellen „Stechtrab", der zu den unangenehmen Erfahrungen des Reitens zählt. Die Reiterin kommentierte ihren Versuch, indem sie sagte: „Ich glaube, die Stute ist müde." Wir hatten wirklich schon lange miteinander gearbeitet, also sagte ich: „Ich glaube, *Sie* sind müde." Daraufhin lauschte sie in sich hinein und sagte dann nachdenklich: – und sie war sonst eine sehr energische Person, die Schwächen kaum zugeben konnte – „Ich glaube, Sie haben Recht." Und dann, einen Augenblick später fügte sie hinzu. „Ich glaube, wir machen Schluß für heute." – ein nichtssagendes Beispiel? Nein, keineswegs: Diese Frau war inzwischen

Wer ist hier müde? – natürlich das Pferd!

innerlich so stark geworden, daß sie ihre eigenen Schwächen zugeben konnte, die Fehler nicht mehr dem Pferd zuschieben mußte und ihre Konsequenzen daraus ziehen konnte.

Anlehnung an unser eigentliches Selbst

In allen bisherigen Überlegungen und Darstellungen ist uns klargeworden, daß das, was wir in der reiterlichen Ausbildung lernen, in seiner Bedeutung weit über die fachlichen Ausbildungsziele hinausgeht, daß es unser gesamtes Sein und Dasein berührt, tiefgreifende Auswirkungen auf unsere Persönlichkeit hat, uns innerlich wachsen läßt und unser gesamtes Leben verändert. Für den Umgang mit dem Pferd brauchen wir ganz viel innere Kraft und Stärke, und an die kommen wir nur heran, wenn wir alles, was an uns uneigentlich ist, was unser eigentliches Wesen verdeckt oder blockiert, ablegen und in absoluter Ehrlichkeit zu unserem wahren Ich, unserem eigentlichen Selbst zurückfinden. Alles andere hat gegenüber dem Pferd mit seinem untrüglichen Gespür für das Wahre und Echte keinen Bestand, so daß wir schließlich am Ende des Kapitels „Anlehnung" sagen können: Das Entscheidende, das wir in dem bisherigen Ausbildungsabschnitt lernen konnten, ist die Anlehnung an uns selbst, die Anlehnung an unser wahres Selbst.

Anlehnung an unser Selbst und Rollendistanz

Wenn wir in der Arbeit mit dem Pferd zu einer lebendigen Haltung finden und den Kontakt mit unserem wahren Selbst wiederherzustellen lernen, dann gewinnt unser gesamtes Leben eine neue, befreite Qualität. Wir haben dann einen Halt an uns selbst, brauchen immer weniger äußere Stützen und können zunehmend selbst-bewußt, selbst-sicher, selbst-bestimmt und voller Selbst-Vertrauen in kritische Distanz zu den Rollen treten, an die wir unser Ich bisher gebunden hatten und an denen wir glaubten festhalten zu müssen. In diese Rollen sind wir einmal im Laufe unseres Lebens hineingeschlüpft und haben ihre Enge in Kauf genommen, weil wir sie damals zu unserem Schutz und zum Überleben brauchten. Was aber geschieht mit ihnen heute, da die Zeit fortgeschritten ist, sie ihre ursprüngliche Schutz- und Hilfsfunktion verloren haben und sie veralteten und verkrusteten Ballast darstellen? Können wir aus diesen Rollen auch wieder aussteigen? Haben wir nicht gerade beim Reiten die Losgelassenheit gelernt, und könnte die Anlehnung nicht bedeuten, daß wir uns statt auf die überholten und uneigentlichen Muster auf das abstützen, was wir „eigentlich" wollen? Denn was sagt unser Selbst dazu, wenn es uns in „Rollenspielchen" und Rollenmustern gefangen erlebt? Kann es sich auf die Dauer mit Rollen begnügen, statt sich in seinem wahren Sein zu zeigen? Verlangt es im inneren Dialog nicht dringend nach Wahrnehmung und Anlehnung? Können wir nicht den Mut aufbringen und die *gesamte* Bandbreite unseres persönlichen Spielraumes, unser volles Spektrum leben? Oder kommen uns auch jetzt wieder Rollenklischees dazwischen wie „der/die Hilflose", „der/die tapfer Ausharrende", „der/die sich Opfernde", „der treu sorgende Familienvater" oder „die Mutter, die für sich niemals Zeit hat" – und wie sie alle heißen, die Liste läßt sich beliebig ergänzen, jeder kennt zur Genüge seine „Trickschablonen" und natürlich noch besser die der anderen: Denn wie verletzend und verunsichernd erleben wir diese, wenn wir selbst einmal Unterstützung bei anderen suchend auf ein Gegenüber treffen, das sich vor uns in seine Rollen flüchtet – als „Ernährer", als „Geschäftsfrau" oder dergleichen, jedenfalls sich auf solche Weise „bedeckt" hält und sich uns entzieht? Aber wenn wir zu viele Verletzungen im Laufe unseres Lebens einsteckten, verhalten wir uns selbst wirklich auch nicht anders!

Wenn wir diese Schablonen einmal genau in unser Blickfeld nehmen, wird uns schnell klar, wie fremd wir auf diese Weise auch mit uns selbst umgehen. Und erst, wenn uns ein anderer Halt zur Verfügung steht, können wir es uns erlauben, aus einem solchen Versteck hervorzukommen.

Am schwersten fällt uns dies mit unseren Geschlechterrollen, die wir uns nicht selber zugelegt haben, sondern in die wir hineingeboren wurden. Wenn sich das Frauenbild unserer Gesellschaft auch während der letzten fünfzig Jahre stark verändert hat, so wird es doch immer noch von vielen Klischeevorstellungen und alten Erwartungsmustern bestimmt. Viele von uns Frauen sind noch in einer Atmosphäre aufgewachsen, die von uns verlangte, ein artiges, folgsames Mädchen zu sein, das seine Daseinsberechtigung nur dann verdiente, wenn es bestimmte Erwartungen der Gesellschaft erfüllte. Nur langsam und mühsam beginnen Frauen sich über diese verinnerlichten Raster hinwegzusetzen und sich für umfassendere Selbstbilder zu öffnen. Ich selbst bin erstaunt, wie es mir noch immer wieder einen Anflug schlechten Gewissens beschert, wenn ich etwas tue, was man „als Frau" angeblich nicht tut, und wie mein Selbstbewußtsein dann sofort ins Wanken gerät. Während des Reitens aber kann ich dies alles – und das allein ist heilsam – total vergessen! Auf dem Pferd nützt es nämlich überhaupt nichts, mich für falsche Hilfen oder unverständliche Informationen, die ich dem Pferd gebe, mit Vorwürfen zu überschütten. Wenn ich zaghaft und unsicher bin, wenn ich versuche, mich zu entschuldigen, weiß das Pferd ganz und gar nicht, was es von seiner Reiterin halten soll und wird die Führung sicherheitshalber erst einmal selbst übernehmen. Auch Selbstmitleid wird von Pferden nicht akzeptiert! Das einzige, was Sinn macht, ist schnell zu lernen, die Informationen dem Pferd eindeutig und unverstellt und vor allem aus innerer Sicherheit heraus zu vermitteln. Ist das nicht ein unglaublich hilfreiches Angebot, unsere Frauenrollen-Problematik zu überwinden und uns an unser eigentliches Ich anzulehnen?

Die Männerrolle aber ist in unserer rollenbetonten Gesellschaft nicht weniger „belastet", allerdings durch eine andere Art von „Gewichten". Hier scheint es vor allem das Gebot zu sein, daß ein Mann Stärke zu beweisen hat und keinen Fehler machen oder ihn zumindest nicht eingestehen darf, denn das könnte ja als Schwäche ausgelegt werden und sein Image gefährden. Aus einer lebendigen Haltung heraus können wir dagegen Fehler zugeben (wir lernen schließlich aus ihnen!), wir dürfen uns auch entschuldigen und auf diese Weise ein verlorengegangenes Gleichgewicht wiederherstellen. Auch hier bietet das Reiten mit seinem Anspruch auf Losgelassenheit, Offenheit und Beweglichkeit die Möglichkeit zur Befreiung aus unseren künstlich aufgebauten (vermeintlich unantastbaren) Befestigungs- und Verteidigungsanlagen. Außerdem läßt sich das Pferd nämlich in keiner Weise von der nach außen zur Schau gestellten „Stärke" beeindrucken, sondern reagiert allein auf das, was an innerer Stärke vorhanden ist. Einige Männer fühlen sich dadurch entlarvt, halten den Anspruch nicht aus und geben das Reiten nach kurzer Zeit wieder auf. Bei den anderen setzt ein wundervoll zu beobachtender Prozeß ein, in dem nach und nach die äußere Stärke durch eine sich von innen aufbauende ersetzt wird.

Wenn es uns gelingt, unsere fixierten Rollen im Sinne der Anlehnung an unser „eigentliches Ich" zu öffnen, werden wir uns selbst in einer neuen Sicherheit begegnen. Wir können uns dann in unserer eigenen Realität wahrnehmen, uns so sehen, wie wir wirklich sind. Wir brauchen nicht mehr zu vergleichen, nicht mehr danach Ausschau zu halten, was andere vielleicht besser machen, nirgendwo mehr in der Welt vor Neid zu erblassen. Auch unserer Gefühle brauchen wir uns dann nicht länger zu schämen, und Schüchternheit oder Körpergewicht sind kein bedrückendes Thema mehr. So gewinnen wir auf einer erwachsenen Ebene ein sicheres Fundament für unser persönliches Sein und entwickeln eine neue Qualität von Verantwortungsbewußtsein und Handlungsfähigkeit, die sich immer auch auf den Umgang mit anderen Menschen und unsere Beziehungsfähigkeit überhaupt erstreckt.

Das Bild der Anlehnung – so wie wir es hier entwickelt haben – findet seinen schönsten Ausdruck in der Partnerschaft zweier Menschen, von denen jeder zu seinem Selbst gekommen ist und eine lebendige Haltung entwickelt hat: Jeder von beiden ist für sich stark, trägt seinen Halt in sich und ist offen für den Reichtum der Lebenserfahrungen. In der Anlehnung der beiden nun, in der gegenseitigen Wahrnehmung, in dem achtsamen und sensiblen Hineinspüren kommt es zum Austausch, zum wechselseitigen Lernen, zum inneren Wachstum, insgesamt zu einer beglückenden Bereicherung für beide. So entsteht auf der Basis einer lebendigen Haltung eine lebendige Partnerschaft – offen für die Fülle des Lebens! – In diesem Sinne dürfen wir wohl auch von einer Partnerschaft zwischen Reiter und Pferd sprechen und den Satz „Der Reiter arbeitet mit seinem Pferd" durch den Zusatz erweitern „und das Pferd arbeitet mit seinem Reiter". Allerdings gilt hier immer die Voraussetzung, daß Führung und Entscheidung eindeutig beim Reiter liegen, während sich die ideale menschliche Partnerschaft dadurch auszeichnet, daß diese jeweils zwischen den Partnern wechseln können.

Lebendige Partnerschaft

Werfen wir einen letzten Blick zurück auf unsere bisherige Arbeit, so dürfen wir feststellen, daß wir während der ganzen Zeit psychosomatisch gearbeitet haben. Mit der Ausbildung der körperlichen Haltung und der reiterlichen Fähigkeiten haben wir

Positive Psychosomatik

innere Entwicklungsprozesse ausgelöst, und diese wiederum waren die Grundlage für weitere äußere Fortschritte in der Beherrschung der Reitkunst. Körperliche Haltung und seelische Verfassung befanden sich in einem steten Wechselspiel und bedingten sich gegenseitig.

Die Psychosomatik ist ein Begriff aus der Krankheitslehre und spielt in der Medizin eine immer größere Rolle, wobei jeder weiß, daß körperliche Krankheiten sich auf den Seelenzustand auswirken, und immer deutlicher erkannt wird, daß seelisches Leiden zu krankhaften körperlichen Veränderungen führt. Dementsprechend wird eine Therapie eingesetzt, die das gestörte seelische Gleichgewicht wiederherstellt und zur Beseitigung von Krankheiten führt. – Hier beim Reitunterricht können wir in diesem Zusammenhang bleiben, wollen den Begriff der Psychosomatik aber aus seinem üblichen negativen Krankheitskontext befreien, indem wir umgekehrt und positiv ansetzen: Wir lernen reiten und gelangen damit zu einer lebendigen inneren Haltung, die uns seelisch so stark und gesund werden läßt, daß Krankheiten in uns gar nicht erst die Chance haben zu entstehen. Diese Haltung wird im geglückten Fall zum Ausdruck eines gesunden, harmonischen Zusammenwirkens körperlicher *und* seelischer Erlebnisweisen werden, denn auch unsere angenehmen Gefühle, unsere konstruktiven Gedanken und Vorstellungen bilden sich auf der körperlichen Ebene ab und schaffen Gesundheit. – Unter diesem Aspekt der Prävention eröffnen sich ungeahnte Perspektiven für den Reitunterricht.

KAPITEL 4
Schwung

Liebst du den Tanz? – Das Pferd ist ein Tänzer in deiner Hand: ein Tänzer in die Unendlichkeit. Aus dem Schwung, den du ihm mitteilst, folgt die Leichtigkeit, folgt das Schweben. Alle Kraft fühlst du sich unter deinen Sattel vereinigen. Das Land bleibt hinter dir zurück. Die Welt fließt an dir vorüber. Dein Tänzer trägt dich davon.

Rudolf G. Binding

Mit diesem Kapitel erarbeiten wir das vierte Element der Grundausbildung. Schon beim Takt, bei der Losgelassenheit und bei der Anlehnung haben wir gesehen, daß eine thematische Trennung nur theoretisch möglich ist, diese Elemente sich in Wirklichkeit so sehr gegenseitig durchdringen und ergänzen, daß das eine ohne das andere gar nicht ausgeführt werden kann. Für den Schwung gilt dies in fast noch stärkerem Maße, er muß vom ersten Moment an berücksichtigt, gefordert und gefördert werden.

Und auch Sie selbst werden sich, wenn Sie sich Takt, Losgelassenheit und Anlehnung in sorgfältiger Ausbildung erarbeiten wollen, immer wieder mit dem Schwung beschäftigen müssen. Als Reitschüler befinden Sie sich – besonders wenn Sie erst im Erwachsenenalter mit dem Reiten begonnen haben – noch im ersten Jahr Ihrer Reitausbildung. Solange Sie an der Longe arbeiten, ist Ihr Reitlehrer dafür zuständig, daß sich das Pferd schwungvoll vorwärts bewegt. Sobald Sie selbständig zu reiten beginnen, gewinnt dieses Ausbildungselement auch als Aufgabe für Sie zunehmend an Bedeutung. Während es einerseits darum geht, genügend Zeit für geduldiges Üben und Entwicklung aufzubringen, brauchen wir auch immer wieder eine Leichtigkeit, neue Impulse, „frischen Wind" in unserer Arbeit, damit wir nicht

Zeit einräumen – immer wieder eine wichtige Voraussetzung

auf der Stelle treten. In meiner eigenen Arbeit biete ich das Reiten an der Longe solange an, bis der Reiter gelernt hat, sich im Schritt, Trab und Galopp freihändig auf dem Pferd auszubalancieren. Die Zeit darf dabei keine Rolle spielen. Wir müssen uns grundsätzlich so viel Zeit lassen, daß Menschen und Pferde zu ihrer notwendigen Sicherheit finden. Früher meinte ich immer, solch eine langatmige Ausbildung sei nicht zumutbar. Heute weiß ich, daß der lange Atem und das Raumlassen wichtige Voraussetzungen dafür sind, daß das notwendige Vertrauen entstehen kann.

Meine Reitschülerinnen, bei denen ich es erstmals wagte, dieses Prinzip durchzusetzen, nenne ich hier Anne und Sophia. Die beiden standen eines Tages in voller Reitausrüstung in unserem Stall, jede mit einer Gerte bewaffnet, und fragten, ob sie reiten dürften. Anne war neun Jahre alt, für ihr Alter sehr zierlich und klein, Sophia mit gerade elf Jahren wirkte in ihrer beginnenden Schlaksigkeit zerbrechlich und etwas unbeholfen. Beide Mädchen hatten noch nie auf einem Pferd gesessen.

Als sie so vor mir standen, war ich entschlossen, hier die notwendige Zeit vergehen zu lassen, Zeit, in der sich die körperlichen Strukturen der beiden festigen konnten. Für Anne war es wichtig zu wachsen, und für Sophia sich zu kräftigen. Doch beide hatten den unbedingten Wunsch, *jetzt* zu reiten und nicht erst in ein oder zwei Jahren. Am liebsten wollten sie sofort in der Gruppenstunde mitreiten, aber eigentlich noch lieber durch den Wald galoppieren, auf keinen Fall „nur" voltigieren! Unter einem solchen Druck und in dem Bemühen, Zeit zu gewinnen, begann ich mit ihnen „Reitenlernen" zu spielen, das heißt, wir taten alles, was der Gewöhnung und Sicherheit auf dem Pferderücken diente, in spielerischer Form. Hätte ich damals schon gewußt, daß Gustav Steinbrecht, den wir für unseren heutigen Reitstil als wegweisend ansehen, das Ballspiel auf dem Pferd zur Stärkung der Balance empfiehlt – wir hätten das sicherlich ausprobiert. Mit diesen beiden Kindern verließ ich die herkömmlichen Regeln des Erwachsenen-Reitunterrichtes und suchte nach adäquaten altersgemäßen Lösungen. Die Kinder saßen also in allen Richtungen im Sattel, ließen sich vom Rücken des Pferdes herunterfallen, suchten die Verbindung zu Ohren und Schweif herzustellen, lagen, rutschten und kletterten auf dem Pferd, so daß sie immer freier wurden und allmählich ihre Angst überwanden, wobei sie sichtlich wuchsen, körperlich wie seelisch. Und auch ihre Freundschaft bekam neue Impulse und ließ die beiden Mädchen in ihrem gemeinsamen Wachstumsprozeß zu Verbündeten werden. Jedes Mal, wenn Reiterinnenwechsel angesagt war, half die eine der anderen auf den Pferderücken und flüsterte ihr zu: „Viel Glück!" – bis ich ihnen eines Tages sagte, Freundschaft sei etwas so Kostbares, da dürften sie ihre Glückwünsche ruhig laut sagen. So lernten sie, auch nach außen hin und vor anderen zueinander zu stehen. Nach ungefähr einem Jahr des Übens und vor allem des Wachsens war es dann so weit: Als beide ausbalanciert in den Grundgangarten freihändig sitzen konnten, durften sie zum ersten Mal ohne Longe frei in der Halle reiten. Dann kam, was kommen mußte: Draußen irgendein Geräusch, Sophias Stute scheute und sprang vor. Doch nichts von dem, was jetzt vielleicht zu befürchten gewesen wäre, geschah, denn ehe ich etwas sagen konnte, hatte Sophia ihren Oberkörper nach vorne geworfen, hielt sich mit beiden Händen in der Mähne fest und – das Pferd blieb stehen! Indem Sophia die Zügel in der Hand behielt, gleichzeitig dem Pferd aber den notwendigen Freiraum gegeben hatte, hatte sie ihm „Entspannung" signalisiert. Damit war für die Stute klar, „es ist alles in Ordnung" – und da niemand an den Zügeln zog, traten auch keine Schmerzen auf, vor denen sie hätte davonrennen müssen – wozu also sollte sie da jetzt noch durchgehen?

Sophia hatte bewiesen, daß sie aus sich heraus als „Leitstute" handeln konnte. Aus einem intuitiven Verständnis heraus hatte sie getan, was die Situation erforderte. Sie war der Situation gewachsen, hatte sich also in dem spielerisch gestalteten Prozeß des Hineinwachsens das nötige Gespür für die komplexen Bewegungsabläufe des Pferdes und das notwendige Reagieren des Reiters sicher und selbstverständlich erworben. Für mich war dieses Erlebnis insofern wichtig, als es mich in meiner Tendenz bestätigte, auf Zeit zu setzen. Von da ab unterrichtete ich auch in der Arbeit mit Erwachsenen so, daß den Reitern immer genügend Zeit blieb, in die neue Bewegungsart hineinzuwachsen und die nötige Sicherheit und Kompetenz zu erwerben.

Definition von „Schwung"

Doch schauen wir uns erst einmal die Definition von „Schwung" der Deutschen Reiterlichen Vereinigung (FN) an:

> „Schwung ist die Übertragung des energischen Impulses aus der Hinterhand auf die Gesamt-Vorwärtsbewegung des Pferdes. Ein Pferd geht schwungvoll, wenn es energisch abfußt und in der Schwebephase mit seinen Gliedmaßen gut nach vorne durchschwingt. Ein Pferd muß losgelassen mit federnd schwingendem Rücken und einer weichen, korrekten Anlehnung gehen, um schwungvoll traben und galoppieren zu können."

Und weiter heißt es dann in den „Richtlinien für Reiten und Fahren":

> „Schwung ist das Ergebnis reiterlicher Ausbildungsarbeit, die zwar den natürlichen Gang des Pferdes nutzt, ihm aber die Eigenschaften Losgelassenheit, Schub aus der Hinterhand und Durchlässigkeit hinzufügt."

Schwung ist also wieder so ein „echtes" Reiterwort, insofern als es kurz und knapp einen ganzen Prozeß beschreibt. Das ist typisch für die Sprache der Reiter, die lange Zeit durch das Militärwesen geprägt wurde: Anweisung und Verständigung beschränkt sich auf das Allernotwendigste. Diese Kürze hatte den Vorteil, daß die entsprechenden Instruktionen schnell „an den Mann" gelangten, vor allem auch dann, wenn es sich um eine größere Anzahl von Reitern handelte. Außerdem ging man wohl damals davon aus, daß Kavalleristen schon von Haus aus Bescheid wußten, daß sie einfach das Gefühl für das Richtige von sich aus mitbrachten, so daß es nicht mehr vieler Worte bedurfte. Bei denjenigen, die dieses Gefühl nicht mitbrachten, erwartete man ohnehin nichts von langen Erklärungen. So blieb es weitgehend bei einer Insider-Verständigung. Für uns heute entsteht daraus allerdings die Notwendigkeit, einiges für unser Verständnis zu präzisieren, allein schon um die sich immer wieder einstellenden Mißverständnisse auszuschließen.

Die Definition von Schwung bringt uns zunächst eine ungefähre Vorstellung. Um mehr davon zu verstehen, führen wir uns das Bild einer Schaukel vor Augen, die in Schwung – und immer wieder in neuen Schwung – versetzt wird. Dabei ist es vor allen Dingen der energische Anstoß, der von hinten, vom Rücken her, die Vorwärtsbewegung antreibt, die Vorwärtsbewegung, die dann „schwungvoll", das heißt ungehemmt fließend nach vorne durchgetragen wird.

Das Bild der Schaukel ist auch insofern nützlich, als es von vornherein ein häufiges Mißverständnis ausschließt. Allzu leicht wird nämlich Schwung mit Schnelligkeit verwechselt, und der Reiter sucht dann sein Pferd zu einer schnelleren Bewegung anzutreiben, statt ihm die Impulse für einen schwungvollen Gang anzubieten. Daraus entsteht aber nur ein gespanntes Laufen, der Rücken des Pferdes wird fest, und der Reiter erlebt nicht das Glück der Erde, sondern die Hölle, weil die Stöße, die er nun von unten erhält, ihn wie Tritte in die Luft schleudern wollen. Nein, zum Schwung wird das Pferd nicht getrieben, sondern durch entsprechende Impulse eingeladen. Der Schwung beim Reiten hat - wie bei der schwingenden Schaukel - nichts mit Schnelligkeit und schon gar nichts mit Druck, Hast oder Hektik zu tun. Er ist Ausdruck eines Wechselspieles von Spannung und Lösung, indem das Pferd aus dem Aufbau einer muskulären Anspannung in die vorschwingende Bewegung entlassen wird, so wie der Pfeil von der gespannten Sehne in die - wenn Sie so wollen - „Freiheit".

Doch wir müssen unser Verständnis für den Begriff „Schwung" noch erweitern und richten dazu noch einmal unseren Blick auf den Körperbau des Pferdes sowie auf die Besonderheiten der Vorder- und Hinterbeine in ihrer Verbindung durch den Rücken.

Wir unterscheiden beim Pferd die „Vorhand" von der „Hinterhand", und zwar nach der Position des Reiters. Die „Vorhand" ist alles vom Pferd, was sich *vor* der Hand des Reiters befindet, also Kopf, Hals, Brust und der gesamte Schultergürtel mit den Vorderbeinen. Die „Hinterhand" dagegen ist alles, was sich *hinter* der Hand des Reiters befindet, nämlich die untere Wirbelsäule mit dem dazugehörigen Rumpf und der gesamte Beckenring mit den sehr viel stärker ausgebildeten Hinterbeinen. Die bedeutend zierlicher und feiner ausgebildeten Vorderbeine entsprechen den Armen des Menschen. Sie sind gut geeignet zum Stampfen, Scharren und Graben, jedoch ziemlich ungeeignet, über längere Zeit höhere Lasten als das eigene Körpergewicht zu

Die körperlichen Voraussetzungen für den Schwung – der Rücken als Aktionszentrum

tragen, und alles Reiten, das nicht dahin führt, daß ein Pferd die eigene Last und die seines Reiters auf die Hinterbeine verlagert, wird zu frühzeitigen Abnutzungserscheinungen führen. Die Hinterbeine sind im Verhältnis stärker gebogen, länger und kräftiger gebaut, sie dienen dem Antrieb und der Tragkraft – man könnte sagen, Pferde sind „Hinterbein-angetrieben". Zwischen der Vor- und der Hinterhand spannt sich wie eine Brücke die Wirbelsäule des Pferdes. Die Vordergliedmaßen hängen nur durch Sehnen und Muskeln mit Schulterblatt, Wirbelsäule und Brustkorb zusammen, es gibt keine Schlüsselbeine, die den Vorderbeinen einen seitlichen Spielraum erlauben würden. Dagegen bildet das Becken einen festen knöchernen Ring, der mit der Wirbelsäule im Kreuzbein verwachsen ist und an den die Hintergliedmaßen anschließen. Sollen nun die Hinterbeine vermehrt gebeugt werden, um die Last aufzunehmen und der Bewegung die federnde Elastizität zu verleihen, fordert das vom Pferd große Kraft, die es nur bei vorausgegangenem Muskelaufbau aufbringen kann. Es tendiert von sich aus eher dazu, die Beine mehr oder weniger gestreckt einzusetzen, soll sich aber unter dem Reiter im Prinzip so bewegen, wie wir Menschen es in einer leichten oder auch mittleren Kniebeuge täten.

Sie können es für sich selbst ausprobieren: stellen Sie sich in eine leichte Kniebeuge und versuchen Sie, ein paar Schritte nach vorne zu gehen. Das ist keine besonders lustvolle Aufgabe, jedenfalls gewöhnungsbedürftig. Das sonst so vertraute Gehen erscheint uns plötzlich als Problem, so als hätten wir das noch nie gekonnt. Dabei handelt es sich doch um denselben Bewegungsablauf, der uns aus dem normalen Gehen geläufig ist: Das Gewicht wird nach links verlagert und dort über den Rücken stabilisiert, was Sie an den Muskeln der linken Rückenseite spüren. Auf diese Weise wird das rechte Bein frei und kann jetzt nach vorne gezogen werden, wobei das Aktionszentrum für den Schwung des Beines vorne im Bauchbereich liegt. An sich schon ein recht komplizierter Vorgang, und nun auch noch mit gebeugten Knien!

Durch diese kleine Übung wird Ihr Verständnis für die Leistung des Pferdes wachsen. Sie lernen auch nachzuvollziehen, wie wichtig sein Rücken für die Entfaltung des Schwunges unter dem Reiter ist. Nur wenn die Muskulatur des Rückens für die Arbeit, der wir uns hier widmen, genügend aufgebaut und elastisch gymnastiziert worden ist, kann der Rücken schließlich federnd schwingen. Erst dann können die Bewegungen des Pferdes wirklich geschmeidig und ausbalanciert zu dem Ausdruck gelangen, der eines Tages in den großartigen Lektionen sichtbar wird, in denen das Pferd zu tanzen scheint.

Den Schwung können wir besonders in den Gangarten entwickeln, in denen es eine Schwebephase gibt, sich also kein Pferdebein mehr im Kontakt mit dem Boden befindet, das heißt im Trab und im Galopp. Der Schritt dagegen ist nach seinem Bewegungsablauf eine „schwunglose" Gangart, da in ihm immer entweder zwei oder drei Beine Kontakt zum Boden haben. Im Trab und Galopp dagegen ist ein Schwung schon von Natur aus angelegt, aber er will entfaltet werden, und zwar über den Rücken. Dabei wird die Schwebephase im Laufe der Zeit immer ausgeprägter, und die kraftvoll konzentrierte athletische Leistung erweckt zunehmend den Anschein spielerischer Leichtigkeit.

Schwung hat eine Schwebephase

Abb. 11: Im starken Trab scheint das Pferd mit seinem Reiter durch die Luft zu schweben – ohne auch nur die kleinsten Anzeichen von Verspannung.

Durchlässigkeit zur Verbindung der Impulse des Reiters mit dem Bewegungsfluß des Pferdes

Wenn wir jetzt wieder auf den Pferderücken schauen, dann erleben wir ihn als das Zentrum eines Bewegungsflusses, das den Impuls der Hinterhand aufnimmt und in dynamischen Wellen in die Vorwärtsbewegung umsetzt. Dazu bedarf es der Durchlässigkeit, und mit ihr kommt wieder ein neuer Begriff ins Spiel, der für das Verständnis von Schwung unabdingbar ist.

Auch Durchlässigkeit ist so ein spezifischer Reiterbegriff. Er bedeutet, daß das Pferd bereit und fähig ist, die Impulse, die der Reiter gibt, nach allen Richtungen durchzulassen und den eigenen Schwerpunkt entsprechend nach vorne, hinten oder zur Seite zu verlagern. Es akzeptiert damit nicht nur die Hilfen des Reiters, „steht an den Hilfen", sondern setzt diese aktiv in Bewegung um. Es reagiert damit sowohl auf den Sitz des Reiters, also auf die Gewichtshilfen, als auch auf dessen Beine, das heißt auf die Schenkelhilfen, sowie auf die Zügel. In jedem Fall bleibt das Pferd in seiner Balance und im Bewegungsfluß. Kurd Albrecht von Ziegner, der die Ausbildungsskala des Pferdes um einige Schwerpunkte ergänzt und als Stamm eines Trainingsbaumes dargestellt hat, fordert, daß diese Durchlässigkeit vor dem Schwung entwickelt wird. In seiner Formulierung heißt es: „Durchlässigkeit bedeutet, daß eine ständige Verbindung zwischen Hinterhand und Reiterhand besteht, durch welche die Energie durch das Pferd vor- und zurückfließen kann. Auf diese Weise fließt die Schubkraft der Hinterhand durch den Körper und wird von der Reiterhand aufgefangen, so wie die Zügelhilfen durchgelassen werden, um die Hinterhand zu erreichen (und auf sie einzuwirken)."

Der schwingende Pferderücken und die immer feiner abgestimmten Bewegungen des Reiters

Aufgabe des Reiters ist es nun, diese Durchlässigkeit des Pferdes zu erreichen, immer weiter zu verbessern und über einen schwingenden Pferderücken „den Schwung herauszureiten". Diese Arbeit wird dem Reitschüler zunehmend übertragen, wenn er von der Arbeit an der Longe „aufgestiegen" ist. Er nutzt dann zwar weiterhin jede sich bietende Gelegenheit, seinen Sitz an der Longe zu verbessern, aber das Hauptgewicht liegt nun zunehmend auf der eigenständigen Arbeit mit dem Pferd. Hier verfeinert er seine Fähigkeit, die einzelnen Bewegungen und Aktionen aufeinander abzustimmen. So arbeitet er zum Beispiel daran, daß seine Hilfen immer genauer gegeben, immer exakter aufeinander eingestellt werden. Die Hilfen sind wie eine Sprache, mit der der Reiter sich mittels seines Körpers mit dem Pferd unterhält. Ihr Einüben ist vergleichbar mit dem der Tonleitern in der Musik: Deren Studium ist eine wichtige Voraussetzung, um ein Instrument spielen zu lernen – und wirkliche Musik erklingt erst dann, wenn die einzelnen Töne sich in der richtigen Weise zusammenfügen. Auf jeden Fall ist hier viel Übung notwendig, bis die einzelnen Hilfen im gesamten Bewegungsablauf „stimmen". Versuchte der Reiter hingegen ohne diese Hilfen in ihrem feinen Zusammenspiel zu reiten, könnte er sein Pferd nur dadurch lenken, daß er abwechselnd an den Zügeln zöge.

Gehen wir jetzt einmal der Reihe nach die wichtigsten Arten, dem Pferd Hilfen zu geben, durch. Am bedeutsamsten, und deshalb zuerst zu nennen, sind die Gewichtshilfen, die alle Einwirkungen umfassen, die der Reiter durch die Verlagerung seines Gewichtes erzielt. Voraussetzung dafür ist der ausbalancierte, aufrechte Sitz mit der geraden, geschmeidigen Wirbelsäule, wie wir ihn in dem Kapitel Takt erarbeitet haben. Aus dieser Position kann das Körpergewicht entweder einseitig oder beidseitig belastet oder entlastet werden. Hier müssen Sie sich ausgiebig Zeit lassen, um das Gefühl für die einzelnen Bewegungen des Pferderückens zu entwickeln und zu lernen, Ihr Becken im Schritt wechselseitig mitzunehmen. Auf diese Weise legen Sie bereits die Grundlagen dafür, einseitige Gewichtshilfen zu reiten. Ziehen Sie jetzt einmal aktiv eine Seite des Beckens nach vorne-oben – schon wirken Sie mit Ihrem Gewicht verstärkend auf die Gegenseite des Pferderückens ein. Wenn ich das Becken nämlich rechts hochziehe, liegt meine linke Seite tiefer im Sattel, verstärkt dort für einen winzigen Moment mein Gewicht und gibt damit dem Pferd den Impuls, sein linkes Hinterbein verstärkt nach vorne zu führen. Diese Beckenarbeit finden Sie in der Reitersprache durchgängig, obwohl anatomisch falsch, als Arbeit mit dem „Kreuz" bezeichnet („Kreuzhilfen", „Kreuz anspannen" etc.)

Einwirkung über die Verlagerung des Körpergewichtes

Allein über den Einsatz dieser wechselseitigen Beckenarbeit können Sie das Tempo Ihres Pferdes regulieren. Wir haben dieses Thema im ersten Kapitel bereits angeschnitten, nun geht es um die Feinarbeit. Gerade bei Pferden, die nicht gut ausbalanciert sind und im Schritt schnell in eine „zackelige" Bewegungsunruhe verfallen, würde der Versuch, sie über den Zügel zu regulieren, meist weitere Verspannungen nach sich ziehen. Andererseits erleben wir immer wieder, gerade bei Anfängern, daß die Reiter durch dieses „Anzackeln" völlig aus dem Konzept geraten und sich ihrerseits verspannen.

Das Konzept für einen fleißigen, raumgreifenden Schritt liegt in dem Wissen um den Takt und den Rhythmus unseres Pferdes. Je klarer die Vorstellungen sind, die wir davon entwickeln, desto sicherer können wir sie nun einsetzen. Probieren Sie es aus: Wenn Ihr Pferd im Schritt – später auch in den anderen Gangarten – den Rücken fest macht, sich wie ein Brett anfühlt und in kurze, eilige, trippelnde Bewegungen verfällt, bleiben Sie unbeirrt bei Ihrer Vorstellung vom Gleichmaß eines fleißigen Schrittes und geben diese Vorstellung als Schaukelbewegung an den Pferderücken weiter. Ziehen Sie weiter im Rechts-Links-Rhythmus jeweils eine Seite des Beckens leicht nach vorne-oben und unterstützen Sie dieses Schaukeln, indem Sie sich ein präzise arbeitendes Metronom oder das Pendel einer Uhr vorstellen. Das Gleichmaß solcher „Taktgeber" läßt dann Ihre Gewichtshilfe-Impulse besonders deutlich werden. Schon nach wenigen Schritten wird sich der Pferderücken unter Ihnen entspannen und wird sich der Kontakt zwischen Ihnen und Ihrem Pferd wieder einstellen. Sie merken, daß Sie für solche Impulse nicht sehr viel körperliche Kraft einzusetzen brauchen, dafür aber ein hohes Maß an Konzentration. Mit dieser Konzentration gelingt es, nicht nur einen verspannten Pferderücken zu entspannen, sondern auch noch weitere „Unebenheiten", die sich beim Reiten mehr oder weniger zufällig einstellen können, zu beheben. Am besten akzeptiert man diese zunächst einfach, um sie sodann in fast spielerischer Weise zu verändern. Bei meinen Reitschülern und Schülerinnen finde ich anfangs immer wieder Staunen und Ungläubigkeit, daß es möglich sein soll, die eigenen Vorstellungen in so einfacher Weise an das Pferd weiterzugeben.

Nach der wechselseitigen Beckenarbeit schauen wir uns nun die „beidseitige" an. Diese beidseitige Gewichtshilfe besteht darin, daß Sie Ihr Becken nicht nach einer Seite, sondern beidseitig nach vorne hochziehen. Das ist eine Bewegung, die im Alltag nicht so oft vorkommt und deshalb schwieriger zu beschreiben ist. In der Literatur wird gelegentlich davon gesprochen, daß wir die Bewegung dadurch in unser Bewußtsein bekommen, daß wir uns auf die Vorderkante eines Stuhles oder eines Fasses setzen und den Sitz zum Kippeln bringen. Damit kommen wir zwar in die Bewegung, doch wird bei dem Versuch, sie auf den Reitsitz zu übertragen, meistens auch die Gesäßmuskulatur angespannt und schert den Reiter dann völlig aus dem Sattel. Brauchbarer erscheint mir das Bild von Erika Prockl, die vorschlägt, man solle sich vorstellen, einen Reißverschluß vorn an der Hose hochzuziehen, der sich aber leider am unteren Ende verklemmt hat. Wenn Sie das ausprobieren und dabei den Oberkörper *nicht* nach vorne unten beugen, sondern hinten halten, ziehen und kippen Sie das Becken unwillkürlich im gewünschten Ausmaß nach vorne. Dasselbe geschieht, wenn Sie sich auf den Boden legen und zur Entspannung versuchen, den Rücken in seiner ganzen Länge abzulegen: Auch dann werden Sie das Becken entsprechend kippen.

Diese Bewegung des Beckens bedeutet eine beidseitige Gewichtshilfe. Wenn wir dem Becken dann wieder erlauben, in seine normale Position zurückzukehren, wird für den Pferderücken aus der *Be*lastung eine *Ent*lastung. Der Druck, den wir mit dem Becken erzeugen, wirkt auf die Vorwärtsbewegung des Pferdes, indem er über die anatomischen Strukturen direkt die Hinterbeine des Pferdes anspricht.

Auch das Drehen und Wenden insbesondere unseres Oberkörpers, das wir beim Reiten von Kurven und Biegungen einsetzen, gehört zu den Gewichtshilfen. Mit ihnen konzentrieren wir unser Körpergewicht auf einen Punkt und bewirken so die Biegung des Pferdes in seiner Längsachse, da das Pferd dem Druck seitlich auszuweichen versucht. Schon wenn wir nur den Kopf drehen, um in die Richtung zu schauen, in die wir reiten wollen, verlagert sich – zwar ganz wenig, für das Pferd aber wahrnehmbar – unser Körpergewicht.

Als nächstes müssen wir uns um die Schenkelhilfen kümmern, also um das, was wir mit den Beinen bewirken können, wenn wir sie nicht mehr zum Festklammern brauchen. Auch hier ist der ausbalancierte Sitz „in der Bewegung" des Pferdes die wichtigste

Die Schenkelhilfen – das Pferd mit den Beinen einrahmen

Voraussetzung. Im losgelassenen Sitz ergibt sich nämlich automatisch der richtige Moment für den Einsatz des „treibenden Schenkels". Der treibende Schenkel lädt das Pferd ein, vorwärts zu gehen. Bei den Sitzübungen haben wir uns bereits damit beschäftigt, wie der Schwerpunkt der Reiterbeine mit der Bewegung des Pferdes fast von alleine aus der Sitzbewegung heraus gegen den Pferdebauch „fällt". Inzwischen liegen Ihre Beine konstant und ruhig am Pferdeleib – wie sonst wüßte das Pferd, ob Sie gerade mit ihm kommunizieren wollen oder einfach nur das Gleichgewicht verloren haben? Die Beine des Reiters bieten sozusagen den Rahmen für das Gespräch mit dem Pferd. Im Kontakt mit dem Pferdeleib nehmen sie den Rhythmus des Schaukelns auf und geben dem Pferd – unterschiedlich in den einzelnen Gangarten – jeweils durch leichteren oder stärkeren Druck zu verstehen, was von ihm erwartet wird. Im Schritt werden diese Impulse wechselseitig nacheinander vom rechten und linken Reiterbein an den Pferdebauch gegeben und regen dadurch jeweils das rechte und linke Hinterbein des Pferdes an. Dasselbe geschieht im Trab, nur jetzt – entsprechend dem Zweitakt – bedeutend schneller. Und im Galopp, wo wir es genaugenommen mit einzelnen Sprüngen zu tun haben, ist der treibende Schenkel jetzt immer der, der an das Pferd „heranfällt", also im Rechtsgalopp der rechte, im Linksgalopp der linke Schenkel. Er drückt freundlich und bestimmt mit jedem einzelnen Sprung gegen den Pferdebauch.

Der äußere, der „verwahrende Schenkel" dagegen sorgt für die Begrenzung in der Bewegung des Pferdes. Er liegt mit ruhigem Druck etwas hinter der Senkrechten des Reiters und zeigt dem Pferd den Rahmen, in dem es sich zu bewegen hat. Solange Sie in der Reithalle arbeiten, wird die Reitbahn von der „Bande" begrenzt, dieser Verkleidung der Außenwände, die so konstruiert ist, daß möglichst niemand daran hängenbleibt. Sie wird von den Pferden als Rahmen respektiert – und gesucht. Mit jungen Pferden ist es zum Beispiel schwierig, durch die freie Fläche der Bahn zu reiten oder sich auf dem „Zweiten Hufschlag", etwa zweieinhalb Meter von der Bande entfernt, zu bewegen. Die suchen deutlich die Sicherheit der Reitbahnwände. In der Ausbildung von Pferd und Reiter wird nun der äußere, der „verwahrende" Schenkel zunehmend die Aufgabe der Bande übernehmen und dem Pferd den sicheren Rahmen anbieten. Wenn Ihr Pferd sehr nach außen drängelt, auf dem Reitplatz in der Abgrenzung hängen zu bleiben droht oder immer wieder Ihr Knie in Gefahr bringt – dann brauchen Sie diesen verwahrenden Schenkel dringend. Am besten läßt sich seine Einwirkung überprüfen, wenn Sie im freien Gelände Lektionen reiten. Auch wenn Sie auf einem Stoppelfeld oder einer Grünbrache in einem vorgestellten Dressurrechteck reiten, können Sie schnell herausfinden, ob Ihr Pferd bisher die Bande der Reitbahn oder Ihr Bein als Begrenzung empfunden hat. Testen Sie das einmal für sich aus und achten Sie dabei auf den äußeren, den verwahrenden Schenkel!

Mit unserem Schenkel können wir das Pferd auch vorwärts-seitwärts treiben. Zum vorwärts-seitwärts treibenden Schenkel wird er allerdings erst im sorgfältigen Zusammenspiel mit dem verwahrenden Schenkel, der die Seitwärtsbewegung des Pferdes auffängt und in die Vorwärtsbewegung überführt. So wird das Pferd veranlaßt, seine Füße schräg nach vorne und, die Gegenseite überkreuzend, zu setzen.

Und wozu haben wir jetzt eigentlich noch den Zügel? Lenken können wir mit unserem Gewicht, unsere Beine lassen das Pferd voran oder auch seitwärts gehen, das Tempo bestimmen wir mit dem Einsatz unseres Beckens – wozu also noch den Zügel? Sie sind tatsächlich fast überflüssig, aber auch nur fast: Zu den schönsten Momenten gehört es für mich, wenn ich auf Pferdeschauen erlebe, wie hohe Lektionen am hingegebenen Zügel geritten werden. Zügel sind nicht zum Festhalten, nicht zum Ziehen, nicht zum Bremsen da. – Die Zügel dienen bei dem fein gerittenen Pferd dazu, daß die Energie nicht nach vorne, über den Kopf des Pferdes hinausschießt, sondern umgelenkt wird und zurückfließen kann. Der Reiter mobilisiert diese Energie, indem er mit seinen Beinen die Pferdebeine antreibt, das Pferd schwingt seine Hinterbeine in diesem Energiestrom nach vorne, dann fließt diese Energie durch den „offenen" Pferderücken vor zum Kopf und wird dort mit dem Zügel, der eine weiche elastische Verbindung zum Pferdemaul herstellt, eingefangen und umgelenkt, so daß sie über den Zügel und die Hand des Reiters durch seinen „offenen" Körper wieder zu den Hinterbeinen

Ein Pferd „zügeln" heißt, seine Energien zu lenken

zurückfließen kann und in einen Kreislauf eintritt. Darin liegt also die Aufgabe des Zügels, und bei kreisendem Energiefluß beginnt der Reiter „mit seinem Pferd zu tanzen".

Müssen wir uns jetzt noch darüber unterhalten, was eine nachgebende, eine annehmende, eine verwahrende oder eine durchhaltende Zügelhilfe ist? Sobald Sie als Reiter in den *Energiefluß* eintauchen, werden Sie keine technischen Hilfsvorstellungen mehr benötigen, um Ihr Pferd zu leiten. Und bis dahin? Versuchen Sie ein Gefühl für das Pferd in Ihrer Hand zu bekommen, üben Sie die stete, elastische Verbindung zum Pferdemaul und spüren Sie den kreisenden Energiestrom.

„Parade" – ein Pferd zu seiner schönsten Form reiten

Durch die Sprache der Reiter geistert dann noch ein weiterer Begriff, der nicht ohne weiteres verständlich ist und der Erklärung bedarf. Ich meine die „Parade". Wir unterscheiden die „ganze" von der „halben" Parade – und weil auch die noch als zu grob empfunden wird, benutzen manche Leute sogar den Begriff der „Achtel-Parade". Eine „ganze Parade" meint die Betätigung, die das Pferd zum Halten bringt, egal aus welcher Gangart. Immer, wenn das Pferd zum Stehen kommt, handelt es sich um eine sogenannte „ganze Parade".

Und, wie kommt man zum Halten? – Indem man am Zügel zieht? – Eben nicht! – Also, wie dann? – Es wird einfach der Energiefluß auf den Punkt gebracht, das heißt, wenn ich mein Pferd anhalten will, bestimme ich zuerst in meiner inneren Vorstellung, wo genau dieser Halt stattfinden soll, hole tief Luft, mache mich im Ausatmen „schwer", fange die Energie am Pferdemaul ein, lasse sie über die Zügel zu mir zurückkommen, durch meinen Körper fließen, und ziehe das Becken beidseitig nach vorne (Reißverschluß!). Damit habe ich den Energiefluß unterbrochen, ihn „auf den Punkt" gebracht. Wenn dabei meine Beine am Pferd bleiben, ihm einen Rahmen geben, dann wird das Pferd seine Beine noch unter den Bauch ziehen, aber nicht mehr neu antreten und – vorbildlich – „geschlossen" zum Stehen kommen. Probieren Sie es aus!

Erst, als ich das Geheimnis des Energieflusses verstanden hatte, konnte ich mit dem Begriff der Parade etwas anfangen. Dieses

Verständnis ist besonders wichtig, um jetzt auch mit der sogenannten „halben Parade" zurechtzukommen. Dieser Begriff scheint bei Reitanfängern häufig die Vorstellung auszulösen, es solle das Pferd nur halb zum Halten, also zur Verlangsamung gebracht werden. Diese Vorstellung muß schnellstens korrigiert werden. Die „halbe Parade" bringt im Unterschied zur „ganzen" den Energiefluß nicht auf den Punkt, sondern bewirkt lediglich eine Art „kleiner Störung", so wie ein Stein, der in einen Fluß geworfen wird, die Strömung zwar leicht irritiert, sie jedoch nicht verlangsamt oder gar zum Stillstand bringt. Wir setzen sie ein, wenn wir das Pferd aus seinem Routine-Gleichmaß herausbringen und seine Aufmerksamkeit einfangen wollen, wenn wir es auf etwas Neues vorbereiten wollen, wie zum Beispiel eine Tempoveränderung, oder auch nur seine Haltung in der Versammlung verbessern wollen. Damit erlauben wir dem Energiefluß, sich stärker in die Bewegung hinein auszudrücken.

Paraden regulieren den Energiefluß

Und wie wird sie geritten? Ich zitiere die „Richtlinien für Reiten und Fahren", Band 1:

> „Die halbe Parade wird durch kurzes, vermehrtes Einschließen des Pferdes zwischen den Gewichts-, Schenkel- und Zügelhilfen gegeben, dem eine nachgebende Zügelhilfe folgt". Und sie „ist kein einmaliger Vorgang, sondern wird im Bewegungsrhythmus so oft wiederholt, bis sie ihren Zweck erfüllt."

Es gibt noch unendlich viele weitere Versuche, der Sprache eine Beschreibung dieses Vorganges abzuringen, die aber alle mehr oder weniger unbefriedigend bleiben. Oft wird auch von der Parade gesprochen, die nicht gegeben, sondern geritten wird, um die Reitschüler wenigstens von der Vorstellung abzubringen, sie sollten am Zügel ziehen.

Versuchen Sie jetzt einmal, die treibende Bewegung mit dem Becken, das einseitige Hochziehen des Beckens für einen Moment zu unterbrechen, halten Sie die Seite, die Sie oben haben, einen Moment länger oben, gehen Sie nicht sofort wieder mit dem Wellenberg zu Tal und schmiegen Sie sich dann – nur um Sekundenbruchteile verspätet – wieder in die Bewegung des Pferderückens hinein. Die leicht irritierte Energie fließt, eben nur leicht gestört, zum Pferderücken und braucht ein bißchen neuen Schwung durch die Schenkel des Reiters, so daß die Pferdebeine nicht aus dem Takt geraten und vorschwingen können. Sensible Pferde reagieren sofort, etwas dickfelligere brauchen ein paar Steinchen mehr im Getriebe. Da bleiben Sie, wenn jetzt der Energiefluß von den Hinterbeinen durch den Rücken bei Ihnen ankommt, einfach wieder ein bißchen länger mit der angezogenen Beckenhälfte über dem Muskelberg. Damit die Energie, die zum Pferdemaul unterwegs ist, im Fluß bleiben kann und damit aus der Irritation keine Bremswirkung entsteht, geben Sie den Zügel ein wenig nach.

Mit unseren Ausführungen über die Hilfen, die wir dem Pferd geben können, scheinen wir ein wenig von unserem Thema „Schwung" abgekommen zu sein, und doch gehören sie unbedingt dazu: Durch unsere Hilfen geben wir dem Pferd die Impulse, um in die Bewegung, in den Schwung, in den Energiefluß hineinzukommen. Das Stichwort für den Schwung heißt Energiefluß. Wenn wir in dem reiten, dann erleben wir, daß die Pferde uns willig unterstützen. Wenn die Energie dagegen stockt, wird sich das Pferd verspannen, vielleicht sogar zur Seite springen, und der Reiter muß sich augenblicklich darauf konzentrieren, diese Spannung wieder zu lösen, um unverzüglich in den gemeinsamen Energiefluß zurückzufinden.

Mit dem Bild des Energieflusses greife ich noch einmal auf den Anfang unserer Auseinandersetzung über den Schwung zurück: Dort haben wir herausgearbeitet, daß sich der Schwung nicht über die Geschwindigkeit definiert. Zur Begriffsklärung war diese Feststellung auch notwendig. Andererseits aber braucht sowohl der Trab als auch der Galopp ein gewisses Grundtempo, damit sich der Schwung überhaupt entfalten kann, und wir stellen fest, daß das Ausbildungselement „Schwung" eng mit dem „Takt" verwandt ist: Sobald wir das Tempo unseres Pferdes zu sehr zurücknehmen, wird es sich verspannen, wird anfangen, sich zu langweilen. Es gerät aus dem Takt, und der Energiefluß stockt.

Leichttraben und Schwung Eine wunderbare Übung, die für den Reiter das Thema „Schwung" in eine bewußte Verbindung zu Takt und Rhythmus des Pferdes bringt, ist das Leichttraben. Zu Beginn Ihrer Reitausbildung haben Sie bereits gelernt, daß Sie als ReiterIn den

Rücken des Pferdes entlasten können, indem Sie sich abwechselnd mit jedem zweiten Trabtritt in den Steigbügeln aufstellen und wieder in den Sattel setzen. Aufstehen – hinsetzen, eins – zwei – eins – zwei. Dieses Leichttraben üben Sie wahrscheinlich am Anfang jeder Reitstunde, bis Sie und das Pferd sich gelöst haben, das Pferd seinen Rücken hergibt und auch Sie selbst sich wieder einmal losgelassen auf dem Pferderücken zu Hause fühlen und sich geschmeidig in die schaukelnden Rückenbewegungen hineinwiegen. Darüber hinaus brauchen Sie das Leichttraben, wenn Sie auf hartem Boden reiten oder im Gelände weite Strecken zurücklegen wollen. Auch junge Pferde werden beim Anreiten im Leichttraben gearbeitet.

Um das Prinzip des Leichttrabens deutlich zu machen, rufen wir uns noch einmal ins Bewußtsein, was Sie inzwischen wahrscheinlich längst verinnerlicht haben: Auch im Trab bewegen sich die Rückenmuskeln abwechselnd, bilden Berge und Täler – und Sie weichen dem jeweiligen Muskelberg dadurch aus, daß Sie die entsprechende Seite Ihres Beckens nach vorne-oben anziehen und dadurch Ihr Gewicht gleichzeitig auf der gegenüberliegenden Seite konzentrieren. Der Muskelberg entsteht im Trab, während ein diagonales Beinpaar vorschwingt, und er kommt nun nicht – wie im Schritt – gemächlich angerollt, sondern viel energischer, so daß Sie unter Ihrem Gesäß nicht mehr die weiche massierende Bewegung spüren, sondern eher einen Stoß bekommen. Noch einmal an einem Beispiel: Wenn der Reiter nicht leichttrabt, sondern im Trab sitzenbleibt, den „Trab aussitzt", spürt er unter seiner rechten Gesäßhälfte den Muskelberg des Pferderückens, der durch das Vorschwingen des diagonalen Beinpaares links hinten – rechts vorne entsteht. Dessen Stoß weicht er im ausgesessenen Trab dadurch aus, daß er sein Becken auf der rechten Seite nach vorne-oben anzieht. Dadurch daß im nächsten Moment das andere diagonale Beinpaar des Pferdes vorschwingt, nämlich rechts hinten – links vorne, entsteht der Muskelberg nun auf der linken Seite, und der Reiter findet in die Rechts-Links-Schaukelbewegung seines Beckens hinein.

Beim Leichttraben nutzen Sie den kleinen Stoß, den Sie vom Pferderücken bekommen, ebenfalls, ändern aber die Richtung der Schaukelbewegung. Statt rechts und links bewegen Sie Ihr

Becken nun nach oben und unten. Natürlich bewegt sich dabei Ihr Oberkörper mit, aber um die Bewegung zu entwickeln, ist es hilfreich, die Vorstellung auf das Becken zu konzentrieren, sonst wird die Bewegung leicht zu ausladend oder zu „kopflastig". Mit Ihrem Aufstehen und Einsitzen, dem Entlasten und Belasten, folgen Sie dem Rhythmus der Bewegung jeweils eines diagonalen Beinpaares. Reiten Sie zum Beispiel in einer Reithalle links herum, lassen Sie sich von der Diagonale linker Hinterfuß – rechter Vorderfuß leiten und werden in diesem Fall „auf dem linken Fuß leichttraben". Im Abfußen stehen Sie leicht auf, beim Auffußen nehmen Sie wieder Platz.

Bleiben wir noch bei dem Beispiel, bei dem Sie in der Reithalle links herum reiten, dann ist links die „innere Seite", die zur Bahnmitte zeigt. Das innere Hinterbein, in diesem Fall also das linke, ist für die Entfaltung des Schwunges zuständig und wird beim Leichttraben in der beschriebenen Weise entlastet. Die „äußere" Seite dagegen fängt das Gewicht auf. Wenn Sie rechts herum reiten, gilt das Gesagte natürlich genau anders herum, im Gelände aber, auf einer relativ geraden Strecke also, werden Sie den Fuß je nach Gefühl gelegentlich wechseln, um einer einseitigen Überlastung vorzubeugen.

Durch die Ausbildung, die Sie bisher durchlaufen haben, hat sich Ihr Gespür entsprechend verfeinert, und Sie können inzwischen unterscheiden, wann der rechte, wann der linke Hinterfuß des Pferdes abfußt. Einige Pferde allerdings „setzen den Reiter immer auf einen Fuß", das heißt, sie fußen grundsätzlich auf einer Seite energischer ab. Manche Reiter lassen sich dadurch dazu verleiten, *immer* mit dem rechten Hinterfuß aufzustehen, selbst dann, wenn sie links herum reiten. Falls Sie ebenfalls zu dieser Gewohnheit neigen, verlagern Sie Ihr Gewicht einmal um ein weniges nach der Seite des Fußes, auf dem Sie leichttraben wollen. Jetzt wird Ihnen die „falsche Seite" zumindest „komisch" vorkommen, so daß Sie wahrscheinlich doch noch zum Schwung mit der „richtigen Seite" finden.

Vielleicht wurde Ihnen am Anfang Ihrer Reitausbildung erzählt, daß „man immer dann aufstehen muß, wenn die äußere Schulter des Pferdes vorgeht". Inzwischen arbeiten Sie am Schwung –

und ich rate Ihnen dringend, diese „Eselsbrücke" von damals schnell wieder zu vergessen! Rein mechanisch gedacht, ist es natürlich nicht falsch, sich an der Pferdeschulter zu orientieren, da mit jedem Hinterbein jeweils das diagonal entgegengesetzte Vorderbein vorschwingt. Doch im ganzen gesehen ist es hilfreicher, von Anfang an das Gefühl für die Bewegung und den Pferderücken zu schulen und sich schon bei den ersten Lernprozessen an den Hinterbeinen zu orientieren. Dadurch stellen Sie einen Kontakt zum „Antrieb", das heißt zu dem Aktionszentrum her. Sie können das fühlen statt zu versuchen, die eigene Bewegungsmotivation über das Auge aufzubauen.

Warum ich darauf so viel Wert lege? Weil wir außerdem, wenn wir auf die Schulter des Pferdes achten, den Blick senken müssen. Wir schauen dann nicht mehr zwischen den Pferdeohren hindurch auf unseren Weg, bestimmen mit dem Auge nicht mehr die Richtung, öffnen uns nicht mehr der Weite, sondern lenken mit dem Blick auch die Energie zur Pferdeschulter und in deren Verlängerung zum Boden. Für die unbewußte Ebene des Menschen entsteht damit eine Blockierung. Der Energiefluß wird umgeleitet und stockt, der Schwung wird gebremst und kann sich nicht weiter entfalten. Die Pferde merken das ganz genau! Wie befreiend ist es dagegen, wenn eine Reitlehrerin ihre Schüler im Unterricht wieder und wieder anspricht: „Schau auf deinen Weg!" Und schon manches Mal habe ich ein Pferd an einer Stelle vorbeigeritten, an der es sich eigentlich nicht vorbeitraute, einfach nur, indem *ich* daran vorbei *wollte* und dieses Wollen zwischen den Pferdeohren hindurch auf den Weg schickte.

Wenn Sie im Reiten ein solches Gespür für Feinheiten entwickeln, können Sie diese auch für Ihre jeweiligen anderen Ziele nutzen und werden immer wieder feststellen, wie lohnend das Reiten ist, wie sehr Sie belohnt werden, wie sehr seine Herausforderungen „förderlich" sind und Ihnen immer neue Wege erschließen.

Doch wenn der Reiter all dies zum Leichttraben Gesagte auch schon beachtet hat, so muß er nun noch das Entscheidende lernen: Zu Beginn seiner Reitausbildung hat er sich wahrscheinlich noch mit jedem zweiten Trabtritt ein wenig hochschubsen lassen, um sich dann wieder hinzusetzen. Dabei wurden seine Bewegungen im Auf und Ab meistens so ausladend, daß er spätestens beim zweiten Hinsetzen „hinter die Bewegung" geriet, nämlich um den Bruchteil einer Sekunde verzögert – verglichen mit dem Takt der Pferdebeine – wieder im Sattel landete. Daraufhin wurde er entsprechend unsanft wieder hochgeschubst, man könnte fast sagen, er prallte auf den bereits wieder vorschwingenden Pferderücken statt sich mit seinem eigenen Schwung in den Schwung des Pferdes einzufügen. Und so kostete der Versuch „mitzukommen" immer mehr Kraft, vielleicht konnte er sogar feststellen, daß er sein Pferd beim Leichttraben nicht so gut „im Griff" hatte.

Jetzt gilt es, die passive Bewegung in eine aktive zu überführen, den eigenen Schwung zu entwickeln und ihn mit dem des Pferdes abzustimmen. Dazu kommt der Reiter seinem Pferd nun jeweils um den Bruchteil einer Sekunde zuvor: Er weicht dem Impuls des Pferderückens, der nach vorne-oben zielt, aus und kehrt ihn schon wieder um, fängt ihn bewußt ab und führt ihn zurück in den Sattel.

Probieren Sie einmal, die Bewegung des Aufstehens selbständig und dabei immer kleiner auszuführen, bis Sie schließlich Ihr Gesäß nur noch um wenige Zentimeter aus dem Sattel lüften. Dazu brauchen Sie einen guten Halt, den Sie mit den Knien am Sattel, den Waden am Pferdeleib und mit den Fußballen in den Steigbügeln finden. Schon bald werden Sie auch den Moment herausspüren, in dem Ihnen dieses „Aufstehen" am leichtesten fällt, und das richtige Maß wird sich fast wie von selbst einpendeln. Hier drängt sich der Vergleich mit dem Tanz auf, bei dem jeder Partner seinen Teil, seine Schritte kennen und können muß, damit sich aus Führen und Geführt-Werden das Gleichmaß der Bewegung entwickeln kann.

Möchten Sie noch eine weitere Übung dazu? Wenn ich mit Reitern arbeite, die sich angewöhnt haben, die Trabbewegungen über die Beobachtung der Pferdeschulter zu kontrollieren, dann ist eine solche Gewohnheit manchmal gar nicht so leicht zu verändern. Der Blick in die Tiefe sitzt inzwischen einfach zu fest.

Manchem fällt es aber überhaupt schwer, die Bewegung des eigenen Körpers dem Schwung des Pferdes anzupassen. Dann hilft vor allem eine „Musterunterbrechung": Versuchen Sie einmal, statt im Verhältnis 1:1 aufzustehen und sich hinzusetzen, mit dem Rhythmus zu spielen, zum Beispiel zwei Trabtritte zu sitzen und einen zu stehen oder umgekehrt, zwei zu stehen und einen zu sitzen! Dieses Spiel läßt sich beliebig ausweiten. Sie können auch fünf Tritte sitzen und drei stehen oder vier stehen und drei sitzen, was immer Ihnen dazu einfällt! Diese Übung gehört übrigens zu meinen Lieblingsspielereien auf dem Pferd. Sie schafft eine gute Verbindung zum Pferderhythmus, schüttelt Gewohnheiten, die sich eingeschlichen haben, kräftig durcheinander und hilft loszulassen. Sie trainiert die körperliche Beweglichkeit, fordert viel Konzentration und – macht einfach Spaß! Die Pferde reagieren in der Regel mit einer gewissen Verwunderung, gehen dann aber schnell auf das Spiel ein und bieten ihren Rücken regelrecht zum Üben an.

Mit dem Thema „Schwung" befindet sich der Reiter nun in einer Ausbildung, von der es heißt, daß sie nie zu Ende kommen wird. Er wird sich auf die Dauer immer feiner in diesem Energiefluß zu bewegen lernen und sich dadurch immer neue Möglichkeiten eröffnen. Sie selbst werden im Laufe der Zeit auch herausfinden, in welchem Bereich Ihre Schwerpunkte liegen sollen, ob Sie für sich zu Hause trainieren, ob Sie vielleicht Turniere reiten und sich damit dem Wettbewerb stellen wollen oder ob Sie sich im Wald und auf Stoppelfeldern wohler fühlen. Kurz: Sie haben die Grundkenntnisse erworben und werden von jetzt ab Ihren Horizont ganz nach Ihren Wünschen erweitern. Schwung mit dem Pferd zu erreiten, heißt aber in jedem Fall, sich im Energiefluß zu bewegen, diesen zu spüren – und auch zu erspüren, wo dieser Strom eventuell gebremst wird.

Schwung – eine Herausforderung an den Reiter

Lassen Sie uns einen Augenblick verweilen, um das Thema „Energie und Energiefluß" noch konkreter werden zu lassen. Ich benutze diesen Begriff ähnlich wie den der „Haltung" im vorigen Kapitel als psychosomatischen Schlüsselbegriff für bestimmte Lebensprozesse im Menschen, in denen sich körperliche *und* seelische Bereiche verbinden und miteinander reagieren. Es ist mir wichtig, mich dabei gegen diffuse Vorstellungen von „Le-

Es fließt tatsächlich elektrischer Strom

benskraft" oder vage Mutmaßungen über „ein allgemeines Lebensgefühl" abzugrenzen. Ich beschreibe auch nicht, *warum* dieser Austausch stattfindet, stelle auch nicht die Frage, wer zuerst da war, die seelische oder die körperliche Ebene, sondern ich beziehe mich auf das, was sich beobachten und am Körper wirklich überprüfen läßt.

Bei unserer Energie handelt es sich tatsächlich um chemische und physikalische Gesetzmäßigkeiten, um Aktionen und Re-Aktionen, bei denen Muskel- und Nervenzellen über chemische Aufspaltungen und den Austausch sich verändernder elektrischer Ladungen miteinander kommunizieren. Informationen werden als elektrische Kettenreaktionen weitergeleitet, die ihrerseits chemische Veränderungen und Reaktionen bewirken. Das gesamte Forschungsgebiet der Physiologie beschreibt letztlich diese Kommunikation der einzelnen Körperzellen und der einzelnen Körpersysteme untereinander und spricht dort von Regelkreisen, von Impulsen, von Botenstoffen und Rezeptoren. Von den Hormonen weiß man schon lange, daß sie eine wichtige Übermittlungsfunktion bei der Verständigung zwischen körperlichem und seelischem Erleben übernehmen. Denken Sie nur an die überdeutlich wahrnehmbaren Veränderungen im menschlichen Körper, wenn sich jemand verliebt hat, wie der plötzlich „Bäume ausreißen" kann, „aufblüht", angeregt und anregend nach innen und außen agiert, regelrecht übersprudelt in seinem Erleben und seinen Mitteilungen – oder denken Sie an die Veränderungen, die durch einen Schock ausgelöst werden, zum Beispiel durch eine Todesnachricht oder einen Unfall. In einer solchen Betroffenheit können sich schwerwiegende körperliche Veränderungen vollziehen. Auch geringe, dafür aber andauernde seelische Belastungen hinterlassen ihre Spuren, bis dahin, daß sie zu chronischen Erkrankungen führen. Umgekehrt nehmen körperliche Leiden Einfluß auf die Psyche, wenn zum Beispiel die Schilddrüse nicht richtig arbeitet und Depressionen entstehen. Jedenfalls sind unzählige solcher körperlich-seelischen Wechselwirkungen bekannt, die in der Lage sind, unseren gesamten Organismus aus dem Gleichgewicht zu bringen. Daraus folgt, daß wir niemals Einzelphänomene auf der körperlichen oder der seelischen Seite für sich betrachten dürfen, denn sie sind immer in vielfältigen Regulationssystemen untereinander verbunden.

Andere Forschungsergebnisse haben inzwischen erbracht, daß auch unser Immunsystem eine solche Brücke für den Austausch zwischen der seelischen und der körperlichen Ebene bildet. Heute weiß jeder, daß negativ erlebter Streß krank macht. Genauso kann uns ein positiv erlebter zu enormer Leistungsfähigkeit verhelfen. Da ist es das Immunsystem, das – zusammen mit den Hormonen – für diese Übermittlung sorgt. Und diese wiederum wird von weiteren chemischen und physikalischen Reaktionen beeinflußt, funktioniert über die Veränderung von positiven und negativen Ladungen und bewirkt damit einen ganz feinen elektrischen Strom – zwischen jeder einzelnen Zelle und an vielen Stellen des Körpers gleichzeitig!

Diese elektrischen Ströme bilden die Basis dafür, daß wir auf der seelischen Ebene Kraft, Energie und Energiefluß erleben und beschreiben können. Voraussetzung dafür ist natürlich, daß diese Vorgänge in unserer gesamten Lebensorganisation geregelt, das heißt in einer gewissen Ordnung ablaufen. Für sich allein sind sie nämlich keineswegs an Leben und Erleben gebunden. Auch noch lange nach dem Tod, schon im Zersetzungsprozeß, ändern sich noch elektrische Zell-Potentiale und wird durch den Zerfall von Zellen Energie frei gesetzt. Kann die elektrische Energie jedoch im lebendigen Organismus als Impuls weitergeleitet werden, dann „hüpft" sie entlang der Nervenzellen durch den ganzen Körper. Sie bewirkt einen chemischen Prozeß und wird zu mechanisch-physikalischer Energie umgewandelt, so daß wir einen Muskel oder auch ein ganzes Muskelsystem bewegen können. Das ist die Grundlage dafür, daß wir beispielsweise mit dem großen Zeh wackeln, unseren Arm heben oder mit dem Kopf nicken. So stellt sich uns das Bild eines Energieflusses dar, wenn die Zell- und Systemkommunikation innerhalb unseres Körpers funktioniert. Funktioniert sie nicht (es können auch hier wieder Ängste, Verspannungen, Depressionen die Ursache sein), kommen sämtliche Lebensprozesse, kommt der Fluß der Energien zum Erliegen. An verspannten Muskeln findet man dann entweder ein erhöhtes elektrisches Potential, das nicht richtig weitergeleitet wird, oder zu wenig Impulse, die für das gesunde muskeleigene Gleichgewicht sorgen können.

Heilsame Prozesse – der eigene Energiestrom

Wir verstehen inzwischen, daß eine sportliche Betätigung, bei der wir uns austoben, eventuelle Blockaden wieder auflösen und dadurch auch den Fluß wieder in Gang bringen kann. Gleichzeitig wird der Stoffwechsel des gesamten Organismus beschleunigt und auch dadurch wieder der Energiefluß erleichtert. Wohlgefühl ist *immer* mit einem solchen Energiefluß gekoppelt, und es ist egal, auf welche Weise er zustandekommt oder unterhalten wird. Das kann durch körperliche Bewegung ebenso gut wie durch mentales Training oder Meditation geschehen. Auch eine Freude kann dies bewirken, eine innere Einkehr, Naturerlebnisse oder eine Begegnung mit einem anderen Menschen. Jeder hat seine ganz persönlichen Erfahrungen und Möglichkeiten, um seine Energie positiv zu beeinflussen. Und das Reiten, die Kommunikation mit dem Pferd und insbesondere die Arbeit am Schwung, regt diesen Energiestrom – bewußt und gleichzeitig unbewußt – an.

Der Energiestrom zwischen Reiter und Pferd

Ich möchte Ihnen von einer Frau erzählen, die mich eines Tages mit der Bitte anrief, ich solle mir einmal ihr Pferd ansehen, sie wisse sich mit ihm keinen Rat mehr. Es ging dabei um einen an sich gutmütigen sechsjährigen Rappwallach, den sie bisher freizeitmäßig selbst geritten hatte, der alles mit sich machen ließ, aber seit einigen Wochen nur noch rückwärts ging, sobald sie ihn zu reiten versuchte. Tatsächlich fand ich das Pferd genau so vor, wie sie es mir beschrieben hatte: Sobald seine Besitzerin auf seinen Rücken stieg, schien es sich verkriechen zu wollen, zog regelrecht den Kopf ein und drängte rückwärts. Die beiden hatten weder einen Unfall gehabt noch irgendwelche negativen Erfahrungen miteinander gemacht, so daß dieses Verhalten nicht zu erklären war. Als ich das Pferd an die Longe nahm, wirkte es zunächst völlig verhalten, entspannte sich dann aber bald und begann zu laufen. Ich trieb es an, versuchte mit der Stimme den Kontakt zu verstärken und ließ es schließlich galoppieren, bis es heftig zu buckeln anfing und am Ende ganz übermütig dahinsprang. Seine Besitzerin wunderte sich nur: Derartiges habe sie seit Wochen nicht mehr erlebt. – Nachdem ich eine Weile so gearbeitet hatte, entließen wir das Pferd auf die Wiese.

Es wurde danach ein Reitunterricht verabredet, und die nächsten Stunden verbrachten wir fast ausschließlich mit Lockerungsübungen. Das zierliche schwarze Pferd blühte dabei richtig auf, begann im Rücken zu schwingen, strampelte mit großen Bewegungen durch die Halle und fühlte sich deutlich wohl. Auch die Reiterin schien immer lockerer zu werden, bis sie eines Tages zu erzählen begann, wie verzweifelt sie noch vor kurzem gewesen sei, so verzweifelt, daß sie ihrem Leben ein Ende bereiten wollte. Sie hatte es einfach nicht geschafft, sich jemandem anzuvertrauen. Vorausgegangen war, daß sie ihren Beruf aufgegeben hatte, um ihrem Partner in eine andere Stadt zu folgen. Sie hatte dann geheiratet. Die Ehe war kinderlos geblieben, ihr Mann baute seine berufliche Stellung weiter aus und kam dadurch nur noch selten nach Hause. Später erfuhr sie, daß er seit Jahren eine andere Beziehung hatte. Sie jedenfalls war immer einsamer geworden. Schließlich hatte sie fast keine sozialen Kontakte mehr. Da sie auch keine neue Arbeit gefunden hatte, kam sie kaum noch „heraus", führte lediglich den Haushalt und igelte sich immer mehr ein. Vor zwei Jahren hatte sie schließlich wieder angefangen zu reiten und kurz darauf dieses Pferd gekauft. Dem galt nun ihre volle Zuneigung, und ihre Erleichterung war groß, daß es jetzt wieder in Ordnung kam.

Es stellte sich dann weiter heraus, daß die immer stärker werdenden Suizidgedanken zeitlich mit der Tendenz des Pferdes übereinstimmten, nur noch rückwärts zu gehen. Damit spiegelte das Pferd die Tendenz seiner Reiterin, sich (vom Leben) zurückzuziehen. Als wir nun dem Pferd dazu verhalfen, wieder vorwärts zu gehen und die Lust am Laufen neu zu entdecken, kam auch seine Besitzerin wieder in Kontakt mit ihren eigenen strömenden Energien und wurde frei für den vorwärts gerichteten Blick in die Zukunft. Nach weiteren zwei Monaten unserer Zusammenarbeit erklärte mir die Frau eines Tages, dies werde nun wohl unsere letzte Stunde sein, sie habe eine neue berufliche Anstellung gefunden und werde dazu mit ihrem Pferd umziehen, sie fühle sich jetzt auch stark genug, endlich die überfällige Trennung von ihrem Mann durchzustehen.

In dem vorliegenden Fall war es gar nicht notwendig, das Problem gesondert und in Extra-Sitzungen anzugehen. Die Lösung zeichnete sich in dem Moment ab, in dem die Energien wieder in Fluß kamen. Während der Arbeit am Pferd schöpfte seine Besitzerin wieder Mut, sie wagte es, über ihre Situation nachzudenken, und konnte dann dafür die Worte und die Lösung selbst finden. Dieses Beispiel ist in seiner Art sicher einmalig. Es läßt uns aber wieder einmal erkennen, daß – wenn die Beziehung zwischen Reiter und Pferd nur nahe genug ist – die sogenannten „Macken" eines Pferdes oftmals nichts anderes sind als das genaue Spiegelbild für die Wunden seines Besitzers. Und wir erkennen weiter, daß in der Arbeit mit dem Pferd gleichzeitig auch die Chancen zur Heilung liegen. Im allgemeinen wirkt sich die von lebendigen Energien erfüllte Beziehung zum Pferd bereits im Vorfeld heilsam auf die Seele aus, ist bereits Therapie, noch vor jedem geführten Erkenntnisprozeß.

Beziehung und Bindung als therapeutische Voraussetzung

In unserem Beispiel wurde als therapeutische Voraussetzung die gute Beziehung zum Pferd genannt. Ihr kommt hier sicher ein besonders hoher Stellenwert zu, weil fast alle menschlichen Beziehungen zerbrochen waren. Beziehung und Bindung aber sind generell für unser menschliches Leben notwendig und formend, und das hohe Maß an Vereinsamung in unserer Zeit, bedingt auch durch diffuse Glaubenssätze, nach denen einer *alles allein* machen zu müssen glaubt, ist sicherlich eine der häufigsten Krankheitsursachen. Der englische Psychiater John Bowlby teilt in seiner „Bindungstheorie" Forschungsergebnisse mit, nach denen Leben bei Säugetieren und beim Menschen durch Bindungen nicht nur wesentlich geprägt, sondern überhaupt erst möglich wird. Er bezeichnet „Beziehung und Bindung" als Grundbedürfnisse, auf einer Stufe mit denen von Nahrungsaufnahme und Sexualität. Ferner beschreibt er unzählige Krankheiten des Gemütes und des Körpers, die in Folge zerbrechender Beziehungen oder gestörter Bindungen aufgetreten sind. Auch in der psychotherapeutischen Arbeit Bert Hellingers wird immer wieder deutlich, wie in Bindung oder „Hinwendung" starke Energien fließen und in Fluß gehalten werden wollen. – Unter diesen Aspekten kommt unserer Reitausbildung noch einmal erhöhte Bedeutung zu, insofern als sie eine Bindung zum Pferd aufbaut und damit zu einer starken Energiequelle wird.

Wir stellen immer wieder mit Staunen fest, wieviel wir in der Ausbildungsstufe „Schwung" in psychosomatischer Hinsicht lernen können. Der Schwung bringt uns in Kontakt mit unseren lebendigen Energien, er „beschwingt" uns, und indem wir hier den Anschluß gewinnen, schöpfen wir insgesamt Mut für unser Leben, für besondere Aufgaben und Herausforderungen ebenso wie für unseren Alltag. Lebendigkeit und Energiefluß sind fast gleichbedeutend, denn wenn der Fluß zum Erliegen kommt, ersterben auch die Lebenskräfte. Während wir also unsere Reitausbildung absolvieren, unsere zunehmende Selbständigkeit spüren, unsere wachsenden Freiräume, unseren immer sicherer werdenden Umgang mit dem Pferd, erhalten wir obendrein noch ein überwältigendes Geschenk auf unserer persönlichen Ebene: Den Mut, unser Leben zu leben! – Das können wir anfangs noch gar nicht fassen! Nach dem, wie wir erzogen sind, halten wir einen solchen Reichtum, wie er in einem solchen Lebenswillen zum Ausdruck kommt, meist nicht für möglich – und schon gar nicht für uns – das kann doch einfach nicht sein! Wir sind gewohnt, bis zur Selbstaufgabe zu *geben*. Aber für uns selbst etwas *anzunehmen*? Es lohnt sich an dieser Stelle einmal die üblichen Gepflogenheiten und Erziehungsmuster zu überdenken. Bei uns gehört es zum Beispiel zum „guten Ton" bescheiden zu sein, keine Geschenke anzunehmen (höchstens sehr kleine!), Komplimente und Anerkennungen von vornherein als nicht verdient abzulehnen, ja sogar jede Art von Dankesbezeugungen zurückzuweisen. „Da nicht für!" heißt es in manchen Gegenden oder: „Keine Ursache!" So werden unlebendige Floskeln hin- und hergeschoben, wo ein lebendiger Dankesstrom, das heißt ein wärmender Energiestrom von Mensch zu Mensch fließen könnte!

Einmal glaubte ich, nicht recht gehört zu haben, als ich mich bei meinem Lehrer in den USA bedankte und statt der erwarteten Abwehrformel zu hören bekam: „You are welcome. – Du bist willkommen." Wieso das, und gerade mir? – Später, im Wörterbuch fand ich, daß dieses „You are welcome" als Antwort auf einen Dank ein gebräuchliches, aber im Grunde nichtssagendes Idiom ist, nicht viel anders als „keine Ursache". Wie schade! Doch gleichzeitig war ich fasziniert von dem sprachlichen Bild, das da zur Verfügung stand, und ich war fest entschlossen, mir dieses Erlebnis zu bewahren. Bei unserer nächsten Begegnung erzählte ich meinem Lehrer davon, auf welcher Ebene ich seine Antwort verstanden und wie mich dieses „You are welcome"

*Schwung –
Der Energiestrom verbindet uns mit unseren Ressourcen*

berührt hatte. Er hörte gut zu und sagte dann mit einem feinen Lächeln: „Take it literally – nimm es wörtlich." Seitdem achte ich sehr auf den Energiefluß in unserer Kommunikation, auch der beiläufigen. Wie oft und gedankenlos blockieren wir hier Energieströme statt sie in Schwung zu bringen! Auf jeden Fall können Dank und Dank-Annehmen Türöffner sein. „You are welcome!" Derjenige, der den Dank ausspricht, präsentiert sich ja in seinem eigentlichen Selbst, also soll sich auch derjenige, der den Dank annimmt, ebenso zeigen, und die Energie kann fließen. – – Wie weit trägt uns der Schwung, der uns in der Reitausbildung erfaßt?!

Auch beim Lob handelt es sich um einen ähnlichen Vorgang, verbunden mit ähnlichen Schwierigkeiten. Haben Sie einmal darauf geachtet, wie Menschen sich auch da häufig zurückziehen? „Ach, das war doch gar nichts Besonderes!" Deshalb ist es manchmal so schwierig, einen anderen zu loben. Wir öffnen nämlich auch damit eine Tür, wir wagen es, uns zu zeigen – und müssen doch gleichzeitig fürchten, daß der andere diese Tür wieder zustößt, indem er sich selbst „bedeckt" hält: „Das ist doch nicht der Rede wert!" Doch! Das ist der Rede wert! Nichts ist so sehr der Rede wert wie die menschliche Kommunikation, und es ist ein arger Lebensverlust, wenn sie abgebrochen wird und der Energiestrom versiegt. In ähnlicher Weise ist es beim Reiten schlimm, wenn da kräftig an den Zügeln gezogen wird. Übertragen auf unser Leben können wir sagen: Jedesmal, wenn wir im Zusammensein mit anderen Menschen absichtlich oder gewohnheitsmäßig – gedankenlos den Energiestrom blockieren, fügen wir uns selbst einen großen Schaden und unnötigen Schmerz zu! Im anderen Fall erwüchse uns Stärke – allein dadurch, daß die Energien in Fluß geraten und wir mit unseren Ressourcen verbunden sind.

Für die Blockaden, die uns von unseren Lebensquellen trennen, für unsere Minderwertigkeitsgefühle und Versteckspiele lassen sich fast immer plausible biographische Ursachen aufspüren. Doch die Ursachenforschung hilft wenig. Oft hatte ich Patienten, die kreativ waren und voller guter Ideen steckten, diese aber niemals umsetzen konnten, weil ihnen einfach der Lebensmut fehlte. Tief in ihrem Inneren fürchteten sie, zu viel Aufmerksamkeit auf sich zu ziehen, hatten Angst davor, daß dann alle Leute auf sie schauten. Eine solche Angst und Zurückhaltung bringt tatsächlich den Fluß der menschlichen Energie ins Stokken, und die therapeutische Hilfe muß dann auf Wege führen, die diese wieder zum Fließen bringt. Sicherlich gibt es viele solcher Wege, aber ich kenne keinen effektiveren als den in der Reitausbildung und speziell in der Arbeit am Schwung, weil sich die Einsichten hier unmittelbar über die direkte Körpererfahrung vermitteln. Die „energischen Impulse" durchdringen im Rhythmus auch den Reiter. Sie durchdringen ihn, und gleichzeitig setzt er sie. Ein Wechselspiel also von Einsatz und Bestätigung. Was könnte geeigneter sein, um unseren Mut und unser Selbstvertrauen zu stärken?

Das folgende Beispiel erzähle ich gern, weil es zeigt, welche Wirkung eine Reitausbildung haben kann, wenn der Reiter sich wirklich auf sie einläßt. Ich weiß, daß es ein einmaliges Beispiel ist, und füge immer hinzu, daß ein so schneller Erfolg nicht in jedem Falle zu erwarten ist: Die Frau kam mit ihrer vierzehnjährigen Schimmelstute in meinen Unterricht. Das Pferd war ihr „über den Kopf gewachsen" und ließ sich kaum noch reiten. Nun sollte es verkauft werden. Da es in gute Hände kommen sollte, mußte sich sein Verhalten wenigstens soweit ändern, daß es sich anständig reiten ließ. Bald stellte sich allerdings heraus, daß die Stute in ihrer scheinbaren Widersetzlichkeit lediglich Ängste ihrer Besitzerin widerspiegelte. Eine erste Phase unserer Arbeit bestand deshalb aus verschiedenen Übungen des mentalen Trainings, mit denen es der Reiterin allmählich gelang, wieder die Führung ihrer Stute zu übernehmen. Bereits zu diesem Zeitpunkt wurde deutlich, daß der geplante Verkauf keine gute Lösung gewesen wäre, da die Bindung zwischen Mensch und Pferd sehr tief war. In den Mittelpunkt des eigentlichen Reitunterrichtes rückte nun die Arbeit am Schwung. Immer wieder ging es darum, die Stute *vorwärts* zu reiten und die Tempi der einzelnen Gangarten herauszuarbeiten – entgegen der Tendenz des Pferdes, sich zu verhalten. Beiläufig erfuhr ich jetzt die Einzelheiten aus dem Leben der Reiterin: beruflich war sie hoffnungslos festgefahren, ihre familiäre Situation glich einer Eiszeit, und sie selbst fühlte sich leer und ausgelaugt. Nach einem halben Jahr berichtete sie, sie habe einen neuen Arbeitsplatz, die Schwierigkeiten in der Familie wären gelöst und sie selbst fühle sich ihrem Leben wieder gewachsen. Immer, wenn sie nicht wisse, wie es gerade weitergehen solle, stelle sie sich ihre Reitstunde vor und wiederhole für sich: „Reiten Sie *vorwärts!*" – und dann falle ihr auch gleich eine Lösung ein.

Abbau der Energieblockaden – positive Leitbilder

Doch die Effektivität der Reitausbildung für die Menschenbildung hat noch einen weiteren Grund. Wenn wir nämlich genau hinschauen, können wir erkennen, daß Menschen überall dort, wo sie von ihrem Energiestrom abgeschnitten sind, durch innere Negativbilder blockiert werden: „Ich kann nicht erzählen", – „Wenn ich nicht so klein wäre ...", – „Für mich als jüngstes Kind der Familie war eben nicht mehr genügend Kraft da" – oder (eine ganz schlimme Sackgasse): „Wenn ich jetzt zeige, was ich wirklich kann, dann ertragen die anderen mich nicht länger" – und wie die unser Selbstbewußtsein zerstörenden inneren Botschaften und Einwände noch heißen mögen. Die menschliche Gesellschaft nimmt im allgemeinen Rücksicht auf derartige Selbstdarstellungen und spielt das so inszenierte Rollenspiel durch reduzierte Erwartungen und Schonung mit, so daß der Betreffende sich relativ unbehelligt in seinem nicht gewagten Leben und seiner Schwäche ansiedeln kann: „Ich bin nun einmal so!" Nicht so beim Pferd! Es ist nicht zu ziviler Höflichkeit verpflichtet und bleibt unbeeindruckt von all unseren Ausreden und Entschuldigungen. Es sagt nicht: „Ich nehme Rücksicht auf deine Schwächen, mein lieber Reiter, und folge dir trotzdem", sondern verlangt einfach starke und sichere Führung. Also bleibt uns gar nichts anderes übrig als uns von unseren negativen Leitbildern so schnell wie möglich zu verabschieden, unsere negativen Schutzvorkehrungen aufzugeben und uns auf den Weg zu machen zu unserem eigentlichen Selbst und innerlich so kongruent zu werden, daß wir dem Pferd gewachsen sind. Gerade dadurch aber erhalten wir aus unserem unmittelbaren Tun heraus die notwendige und unser Selbstvertrauen aufbauende Bestätigung. Nicht etwa von dem Therapeuten, sondern direkt vom Pferd bekommen wir die unverfälschte Rückmeldung, wie weit wir in unserer inneren Entwicklung gekommen sind, wir bekommen Anerkennung und Kritik. Dadurch erfahren wir hilfreiche Lern- und Wachstumsimpulse und erobern uns so im Umgang mit dem Pferd und insbesondere durch die Arbeit am Schwung unsere persönliche Kompetenz.

Und dadurch, daß wir uns auf diesen Weg machen, haben wir die Chance zu Erfolgserlebnissen zu kommen und zu neuen positiven Bildern, die die alten negativen Vorstellungen verdrängen. Das geht aus den Worten einer Lehrerin hervor, die sagte, sie brauche, wenn sie in irgendwelche Schwierigkeiten gerate – mit Schülern oder Kollegen – nur daran zu denken, wie sie damals die Situation gemeistert habe, als der „Donner" mit ihr durchgehen wollte: schon fühle sie sich der Aufgabe gewachsen. – Oder wir gewinnen auch Anschluß an die positiven Leitbilder unserer Vergangenheit wie ein anderer Reitschüler, der erzählte, er fühle sich nach dem Reiten immer so wie damals als Neunjähriger, als er bei einem Flugwettbewerb mit seinem selbstgebauten Drachen den ersten Preis seiner Altersklasse gewann.

Ein anderes Beispiel zeigt, daß wir durch die Reitausbildung nicht nur Lebensmut gewinnen, sondern daß auch umgekehrt unser Mut und unser Selbstvertrauen unsere reiterliche Qualität befördern. – Einmal kam ich dazu, als eine junge Frau ihr Pferd, mit dem sie bisher nicht recht „in Schwung gekommen" war, in der Halle „laufen ließ". Sie hatte ihm Gelegenheit gegeben, sich die Beine zu vertreten. Dieses junge Pferd war aber eindeutig in Spielstimmung und nicht bereit, das Spiel zu beenden. Es rannte in der Halle von einer Ecke in die andere, wartete, bis seine Besitzerin herankam, um dann wieder auf und davon zu preschen. Auf diese Weise vertrat sich die Besitzerin weit mehr die Beine als das junge Pferd, eine an sich schon mißliche Situation, da die Spielregeln ganz offensichtlich allein vom Pferd bestimmt wurden. Dann allerdings spitzte sich das Geschehen zu, als die junge Stute nun ihre Besitzerin aufmerksam – fast möchte man sagen mit einem spitzbübischen Gesichtsausdruck – beobachtete und von Mal zu Mal deutlicher mit einem Hinterfuß zuckte, sobald sie näher herankam. An dieser Stelle mischte ich mich ein. Ich verwies auf das ungehörige Betragen des Pferdes, das eindeutig die Rangordnung zu seinen Gunsten zu verändern suchte, und bestand darauf, hier unverzüglich die Ordnung wiederherzustellen. Also nahm die Besitzerin all ihren Mut zusammen und touchierte mit der langen Longierpeitsche, mehr als daß sie da-

Selbstvertrauen und Führungsstärke

mit geschlagen hätte, die Kruppe des Pferdes. Erstaunlich war danach der Gesichtsausdruck bei Mensch und Tier! Die Stute hatte offensichtlich eine solche Reaktion herausgefordert und jetzt endlich bekommen - sie wirkte keineswegs erschreckt, sondern eher wie erlöst. Von diesem Augenblick an war sie friedlich und gut zu handhaben. Die Besitzerin aber war vollkommen überrascht. Sie hatte sich bis dahin eine solche Entschiedenheit nicht zugetraut und schaute sich Hilfe suchend nach mir um. Erst als ich ihr versicherte, daß dieser „Schlag" dem Pferd nicht wehgetan, sondern im Gegenteil eine heilsame Notwendigkeit dargestellt hätte, begann sie zu verstehen. Sie zeigte von jetzt an eine große Sicherheit in der Führung ihres Pferdes, und bald war es eine Freude, sie „im Schwung" mit ihrem Pferd arbeiten zu sehen.

Der scheinbare Schwung

Nicht alles aber, was nach Schwung aussieht, ist auch wirklicher Schwung. Wir treffen - häufig auf Auktionen! - immer wieder auf Pferde, die ihre Beine durch die Luft zu werfen scheinen, bei denen der einfühlsame Betrachter das Gefühl hat, irgendetwas stimme in den Bewegungsabläufen nicht. Das Pferd erscheint durch akzentuierte Willensimpulse zur Aktivität getrieben, befindet sich aber nicht in dem rhythmisch fließenden Energiestrom, seine Bewegungen wirken nicht frei und raumgreifend, sondern fast eilig, etwas rastlos, gespannt und gewollt. Ein solches Pferd erweckt den Eindruck, unter seinem Reiter zu „strampeln". - Für den geschulten Beobachter ist es deutlich, daß hier ein Eindruck erweckt werden soll, daß aber die erforderliche systematische Aufbauarbeit, die allein zu einem wirklichen Schwung führen kann, fehlt. Das sagt noch nichts über die Qualität des Pferdes, nur muß eben die aufbauende Arbeit von Grund auf nachgeholt werden. Dann aber kommt es unter Umständen zur Entfaltung eines Schwunges von erstaunlicher Ausstrahlung und großem Ausdruck. In diesem Beispiel ist es der Reiter, der sein Pferd in die Aktion treibt und im Grunde einen Schwung vortäuscht. Vielleicht wird er getrieben von Erfolgsdruck und Ehrgeiz - letzten Endes sind seine Energieströme blockiert.

Solche Stockungen und Stauungen der Energieströme beruhen oft auf negativen Selbstbewertungen und Ablehnungen - das mag für den einen das Körpergewicht sein, für den anderen seine

Größe, für wieder einen anderen seine Vergangenheit – all dieses schwächt unseren Mut und blockiert unseren Energiefluß. Türen zusperren und sie im folgenden auch verschlossen halten, kostet viel Kraft! Wir können unsere Aufmerksamkeit unter einer solchen Bedrückung niemals frei auf das Hier und Jetzt konzentrieren, weil wir unsere Kräfte ja permanent dafür einsetzen müssen, einen Teil von uns unter Verschluß und Kontrolle zu halten und ständig die inneren Grenzen zu überwachen, damit nicht das womöglich ans Tageslicht gelangt, was unserem Ansehen schaden oder uns verraten könnte.

Abbau der Energieblockaden – Re-Integration der abgespaltenen Teile in uns

Erst wenn wir lernen, auch den Teil in uns, den wir für „böse" oder „schlecht" oder „häßlich" halten, zu akzeptieren, öffnen sich die Türen und inneren Zugänge, und wir werden frei. Es gibt dazu das schöne Beispiel von einem Reiter, der mit dem Reiten nicht zurechtkam, weil er es nicht wagte, seine Körperfülle dem Pferd zuzumuten. Erst als er begriff, daß nicht etwa durch sein Gewicht, sondern durch seine Zaghaftigkeit die Irritation beim Pferd entstand, dieses sogar den engen Kontakt suchte, konnte der Reiter sich darauf einlassen und kam auf diese Weise bald zu einem sehr schönen Sitz, in dem das Wohlbehagen von Roß und Reiter seinen Ausdruck fand. Er hatte gelernt, zu seiner Körpererscheinung „ja" zu sagen. – Muß ich erwähnen, daß sich bald auch diese Erscheinungsform wandelte, und zwar zu einer sympathisch vollschlanken Figur, die er von da an mit schönstem Selbstbewußtsein ausfüllte?

Solche Re-Organisationen und Integrationen werden zum Beispiel in den neueren Konzepten zur Gewichtskontrolle, ebenso wie für Problemlösungen in der Psychotherapie oder sogar auf zwischenmenschlicher Ebene in verschiedenen Formen des Kommunikations- und Verhandlungstrainings professionell angewendet.

Ähnlich liegen die Verhältnisse bei Suchtkranken. Jeder, der sich mit Suchtfragen beschäftigt, weiß, daß das Betäuben einer seelischen Not dem Schließen einer Tür gleichkommt und immer auch die Kräfte lähmt, und zwar genau die Kräfte, die einer bräuchte, um sich seiner Not zu stellen und diese zu überwinden. Im weiteren Verlauf wächst dieser Druck, sich zu betäuben, weiter an, und entsprechend erlahmen die Kräfte, so daß ein Teufelskreis von Dosissteigerung und Kräfteschwund entsteht. Das „Mit seiner Sucht auf die Straße gehen" ist dann oft der letzte Ausweg und ein Zeichen dafür, daß sich die eigene Hilflosigkeit die Gelegenheit erhofft, auf die Not, die einst durch unerwünschte, abgespaltene Teile und deren Ausgrenzung entstanden ist, hinzuweisen und dadurch doch noch zu einer Integration zu kommen und eine Lösung herbeizuführen.

Zusammenfassend: In der Arbeit am Schwung können wir viele wichtige Entdeckungen für uns selbst machen. Zunächst sind es wieder die, die wir schon häufig gemacht haben, daß die Pferde unser Verhalten spiegeln. Jede Verspannung, alles Wollen, alles Kämpfen läßt sie eilig statt schwungvoll treten. Jetzt kommt aber die Frage nach der Energieblockade dazu. Diese können wir nur auflösen, wenn wir selbst in einen lebendigen Fluß, in den Energiefluß hineinkommen. Damit dieser spürbar uns (und das Pferd) durchdringt, müssen wir lernen, und das ist im Schwung sicher eine der wichtigsten Aufgaben, freundlich zu uns selbst zu sein, auch das scheinbar Ungeliebte und Abgewertete in uns liebevoll zu bejahen und zu akzeptieren, es zu integrieren und damit die Türen wieder zu öffnen. – Dadurch erleben wir selbst einen wichtigen Befreiungsprozeß und ein starkes inneres Wohlgefühl.

Dann wieder wird sich herausstellen, daß sich in uns, während wir den Schwung aus unseren Pferden herausreiten, „von selbst" und ohne daß wir dieses noch methodisch besonders programmieren, eine so vielleicht vorher noch nie erfahrene Ich-Stärke aufbaut.

Aufbau einer gesunden Ich-Stärke

Erinnern wir uns, daß wir in unserer Kindheit ein gesundes Ich-Gefühl besaßen, bevor es dann bei vielen von uns durch die Erziehung geschwächt und in mancherlei Hinsicht diskriminiert wurde. In dem Spiegel, den uns die Pferde anbieten, haben wir jedoch die Chance, diese gesunde Ich-Stärke wiederzufinden und sie als die Haltung eines Menschen zu erkennen, der gut für sich selbst sorgen, der die Verantwortung für sich übernehmen kann und dabei – ganz nach Art einer Leitstute – immer auch die anderen im Auge behält. Ich möchte hier herausstellen, daß die Arbeit am Pferd eine Ich-Stärke zu entwickeln hilft, die wesentlich geprägt ist von Mut, Selbstvertrauen und fließender Energie und im lebendigen Spannungsfeld von Beziehung und Bindung zu leben versteht. Wer eine solche Ich-Stärke gewonnen hat, muß nicht befürchten, als egoistisch oder „ich-süchtig" eingeordnet zu werden oder als jemand, der das eigene Ich für den Nabel der Welt hält.

Im Grunde sind die Wege und Irrwege unseres Ich-Verständnisses bereits in den Märchen schlüssig erläutert. Und so läßt sich in ihrer Bildsprache auch für uns heute manch ein Zusammenhang wiederentdecken. Wir wissen inzwischen längst, daß es sich bei vielen Märchen keineswegs nur um „nette Geschichten" zum Zeitvertreib handelt, sondern um erzählte Bilder, die allgemeingültige Entwicklungswege des Menschen beschreiben. Carl Gustav Jung hat hier wohl die entscheidende Pionierarbeit geleistet, indem er die Wesen und Gestalten der Märchen als „Archetypen" beschrieb und ihre grundsätzliche Bedeutung herausarbeitete.

Märchenpferde und ihre Reiter

Aber für uns ist die Erkenntnis doch einigermaßen verblüffend, daß es in vielen Märchen gerade die Pferde sind, die für den Entwicklungsweg des Helden oder der Heldin eine so wichtige „tragende" Rolle spielen. Wie oft unterstützen gerade sie ihre Reiter auf einem entscheidenden Weg! Im „Eisenhans", in „Meiner Treu", im rumänischen Märchen vom „Birnbaum" (und in vielen weiteren Märchen) geben sie sogar die entscheidenden Hinweise, machen Mut, eröffnen neue Möglichkeiten, helfen Schätze zurückzuerobern und letztlich auch dabei, herauszufinden, wer jeder von uns in Wirklichkeit ist!

Wer sich auf dieser Bildebene den Geheimnissen seiner Seele nähert, wird dabei noch vieles weitere entdecken, was in unserer Betrachtung zu kurz kommen muß, abgesehen davon, daß jeden Menschen sein eigenes individuelles Märchen beschäftigen würde und sich hier keine allgemein verbindlichen Aussagen treffen lassen. Übrigens erzählen die Märchen auch davon, wieviel Überwindung und auch Mut es kostet, Ungeliebtes ins Leben zu integrieren, zum Beispiel einen Frosch bei sich aufzunehmen und zu lieben als Bedingung dafür, daß Erlösung und Verwandlung geschieht!

Mit diesen Gedanken haben wir bereits eine ganzheitliche Arbeit eingeleitet, die im Grunde schon zur Versammlung gehört. Ein ganzheitliches Wohlgefühl gehört aber andererseits auch zum Thema „Schwung" und wird hier mit Staunen und Freude als Glück erfahren.

KAPITEL 5
Geraderichten

Sei deines Pferdes Gang unter dir wie die Bahn eines Sterns. In deiner fühlenden Hand, in deinem schwingenden Leib, in deinen schwebenden Herzen liegt Kurve und pfeilgerader Weg, liegt Anfang und Ende, liegt die unermessliche Poesie der Bewegung, liegt die lebendige Kraft.

Rudolf G. Binding

Während die Arbeit des ersten Ausbildungsjahres der Entwicklung der Schubkraft des Pferdes diente, geht es im zweiten Jahr darum, seine Tragkraft zu entwickeln, dazu dienen Geraderichten und Versammlung. In der Ausbildungsskala wird als nächste Stufe das Geraderichten benannt. Doch was versteht man darunter, und weshalb ist es notwendig?

Geradegerichtet werden kann nur etwas, was vorher schief war. Tatsächlich weisen die meisten höher entwickelten Säugetiere eine schiefe Körperhaltung auf und bewegen sich unbewußt mit einem Drall nach einer Seite hin. So ist es auch bei den Pferden, und je nachdem, welche Seite sie nutzen, unterscheidet man auch bei ihnen Rechts- und Linkshänder. Für den Menschen hat man herausgefunden, daß der Rechtshänder in der Regel nach links tendiert, in einem Kreisbogen linksherum zu seinem Ausgangspunkt zurückläuft, wenn er sich beispielsweise in der Wüste verirrt hat oder sich ohne Orientierung und Korrekturmöglichkeit durch seinen Gesichtssinn in fremdem Gelände zurechtfinden will. Weiter wird bei Rechtshändern meistens das linke Bein als Absprungbein und der rechte Arm zum Schwungholen genutzt. Bei Linkshändern erfolgen die entsprechenden Bewegungen entgegengesetzt. Interessanterweise liegt die statistische Wahrscheinlichkeit für die Rechts- oder Linksprägung bei allen Säugetiergruppen in einem ähnlichen Bereich: Von den Menschen sind etwa neunzig Prozent Rechtshänder, bei den Pferden fünfundsiebzig bis neunzig Prozent, sogar für Delphine fand man eine ähnliche prozentuale Verteilung.

Beobachter von Wildpferden beschreiben, daß diese in der Steppe ebenfalls in großen Bögen nach links zu laufen pflegen (Stefan von Máday), und bereits wenige Stunden nach ihrer Geburt bevorzugen Fohlen eine bestimmte Seite beim Galoppieren, meistens den Linksgalopp. Jeder Reiter weiß auch, daß die meisten Pferde in Linkskurven leichter zu reiten sind. Dazu gehört die Erfahrung, daß ausbrechende Pferde ebenfalls die linke Seite bevorzugen und sich auf der rechten Seite „hohl" machen, wenn sie zum Beispiel beim Springen ein Hindernis verweigern oder im Wald erschrecken und zur Seite springen.

Rechts- und Linkshändigkeit

Inzwischen hat die Forschung herausgefunden, daß die Voraussetzung für eine Rechts- oder Linkshändigkeit im Gehirn veranlagt ist. Kinder neigen zu schweren Irritationen, wenn sie gezwungen werden, trotz ihrer Linkshändigkeit rechts schreiben zu lernen. Die cerebrale Bedingung gilt auch für Säugetiere und erlaubt nicht mehr länger die Annahme, daß eine bevorzugte Seitigkeit nur aus der Lage des Embryos im Mutterleib zu erklären sei, die dann auch für die ausgeprägten Asymmetrien, besonders im Bereich der Halswirbelsäule und der Sprunggelenke bei Fohlen, verantwortlich wäre. Es scheint vielmehr so zu sein, daß der Embryo wegen der cerebral bedingten Asymmetrie seines Skelettsystems die entsprechende Haltung in der Gebärmutter einnimmt.

In der weiteren Entwicklung werden durch die unterschiedliche Beanspruchung dann auch die Muskeln der rechten und linken Körperseite mit ihren vielfältigen Aufgaben verschieden ausgebildet. Beim rechtshändig veranlagten Menschen sind Fingerfertigkeit, Geschicklichkeit, Beweglichkeit und sicheres Gefühl mit dem rechten Arm verbunden. Die linke Seite sorgt dagegen für den Gegenhalt und hat meistens die Aufgaben auszuführen, die einen mehr statischen Einsatz von Kraft erfordern. Zum Beispiel hält die linke Hand das Papier fest, auf dem wir schreiben, hält das Glas oder die Flasche, die wir aufschrauben müssen, oder stützt den Körper ab, wenn wir in unbequemer Haltung handwerkliches Geschick einsetzen wollen. Deshalb finden wir auch bei allen Menschen, die nicht für einen entsprechenden Ausgleich sorgen, einen deutlichen Unterschied der Schulter- und Rumpfmuskulatur, meistens mit erheblichen Verspannungen der

Gegenseite. Dabei haben es Rechtshänder besonders schlecht, weil diese Verspannungen auf der linken Seite auftreten, nämlich auf der Herzseite, so daß hier manchmal ein Herzinfarkt imitiert wird, und solange der Betroffene nicht weiß, was die Ursache seiner Schmerzen ist, können seine an sich schon starken Schmerzanfälle obendrein noch von großen Ängsten begleitet werden. Bei Linkshändern treten diese Schmerzen eher auf der rechten Seite auf und weisen dadurch klarer in die diagnostisch richtige Richtung.

Wenn wir uns jetzt näher anschauen, welche Bewegungen genau ein Pferd ausführt, das ein „Rechtshänder" ist, das also links herum besser läuft als rechts herum, dann bekommen wir wieder die Diagonalen in den Blick: Zum rechten Vorderfuß gehört der linke Hinterfuß und umgekehrt der rechte Hinterfuß zum linken Vorderfuß. Diese Diagonalen haben wir bei der Besprechung der Gangarten bereits kennengelernt, im Trab und Galopp sind sie klar zu erkennen, im Schritt bei genauem Hinsehen ebenfalls. Weil die Pferde aber so groß sind und die meisten Bewegungen sehr schnell durchführen, ist es günstig, sich daran zu gewöhnen, diese selektiv zu sehen, das heißt, die volle Aufmerksamkeit auf ein einzelnes Bewegungsmerkmal zu richten, um dann, wenn sich der Blick ausgebildet hat, diese Wahrnehmung wieder in das gesamte Bild einzugliedern. Auch an laufenden Hunden können Sie diese Diagonale gut beobachten und dabei die schiefe Körperhaltung deutlich erkennen.

Um der Klarheit willen suchen wir jetzt beim Pferd die Gangart aus, in der eine der Diagonalen deutlich bevorzugt wird, nämlich den Galopp. Als wir uns im ersten Kapitel die Grundgangarten klarmachten, sprachen wir darüber, daß es den Rechts- und den Linksgalopp gibt, jeweils entsprechend der Schulter des Pferdes, die im Sprung weiter nach vorne ausgreift, also die linke Schulter im Linksgalopp. Schauen wir uns den Linksgalopp noch einmal genau an: erst springt der rechte Hinterfuß, dann die Diagonale linker Hinterfuß – rechter Vorderfuß, schließlich der linke Vorderfuß. Es folgt die Schwebephase und die Landung wieder in dieser Reihenfolge: rechter Hinterfuß, Diagonale links hinten – rechts vorne und zuletzt der linke Vorderfuß.

Der Reiter behindert zunächst die natürliche Wendigkeit seines Pferdes und muß sie durch Gymnastik wiederherstellen

Dabei kommt die natürliche Schiefe, die asymmetrische Körperhaltung des Pferdes, ins Spiel: Das unausgebildete Pferd mit einer Veranlagung zum „Rechtshänder" (entspricht dem rechten Vorderfuß) wird am liebsten im Linksgalopp laufen und selbst in engen Wendungen seine Lieblingshaltung nicht aufgeben. Dabei bewegen sich rechtes Hinterbein und linker Vorderfuß auf einer gebogenen Linie in der Bewegungsrichtung. Die Beine der dominanten Diagonale, also links hinten und rechts vorne, sind dagegen schräg zur Bewegungsrichtung gestellt und können so die auf einer Kreislinie wirksam werdende Zentrifugalkraft abfangen. Wilhelm Blendiger berichtet dazu, daß fünfundsiebzig Prozent aller Abnützungslahmheiten den rechten Vorderfuß betreffen und entsprechend am linken Hinterbein etwa doppelt so viele Lahmheiten wie am rechten auftreten. Er beschreibt damit aus der Sicht des Tierarztes die Folgen davon, daß bei Reitpferden das Geraderichten oft nicht genügend berücksichtigt wird.

Diese „natürliche Schiefe" bietet dem wild lebenden Pferd eine gute Möglichkeit, auf der Flucht auch schnell durch enge Kurven zu laufen. Plötzlich auftauchende Gefahren – oder beim zivilisierten Reitpferd die „Gespenster im Busch" – veranlassen ein Pferd, sich nach der rechten Seite „hohl" zu machen und sich dabei reflexartig über die linke Körperseite zu schieben. Es verlagert sein Körpergewicht nach links, bekommt den rechten Hinterfuß zum Angaloppieren frei und kann mit dem dominanten diagonalen Beinpaar kraftvoll vorspringen. Mit diesem Manöver wirft sich das Pferd sehr effektiv nach links in die Fluchtrichtung. Dabei darf man dieses „Sich-hohl-machen" nach der rechten Seite nicht mit einer Biegung nach rechts verwechseln: Das Pferd verlagert nämlich sein Gewicht auf die linke Schulter und kann sich aus dieser Position in eine energische Linksbewegung hineinwerfen. Als Reiter merkt man einen deutlichen Unterschied, ob ein Pferd „sich hohl" macht, sich dem Kontakt und dabei den Einwirkungen entzieht, oder ob das Pferd in der Kooperation bleibt und sich in seiner Längsachse geschmeidig und willig biegt.

Während also die „natürliche Schiefe" beim Wildpferd die Wendigkeit und Beweglichkeit in ihrer Urform unterstützt, wird sie für das Reitpferd, das auch noch das Gewicht eines Reiters zu tragen und auszubalancieren hat, zu einer Gefährdung. Es droht, in diesem Bewegungsablauf zu stürzen oder mindestens seine Gelenke erheblich zu überlasten, da die Beine der dominanten Diagonale zwar kräftig gebaut, aber nicht für das zusätzliche Reitergewicht und die damit zusätzlich wirkende Zentrifugalkraft eingerichtet sind. Wollte das Pferd sein Gleichgewicht in der ursprünglichen Schiefe halten, ginge das gewaltig zu Lasten seiner Gesundheit, seines Bewegungsablaufes und seines Schwunges.

Auf diesem Hintergrund müssen wir an das Geraderichten schon vom ersten Moment an denken, wenn wir mit Pferden zu tun haben. Das Geraderichten aus der gymnastischen Arbeit heraus, wie es im zweiten Teil der Ausbildungsskala angesprochen wird, erfolgt erst im zweiten Ausbildungsjahr, wenn Takt, Losgelassenheit, Anlehnung und Schwung bereits sicher beherrscht werden, aber wir können es spielerisch schon früher vorbereiten, indem wir die rechte wie die linke Seite gleichmäßig berücksichtigen und das Pferd von beiden Seiten ansprechen. Es muß lernen, daß ihm Trense oder Sattel von links wie von rechts aufgelegt werden und es sowohl von der linken als auch von der rechten Seite geführt wird. Traditionell und „korrekt" werden Pferde zwar von der linken Seite geführt und gesattelt, aber darüber setzen wir uns hinweg, und da Pferde Gewohnheitstiere sind, sollen sie sich eben an beide Seiten gewöhnen.

Auch wenn das junge Pferd gerade den Sattel kennengelernt hat und nun beginnt, an der Longe zu arbeiten, bleibt die gleichmäßige Berücksichtigung der beiden Körperseiten wichtige Grundregel. Schon jetzt sollte sorgfältig darauf geachtet werden, daß immer wieder besonders die schwierige Seite geübt wird. Wenn es also einem Pferd leichter fällt, linksherum zu laufen, dann ist es hilfreich, zunächst mit den angenehmen Übungen zu beginnen, die ein Erfolgserlebnis zulassen, und dann sollten die Übungen mit der schwierigeren Seite folgen.

Es ist für uns immer wieder eine neue Entscheidung, welche Aufgaben und Übungen wir unserem Pferd in der jeweiligen Situation zumuten. Zwar lassen wir nie einen Zweifel an unserer eindeutigen Führungsrolle, doch geben wir auf dieser Grundlage dann auch wieder Raum für eine gewisse Eigeninitiative des Pferdes, geben ihn bewußt, damit das Pferd Spaß und Gefallen an der jeweiligen Arbeit finden und sich nach seinen Möglichkeiten entfalten kann. Denn auch Tiere können ihren Mut verlieren – und damit einen wichtigen Teil ihres Selbst und ihres seelischen Schwunges.

Kooperation als wichtige Voraussetzung für das Geraderichten

Die Stute Arabella, von der ich Ihnen schon viel erzählt habe, arbeitet am eifrigsten in genau diesem Spielraum unserer Arbeit. Grundsätzlich versuche ich so zu reiten, daß die Pferde nicht vorherahnen, welche Übung „gleich dran ist". Die Gangarten, die Tempi und die Figuren werden vielmehr ganz aus dem Moment heraus gefunden. Arabella aber, die sich äußerst feinsinnig auf ihre Reiterin einzustellen weiß, errät dennoch oft vorher, wie es weitergehen soll. Wenn sie dann von sich aus abwendet oder angaloppiert, muß ich in jedem einzelnen Fall unterscheiden, ob sie mich jetzt sozusagen unterbrechen und selbst die Führung übernehmen will oder ob sie sich so auf mich einstellt, daß sie eben meine „Gedanken liest" und es besonders gut machen will. Im ersten Fall muß ich korrigieren. Im zweiten aber wäre die Korrektur für das Pferd irritierend. Ich tue also gut daran, den Impuls des Pferdes aufzugreifen und die eigenen Hilfen modifizierend darauf abzustimmen, dem Pferd also zu signalisieren: „Ja! Das wollte ich auch gerade sagen." – In einer solchen Situation würde ich in der Arbeit mit dem Pferd – bei einer ansonsten klar festgelegten Rangordnung – auch einmal eine gewisse „Partnerschaft" zulassen. Wären die Pferde immer nur in einer strikten Abhängigkeit, könnten sie sich nicht wirklich entfalten und würden womöglich die Lust verlieren, noch weiter mitzuspielen. In ihrer Ausbildung ist es daher eine wichtige Aufgabe – und dieser Punkt gehört wesentlich in den Zusammenhang des Geraderichtens – immer das richtige Maß zu finden zwischen rechts und links, aber auch zwischen Forderung und Kooperation, zwischen Pflicht und freier Entfaltung, so daß auch das Pferd seinen Möglichkeiten entsprechend in das gemeinsame Arbeitsbündnis einsteigen kann.

Es gehört also ausdrücklich zu unserem Übungsprozeß, gelegentlich einmal nachzugeben, damit das Pferd sich ermuntert fühlt, seine Möglichkeiten, seine Stärke, seinen Erfindungsreichtum und seinen Mut im Rahmen der Spielregeln auszuprobieren. Zu den Spielregeln gehört allerdings, daß es niemals seinen Willen gegen den ausdrücklichen Willen des Reiters durchsetzen darf. Hier darf es kein Ausprobieren geben. Hier muß der Mensch immer und eindeutig die Führung behalten, es könnten sonst gefährliche Situationen entstehen.

Doch warum das junge Pferd an der Longe nicht einmal rechtsherum beginnen lassen, wenn es das anbietet? Oder linksherum, wenn es das möchte? Pferde lieben zwar eine gewisse Regelmäßigkeit, aber gelegentlich auch die Abwechslung. Normalerweise beginnen wir unsere Arbeit im Schritt, doch was spricht dagegen, diese Normalität einmal auszusetzen, wenn es warm genug ist und das Tier heute Lust hat zu traben? Natürlich, das erste Geraderichten besteht in der Gewöhnung an die gleichmäßige Arbeit auf beiden Seiten, „auf beiden Händen". Ein „Erholungstag", an dem ausnahmsweise auch einmal nur kurz und mit der „angenehmen Seite" gearbeitet wird, kann aber dazu beitragen, die gute Laune des Pferdes zu erhalten und seine weitere Mitarbeit zu sichern.

Und auf diese Mitarbeit sind wir im Ausbildungsprozeß einfach immer wieder angewiesen, besonders wenn es hier darum geht, die „natürliche Schiefe" geradezurichten. Diese ist zwar im Gehirn des Pferdes angelegt und verankert, wird aber durch bestimmte Übungen und vor allem durch psychologische Gewöhnung ausgeglichen. Dieser Vorgang ist immer ein sensibler Balance-Akt. Wir erinnern uns daran, daß das Pferd nach seiner Anlage ein Fluchttier ist. Das heißt, daß ihm jede Beeinträchtigung in bezug auf die Beweglichkeit seines Körpers schon als lebensbedrohlich vorkommen muß. Sich dagegen auf der sicheren Seite zu bewegen, also in den meisten Fällen auf der linken, stärkt sein Selbstvertrauen. Hier erlebt das Pferd seine Stärke, wie schnell es laufen, sich bewegen und „Kurven kratzen" kann. Um so wichtiger ist es, das Pferd auch an die „schlechte" Seite so lange zu gewöhnen, bis sich hier ebenfalls Mut, Spaß und vertrauensvolle Mitarbeit einstellen.

Gehen wir davon aus, daß die Grundlagen inzwischen genügend herausgearbeitet wurden, dann müssen wir uns jetzt einem weite-

Das Geraderichten in der Längsachse

ren Aspekt des Geraderichtens zuwenden. Bisher haben wir nur über die verschiedenen Seiten gesprochen. Der andere Aspekt ist das Geraderichten in der Längsachse. Dieses folgt konsequent aus der sorgfältig aufgebauten Gymnastizierung beider Körperhälften und der gleichmäßigen Entwicklung von Kraft und Beweglichkeit. Wenn das Pferd zur Balance seiner zwei Seiten gekommen ist, rechts wie links gleichermaßen die Muskulatur für Kraft, Ausdauer und Gelenkigkeit in Koordination gebracht hat, dann ist auch die Voraussetzung für ein Geraderichten in der Längsachse geschaffen.

Rechts und Links aufeinander abzustimmen, ist für uns Menschen aufgrund der Rechts- oder Linkshändigkeit noch einfach nachzuvollziehen. Was aber ist mit dem Vorne – Hinten? Diese zweite Dimension der Schiefe entsteht daraus, daß die Schultern des Pferdes schmaler sind als seine Hüften, kurz, daß es vorne schmaler ist als hinten. Verglichen mit dem menschlichen Körperbau entspricht die Anatomie des Pferdes eher dem weiblichen Skelett des Menschen mit seiner relativ breiten Hüfte und dem schmaleren Schultergürtel. Für den Gang des Menschen entsteht daraus keine Beeinträchtigung, da er nur mit seinen zwei „Hinterbeinen" geht. Auch für den Vierfüßler entsteht daraus noch kein Hindernis. Erst wenn dieser Vierfüßler ein Pferd ist, das ein Reitergewicht zu tragen hat und zusammen mit diesem zu schönen, gleichmäßigen und kraftvollen Bewegungen kommen soll, dann hat er eine besondere Aufgabe zu lösen. Aufgrund dieser vom Knochenbau her abzuleitenden Vorgabe finden wir nämlich für die Hinterhufe ein breitspuriges, für die Vorderhufe ein schmalspuriges Setzen der Füße.

Die natürliche Schiefe verläuft dreispurig

Zu welchen Schwierigkeiten das führt, wird uns klar, wenn wir beispielsweise zuschauen, wie jemand mit einem jungen Pferd rechts herum in der Reithalle arbeitet. Wir sagen dann, daß er „auf der rechten Hand reitet". Das unausgebildete Pferd wird sich instinktiv an der Bande orientieren, sich dort „anlehnen" wollen, das heißt, es wird versuchen in der Reitbahn mit dem linken Vorderbein im selben Abstand zur Begrenzung zu laufen wie mit dem linken Hinterbein. Dadurch, daß aber das Becken breiter ist als der Schultergürtel, ergibt sich eine gemeinsame Spur für das linke Vorder- und Hinterbein, eine eigene Spur für das rechte Vorderbein und noch einmal eine eigene Linie, eine dritte Spur für das rechte Hinterbein. Das Pferd lehnt also seine Vorhand an der Bande an und dreht seine Hinterhand in die Bahnmitte hinein. Diese Art, sich zu bewegen, sieht immer ein bißchen ungeordnet und linkisch aus, ihr fehlt die Geschmeidigkeit. Bei einem Fohlen wirkt in diesem Bild noch eine Art natürlichen Charmes, unter dem Reiter jedoch fällt sofort die fehlende Balance ins Auge – und was eben noch fohlenhaft spielerisch wirkte, stört jetzt, wirkt schwerfällig und mühsam. Manchmal kommt es mir vor, als zeichne sich unterschwellig in einer solchen Bewegung, vorzeitig und wie vorweggenommen, etwas von dem später einsetzenden Verschleißprozeß ab, was den Betrachter innerlich einfach abstoßen muß. Gemäß der Schiefe der Längsachse wird das Pferd außerdem versuchen, sich einer vermehrten Belastung seiner Hinterbeine – und besonders des schwächeren zu entziehen. Dadurch läßt sich ein solchermaßen schief gehendes Pferd nicht vollständig an die Hilfen des Reiters heranstellen, es wird sein Gewicht auf eine Seite schieben, sich dort gegen den Zügel lehnen und den Zügel der anderen Seite zu ignorieren versuchen. Besonders wenn es an körperliche Grenzen stößt, wird es sich verspannen und versuchen, das fehlende Gleichgewicht zu ersetzen und dabei das schwächere Bein „durch die Bewegung zu mogeln". Es ist klar, daß jedes Bemühen, den Schwung zu erarbeiten, durch solche Blockaden des Energieflusses abgebremst wird.

Bevor wir nun zu den einzelnen Übungen kommen, die das Pferd aus seiner natürlichen Schiefe in die Geraderichtung führen, nehmen wir einmal das Ergebnis vorweg und sehen uns an, was traditionellerweise unter einem geradegerichteten Pferd verstanden wird. In dem ersten Band der „Richtlinien für Reiten und Fahren" der Deutschen Reiterlichen Vereinigung heißt es:

Die traditionelle Definition des Geraderichtens

> „Bei einem geradegerichteten Pferd wirkt die Schubkraft der Hinterhand voll in Richtung seines Schwerpunktes. Umgekehrt können auch nur dann (wenn das Pferd geradegerichtet ist) verhaltende Hilfen des Reiters über Maul, Genick, Hals und Rücken bis zur Hinterhand richtig durchkommen und gleichmäßig auf beide Hinterbeine wirken."

Das ist die zusammenfassende Kurzversion dafür, daß das Pferd durch konsequente Gymnastizierung gelernt hat, sein Körpergewicht (und das seines Reiters) gleichmäßig auf seine beiden Körperseiten zu verteilen und seinem Reiter erlaubt, die Vorhand auf die Hinterhand „einzuspuren". Wie das zu geschehen hat, erfahren wir dadurch noch nicht, wohl aber, daß dieser Ausbildungsabschnitt eng verwandt ist mit dem vorhergehenden „Schwung" und der nachfolgenden „Versammlung". Die Wirksamkeit der Schubkraft findet nämlich im „Schwung" ihren Ausdruck, und wenn die „Schubkraft der Hinterhand voll in Richtung seines Schwerpunktes" wirken soll, so muß dazu die „Versammlung" angelegt sein, in der das Pferd lernt, mit den Hinterbeinen weiter unter seinen Schwerpunkt zu treten und dort die Last aufzunehmen, so daß seine Vorderbeine entlastet werden.

Stellenwert in der Ausbildungsskala

Immer wieder gibt es Diskussionen, welches die „richtige" Reihenfolge in der Ausbildungsskala sei. Dabei sind die einzelnen Elemente so eng miteinander verzahnt, greifen so dicht ineinander, daß es kein ausgeprägtes Vorher oder Nachher geben kann. Losgelassenheit und Anlehnung, Vertrauen und Kontakt sind zum Beispiel in der Praxis nicht voneinander zu trennen, und so hängen auch Schwung und Geraderichtung ebenso miteinander zusammen wie Schwung und Takt. Der Schwung will angelegt werden, kann sich aber erst vollständig entfalten, wenn das geradegerichtete Pferd mit den Hinterbeinen unter seinen Schwerpunkt tritt und so die Impulse geschmeidig und beweglich umsetzen kann. Das Geraderichten will ebenfalls entwickelt werden und kommt erst zur vollen Geltung, wenn die Energie des Schwunges durch die Bewegungsabläufe hindurchstrahlen kann. Und so wird sich die Arbeit immer auf den Bereich konzentrieren, der gerade gefördert werden will, der gerade in die Entfaltung drängt, und die jeweilige Vorrangigkeit muß in der Praxis immer wieder neu hinterfragt und neu entschieden werden.

Dennoch spricht einiges dafür, die Entwicklung des Schwunges vorrangig gegenüber dem Geraderichten zu betreiben. Denn für die Arbeit am Geraderichten setzen wir viele Arten von Vorwärts-Seitwärtsbewegungen ein, bei denen immer die Gefahr droht, daß ein zu gering entwickelter Schwung wieder verkümmert. Es muß wenigstens ein sicherer Ansatz von Schwung zur

Verfügung stehen, sonst droht die Bewegungsenergie des Pferdes bei diesen Übungen zu völligem Stillstand zu kommen.

Längst ist uns bei dieser Arbeit deutlich geworden, daß auch auf der menschlichen Ebene die beiden Themenkreise von Schwung und Geraderichten, von Energiefluß und Gleichgewicht auf das engste miteinander verknüpft sind, sich gegenseitig bedingen und ebenfalls immer wieder neu gegriffen werden wollen. Insofern zeigt die Arbeit mit dem Pferd jetzt wieder unseren nun schon bekannten doppelten Boden. Bleiben wir aber zunächst noch beim Pferd. Hier ist die Arbeit inzwischen anspruchsvoller geworden, insofern als wir gelernt haben, ihre Auswirkung deutlicher wahrzunehmen. Fehlende oder schwankende Durchlässigkeit sind am Pferd ebenso wie eine fehlende Anlehnung nun nicht mehr zu übersehen und werden auch für den Reiter immer deutlicher spürbar. Und genauso fallen auch fehlender Schwung oder mangelhafte Geraderichtung dem Betrachter immer genauer erkennbar ins Auge. Anfangs war alles vielleicht nur ein Gefühl, daß „irgendetwas hakt". Auch wurde der jeweilige Mangel in der Wahrnehmung des Reiters manchmal noch verdrängt, möglicherweise wunderte er sich nur darüber, daß bestimmte Übungen nicht gelingen wollten, und setzte in einem solchen Fall statt des Hinspürens und Korrigierens einfach nur mehr Kraft ein – mit dem merkwürdigen Ergebnis, daß das „Pferd sich heute so fest macht". Aber eines Tages erkennen wir: Das Pferd, indem es sich verspannt, gegen den Zügel geht, sich im Genick verwirft, gegen den Schenkel „quengelt" oder nicht mehr taktrein tritt und unaufmerksam wird – je nach Temperament und Art – es tut nichts anderes, als daß es die Mängel unbestechlich widerspiegelt und in Fehlern ausdrückt, die wir auf der Ebene der vorausgegangenen Ausbildungselemente begehen.

Doch wie erreichen wir das Geraderichten? Auch dieser Prozeß orientiert sich daran, wo sich das Pferd gerade von seiner Ausbildung her befindet. Zunächst wird man alle Übungen, die man mit dem Pferd auf einer Hand erarbeitet, genauso auch auf der anderen Hand üben. Die nächste Anforderung bilden die Hufschlagfiguren, jene gedachten Linien am Boden, die durch die Bewegung des Pferdes möglichst sorgfältig nachgezeichnet werden sollen, denen sich das Pferd in seiner Längsachse möglichst

Hufschlagfiguren als Richtschnur des Geraderichtens

genau angleichen soll: große und kleine Kreise (Zirkel, Volten), gerade Linien entlang der Außenbegrenzung oder frei durch die Bahn (Wechsellinien) oder schließlich die verschiedenen „Schlangenlinien" mit ihren unterschiedlich ausgeprägten Biegungen und Wendungen. Dabei lernen beide – Reiter und Pferd – zwischen rechts und links zunehmend geschmeidig zu wechseln.

An dieser Stelle müssen wir kurz innehalten und uns mit den Definitionen von „innen" und „außen" beschäftigen: Solange wir uns entlang der äußeren Bahnbegrenzung auf der rechten oder linken Hand bewegen, ist alles ganz einfach. Wenn wir links herum in der Bahn reiten, befinden wir uns auf der linken Hand, das Pferd ist dabei in der Regel nach links, also nach innen zur Bahnmitte gestellt. Für den Anfang ist das eine gute Faustregel: die Hand, die zur Bahnmitte zeigt, ist die „innere", nach ihr erfolgt die Stellung des Pferdes. Sobald wir aber die äußere Begrenzung verlassen und uns frei durch die Bahn bewegen, reicht diese Regel nicht mehr aus. Jetzt merken wir uns, daß die Seite, nach der das Pferd gestellt ist, die „innere" ist.

Diese Definitionen von „innen" und „außen" mögen zunächst unnötig kompliziert erscheinen, warum spricht man nicht einfach von „rechts" und „links"? – Weil wir uns mit den Begriffen von innen und außen eine Orientierung im Raum verschaffen, und damit insbesondere für das Geraderichten eine wertvolle Unterstützung entwickeln. Wie gesagt, solange das Pferd an einer Begrenzung entlangläuft, wird es sich instinktiv an dieser Grenze orientieren, sich dort „anlehnen" – und auch der Reiter kann sich dort sicher fühlen. Sobald wir diese äußere Begrenzung aber verlassen und zur Bahnmitte abwenden, müssen wir die Grenze ersetzen. Dies geschieht mit dem äußeren Schenkel und dem äußeren Zügel. Mit ihnen gibt der Reiter sozusagen die Schiene vor, in der sich das Pferd bewegen soll, während der innere Schenkel für die Vorwärtsbewegung zuständig ist und der innere Zügel dem Pferd ein Zentrum der Aufmerksamkeit schafft. Bei den Übungen zum Geraderichten geht es darum, die rechte und linke Seite gleichermaßen zu gymnastizieren, wobei der Reiter seine Orientierung im Bezug zu „innen" und „außen" gewinnt und erhält.

Als wichtige Übungen zum Thema „Geraderichten" erweisen sich dann bald die Vorwärts-Seitwärtsgänge. In der Grundausbildung sind das vor allem die geraderichtenden, lösenden Übungen des Schenkelweichens, bei denen das Pferd sich mit gerader Wirbelsäule und leicht nach innen gestelltem Kopf im Winkel von etwa vierzig Grad zu einer gedachten Linie vorwärts-seitwärts bewegt und mit jedem Schritt die Beine überkreuzen läßt. Das Schenkelweichen kann für die Pferde eine so intensive Gymnastik darstellen, daß es nur mit den speziellen heilgymnastischen Übungen der Menschen verglichen werden kann – und sich tatsächlich auch in entsprechender Weise einsetzen läßt.

Eine achtjährige braune Stute konnte über mehrere Wochen nicht gearbeitet werden, weil sie einen „Einschuß", das ist eine Verletzung mit Blutvergiftung, am linken Hinterbein hatte. Sie wurde durch den Tierarzt versorgt und nach dessen Anweisungen behandelt, stand auf der Wiese und wurde so oft wie möglich geführt, um die Schwellung durch die Bewegung zum Abklingen zu bringen. Von sich aus machte die Stute keinen einzigen Schritt freiwillig. Schließlich befand der Tierarzt, die Sache sei abgeheilt und es gäbe keinen Schonungsbedarf mehr. Als sie jetzt wieder arbeiten sollte, stellte sich heraus, daß sie weiterhin lahmte, erbärmlich auf dem linken Hinterbein humpelte. In der Bewegungsanalyse zeigte sich dann, daß diese Lahmheit nicht von dem Bein, sondern aus dem Rücken kam. In der Zwischenzeit hatte sich nämlich die Rückenmuskulatur, die durch die Schonhaltung nur noch minimal benutzt worden war, einseitig zurückgebildet. Als die Stute mir vorgestellt wurde und ich aufgesessen war, wäre ich am liebsten sofort wieder abgestiegen, so schlimm fühlte sich der Bewegungsablauf an. Ganz behutsam versuchte ich, mich in die Situation hineinzuspüren und dabei herauszufinden, welche Bewegungsmuster die Rückenmuskulatur am ehesten wieder zur Mitarbeit anregen könnten. Mehr intuitiv als analytisch-theoretisch ableitend, fiel mir dazu aus den Bewegungen, die ich unter mir fühlte, das Schenkelweichen ein, ich gab die Hilfen dazu, und die Stute ging willig vorwärts-seitwärts. Dabei wurde aus der Humpelei unter mir erstmals wieder ein nahezu flüssiger Bewegungsablauf. Wir entschieden dann, diese Übungen jeweils nur kurz, aber konzentriert zu einem konsequenten Training über mehrere Wochen aufzubauen, um damit die Muskulatur wieder zum Mitmachen anzuregen, und bereits nach wenigen Tagen kam die Reiterin dieser Stute und berichtete, das Pferd mache seine Krankengymnastik sehr eifrig, biete sogar von sich aus die Vorwärts-Seitwärtsbewegungen an. Von solchem fleißigen Üben kann man in unserer Krankengymnastik nur träumen!

Noch intensiver wirken die Vorwärts-Seitwärts-Gänge, bei denen das Pferd in der Wirbelsäule, also in seiner Längsachse gebogen ist: Schultervor, das Reiten in Konterstellung, Verkleinern und Vergrößern des Zirkels, Schulterherein, Travers und Renvers. Ich will diese Übungen hier nicht im einzelnen darstellen, sie werden im Unterricht mit Sicherheit dann eingeführt, wenn sie an der Reihe sind und die notwendigen Voraussetzungen für Pferd und Reiter zur Verfügung stehen. Eine sehr gute theoretische Anleitung finden Sie dazu in dem Buch „Elemente der Ausbildung" von Kurd Albrecht von Ziegner. Jedoch ist es unabdingbar, daß diese Übungen in der ständigen Überprüfung durch einen guten Lehrer erarbeitet werden, da sich sonst allzu leicht Fehler oder Kompromisse einschleichen, die zwar irgendwie funktionieren, aber mit dem Reiten, wie wir es bisher entwickelt haben, wenig zu tun haben und deshalb insgesamt einen Rückschritt bedeuten.

Auch der Reiter muß seine natürliche Schiefe überwinden

Wie wir es eingangs schon angesprochen haben, hat auch der Mensch mit einer natürlichen Schiefe zu kämpfen, und da etwa gleiche Verhältnisse von Rechts- zu Linkshändern bei Menschen und Pferden herrschen, ist die Wahrscheinlichkeit eher gering, daß ein Rechtshänder einen Linkshänder reitet – oder umgekehrt – was helfen würde, die Schiefe auszugleichen. Wenn Sie unerfahrene Reiter beobachten oder Reiter unter Streß, wie zum Beispiel beim Abreiten vor einer Turnierprüfung, dann werden Sie feststellen, daß diese von sich aus dazu tendieren, nur noch und ausdauernd links herum zu reiten, falls nicht Eltern oder Lehrer von der Absperrung aus die entsprechende Korrektur leisten.

Als ich anfing zu reiten, konnte ich mir nicht vorstellen, jemals freiwillig rechtsherum zu reiten. Inzwischen weiß ich, daß die Rechtshändigkeit beim Reiter zwar im Gehirn verankert ist, in der Umsetzung auf die Beweglichkeit des gesamten Körpers

Abb. 12: Anders als hier im Bild wirkt die Schubkraft bei einem geradegerichteten Pferd voll in Richtung seines Schwerpunktes.

jedoch – genauso wie beim Pferd – eher ein psychologisches Problem darstellt, das sich aber in dem Augenblick lösen kann, in dem die Herausforderung angenommen wird, sich dieser Schiefe bewußt zu stellen und für den entsprechenden Ausgleich zu sorgen.

Zu Beginn ihrer Ausbildung fühlen sich die meisten Reiter auf der linken Hand wohler, als auf der rechten. In Wirklichkeit sitzen sie aber nicht links tiefer im Sattel, sondern rutschen ganz leicht auf die rechte Seite hinüber (darin werden sie von manchen Pferden unterstützt) und knicken ausgleichend in der linken Hüfte ein. Diese Haltung ist dem Rechtshänder vertraut und entspricht seiner „natürlichen Schiefe". Solange er links herum reitet, fühlt sich alles gut an, kann er die Hände einigermaßen ruhig halten und findet in die Bewegung der Pferderückens hinein. Dann kommt aber ein Handwechsel. Und was eben noch als vertraut empfunden wurde, scheint nun „hinten und vorne" nicht mehr zu stimmen, das Pferd verspannt sich, seine Bewegungen werden hart.

Die Korrektur besteht darin, die Hüfte geradezustellen, nämlich die äußere Schulter leicht nach vorne zu schieben, die innere Hüfte in die Bewegung mitzunehmen und dabei das Gewicht auf der inneren Seite zu halten. – Aha! Jetzt ist das rechte Bein plötzlich lang genug, der Sitz wird wieder ruhig und die Hände bekommen Zeit, sich an den Wechsel der Aufgabe zu gewöhnen. Und das Pferd? Es wird wieder zufrieden! Denn das waren genau die Hilfen, die es suchte, damit es sich selbst nach rechts stellen oder biegen konnte. Das Geraderichten des Reiters besteht also ebenso wie beim Pferd im gleichmäßigen Üben und Gymnastizieren der rechten und linken Körperseite, so daß schließlich kein Unterschied mehr zu bestehen scheint und der Reiter *zwei* „Schokoladenseiten" entwickelt. Genaugenommen besteht eine der wichtigsten geraderichtenden Lektionen in einem Übungsprogramm des Reiters, das ihm die *volle* Beweglichkeit seines Körpers erlaubt!

Möglicherweise gelingt es nicht, diese Beweglichkeit vom Pferd aus zu erreichen. Dann ist zusätzlich eine Gymnastik am Boden angesagt. Hier sind insbesondere Übungen nach Moshe Feldenkrais zu empfehlen, die ursprünglich genau auf diesen Ausgleich der rechten und linken Seite über ihre Verschaltungen im Gehirn entwickelt wurden. Auch Übungen, die das Gleichgewichtsgefühl verbessern, sind jetzt eine große Hilfe. Alle diese Übungen können Sie in Ihren Alltag einbauen und außerdem noch zusätzliche Sitzübungen an der Longe vereinbaren, bei denen Sie dann genügend Zeit und Ruhe haben, die einzelnen Bewegungsabläufe zu sortieren, sich entweder nur auf Ihre Hände oder auch nur auf Ihre Gewichtsverteilung, auf Ihre Beine – oder was sonst gerade eine Unterstützung braucht – zu konzentrieren.

Doch die Aufgabe des Geraderichtens erschöpft sich für den Reiter auf dieser Ausbildungsstufe nicht mit dem körperlichen Ausgleich, sondern weist in noch weitere Dimensionen. Es gilt jetzt nämlich noch die Divergenz zwischen den Vorstellungen in seinem Inneren und den Wahrnehmungen von außen auszugleichen, das heißt seine inneren Bilder in Übereinstimmung zu bringen mit der äußeren Erscheinung. – Jeder Mensch weiß, wie es sich anfühlt, wenn er geradesitzt. Aber stimmt dieses innere Erleben mit der Wahrnehmung von außen überein? Vielleicht haben Sie Gelegenheit, Ihren Sitz einmal mit einer Videokamera „einfangen" zu lassen, um anschließend das äußere Bild in aller Ruhe mit dem eigenen Erleben zu vergleichen. Stimmt das äußere Bild mit Ihrem inneren überein? Oder verstehen Sie jetzt Ihr Pferd besser, das sich an einer bestimmten Stelle immer „so fest" macht, zum Beispiel kurz vor dem Angaloppieren? Lassen Sie sich nicht entmutigen! Auch für jemanden, der Erfahrung mit Videokameras und sich schon oft im Film gesehen hat, ist es manchmal schwer, sich aus dieser Perspektive beim Reiten zu ertragen. Als ich die ersten Unterrichtsaufnahmen von mir erlebte, hätte ich am liebsten alles aufgegeben! Am Anfang sehen wir uns in der Regel in einem Video nicht objektiv, sondern von innen und von außen gleichzeitig. Dabei erleben wir die inneren Vorgänge als die eigentlichen und „wahren", und sie sind es, die jetzt weiterlaufen und das äußere Geschehen kommentieren, es beurteilen und kritisieren. (So streng könnte selbst Ihr schlimmster Feind das Video nicht verreißen, weil der trotz aller Boshaftigkeit niemals so viel sähe wie Sie!) Aber wichtig ist in unserem Zusammenhang: Sie beurteilen und kritisieren nicht nur, sondern Sie bekommen auch die entscheidende Hilfe. Wenn wir uns nicht entmutigen lassen, finden wir hier eine wunderbare Korrekturmöglichkeit, in der es nicht eher Ruhe geben wird, als bis die inneren und äußeren Bilder zur Übereinstimmung gebracht sind. Dieser Prozeß ist natürlich nicht nur für das Reiten relevant, denn nicht nur hier gibt es ein solches Geraderichten als Aufgabe, sondern auch in vielen anderen Bereichen unseres Lebens. Aber es gehört eben zu den Besonderheiten des Reitens, daß wir in seinem Lernprozeß vieles Wichtige und vieles Wunderbare gleichzeitig für unser Leben „einfach so" mitlernen und miterwerben.

Geraderichten – innere und äußere Bilder in Übereinstimmung bringen

Als eine sichere Hilfe für unser Geraderichten gilt, was ich vorhin schon für das Beobachten von Bewegungsabläufen beim Pferd ansprach: Greifen Sie sich Einzel-Aspekte heraus! Schauen Sie zum Beispiel einmal nur darauf, was Ihre Hände tun, einmal nur darauf, wie Ihre Beine mit der Pferdebewegung zusammenpassen, wie Ihre Schultern, und was geschieht mit Ihren Hüften? Versuchen Sie dabei, nur „von außen" zu sehen, trennen Sie das, was Sie dort sehen, von Ihrem inneren Erinnerungsbild, wenigstens für kurze Zeit. Später können Sie diese Bilder wieder zusammenführen, um Innenbild und Außenbild in Übereinstimmung zu bringen. Aber wichtig ist in diesem Prozeß immer, daß wir beide Pole so genau wie möglich kennenlernen. Zwischen diesen beiden Bildern besteht nämlich – wie zwischen allen Extremen, mit denen wir Menschen umgehen – ein Spannungsbogen. Und der will ausgehalten werden, was in den meisten Fällen ebenfalls zuerst einmal gelernt werden muß.

Geraderichten als Umgang mit Spannungsbögen

Geraderichten ist immer auch ein bewußter Umgang mit Spannungsbögen, wie denn überhaupt grundsätzlich jeder Spannungsbogen bewußt gemacht werden sollte. Immer gilt es hier, genau hinzuschauen, jeden Pol einzeln wahrzunehmen und als das andere Extrem ein und desselben Prozesses zu erkennen, so daß auf diese Weise eine lebendige Dynamik zwischen den beiden Extremen entsteht, die sich zu relativieren und zu verändern beginnt, bis dahin, daß die Spannung, die sich hier eben noch ausbreitete, allmählich zu einer begehbaren Brücke wird. Gelingt dieser Brückenschlag, so dürfen wir einen Prozeß erwarten, der uns zu äußerst wichtigen und hilfreichen Auseinandersetzungen und Erkenntnissen zu führen in der Lage ist. – Wir kehren zurück zu unserem Reiten und hier zu dem Spannungsbogen zwischen Innen- und Außenbild: Wenn wir diesen aushalten und ihn uns wirklich bewußt machen, bekommen wir mit der Zeit alle nötigen Informationen, die wir benötigen, um unsere „besondere" Haltung in ihrer Ursächlichkeit zu verstehen und auf unserem ureigenen Wege daran zu arbeiten, sie zu verbessern.

Hilfreich ist weiter, jede Gelegenheit zu nutzen, anderen Reitern bei ihrer Arbeit zuzuschauen. Lassen Sie deren Gesamtbild auf sich wirken: sind die Bewegungen fließend oder eher hart, stimmen Pferd und Reiter zusammen, welchen Gesichtsausdruck zeigen Pferd und Reiter, sind sie konzentriert? Was scheint das Besondere genau dieses Paares zu sein? Entwickeln Sie durch das Zuschauen ein Gefühl für Bewegung. Nicht nur das Lernen der Kinder ist im Wesentlichen ein Nachahmungslernen, und Sie dürfen sicher sein, daß Ihr inneres Gefühl für

Stimmigkeit Sie genau das Nachahmenswerte herausfinden läßt. Wenn Sie selbst auf dem Pferd sitzen, geht oft alles viel zu schnell, geschieht zu viel auf einmal, gibt es zu viel zu beachten und zu bedenken.

Eine schon ziemlich erfahrene Reiterin stöhnte einmal in meinem Unterricht: „Meine Güte, das ist ja so viel auf einmal!" Ich nahm die Gelegenheit wahr und antwortete: „Ja, Reiten ist die Kunst, sieben Dinge auf einmal zu tun." Einige Wochen später wiederholte sich die Situation in ganz ähnlicher Weise, nur diesmal sagte ich, es sei die Kunst, fünfzig Dinge auf einmal zu tun. Die Reiterin protestierte, letztes Mal hätte ich noch gesagt „sieben Dinge", und fügte dann hinzu: „Fünfzig ist wohl für den fortgeschrittenen Reiter?!" – Diese Vermutung kann ich nur bestätigen. Und gleichzeitig wachsen wir alle – Reiter und Pferde – immer weiter in die Bewältigung unserer Aufgaben hinein, und was uns gestern noch als unglaubliche Fülle vieler Einzelheiten im gesamten Bewegungsablauf erschien, wird heute bereits durch die Erfahrung und Gewöhnung selbstverständlich und einfach. Ähnlich wie beim Autofahren und eigentlich jeder anderen komplexen Tätigkeit würden wir den Verstand darüber verlieren, wenn wir uns in jedem Moment klar machen müßten, welche Muskeln für welchen Teilaspekt einzusetzen sind. Wenn wir einem Kind während der Autofahrt dauernd erklären wollten, wie das Kuppeln und Gasgeben funktioniert, gerieten wir darüber mit unserem gesamten Bewegungsablauf aus dem Fluß. Einen Tausendfüßler können Sie auch nicht fragen, mit welchem Fuß er eine Treppe hinaufzusteigen beginnt!

Allerdings: *Einmal* muß man die Sache begreifen! Und so ist es unerläßlich, daß die einzelnen Bewegungen zunächst auseinandergenommen, bewußt erfaßt und dann wieder zusammengesetzt werden. Und wie bereits gesagt: Zuschauen hilft, besonders wenn es sich um erfahrene Reiter handelt. Allmählich entwickeln wir, wenn wir ihnen zusehen, ein eigenes und selbstverständliches Bewegungsgefühl, indem wir die Muster immer mehr verinnerlichen. Je sicherer Ihr Bewegungsgefühl wird, desto besser können Sie sich darauf einlassen, das Pferd zu spüren, und werden dann die Spiegel an der Wand der Reithalle nur noch selten brauchen, um gelegentlich Ihre Wahrnehmung zu überprüfen.

Übrigens, beachten Sie, daß diese Spiegel mitunter auch nur ein verzerrtes Bild wiedergeben. Wenn Sie nämlich an der langen Seite reiten und den Kopf nach der anderen langen Seite drehen, um dort Ihren Sitz im Spiegel zu überprüfen, verlagern Sie Ihr Gewicht bereits nicht unerheblich – und geben dem Pferd damit das Zeichen zum Abwenden. Müssen wir uns dann noch wundern, wenn das Tier jetzt auf der Geraden plötzlich aus dem Takt kommt, sich dreht oder sich vielleicht in dem Augenblick verwirft, in dem es schnell wieder am Zügel zurechtgezogen wird?

Polaritäten in unserem Denkprozeß

Während wir uns als Reiter in diesem Prozeß mit unserer eigenen natürlichen Schiefe konfrontiert erleben und in der äußeren Bewegung am Ausgleich arbeiten, vollzieht sich in uns bewußt oder unbewußt auch eine innere Veränderung. Es ist, als ob in unserem Denken ebenfalls eine durch Polarisierung bedingte „Schiefe" herrscht, die genauso auf Ausgleich drängt wie die körperliche. Nach neurophysiologischen Untersuchungen geht man heute davon aus, daß das abstrakte, analytische Denken überwiegend in der linken Gehirnhälfte, das bildliche, ganzheitliche Denken überwiegend in der rechten Gehirnhälfte repräsentiert wird. Daraus wurden, allerdings sehr vereinfachend, Modelle entwickelt, die eine Zweiteilung des Menschen vorgeben, nämlich in eine rechte, helle und bewußte, systematisierende und rechnende Seite sowie in eine linke, dunkle und unbewußte, künstlerische und bildhafte, die jeweils durch die überkreuz liegende Gehirnhälfte beherrscht werden. Einer eingehenden wissenschaftlichen Prüfung hält diese Polarisierung des Menschen natürlich nicht stand, erstens, weil beide Gehirnhälften untereinander in vielfältiger Verbindung verschaltet sind, die eine ohne die andere gar nicht existieren könnte, und zweitens, weil auch die verschiedenen Körperregionen mehrdimensional miteinander verkoppelt sind. Es ist aber festzustellen, daß unser Denken doch weitgehend von derartigen Polarisierungen geprägt ist und fortwährend beeinflußt wird.

Polarisierungen – gesellschaftlich bedingt

Die Polarisierung der Körperhälften entspricht bestimmten gesellschaftlichen Konventionen und hat entsprechende Fixierungen und Verhärtungen in unseren Vorstellungen und Gedanken geschaffen. Beispielsweise gilt die linke Hand in manchen Religionen als unrein, während die rechte die „gesellschaftsfähige" ist und mit ihr die Hände geschüttelt werden. Auch im Englischen steht „right" sowohl für „rechts" als auch für „richtig", während das Gegenstück „left" sich aus einer Wurzel herleitet, die „träge" und „unnütz" bedeutet. Im Lateinischen wird „sinister" nicht nur mit „links", sondern darüber hinaus mit „ungünstig" und „Unheil kündend" übersetzt, wohingegen das dazugehörige „dexter" alle positiven Eigenschaften auf sich vereinigt, nämlich die Bedeutungen von „gewandt, geschickt" über „glück-, heilbringend" bis hin zu „passend, günstig". Mit der rechten Seite verbinden wir also Rechtschaffenheit, Gerechtigkeit, Richtigkeit, mit der linken Begriffe wie linkisch, link, gemein, betrügerisch. Im Evangelium des Nikodemus wird gesagt, daß der Dieb, der rechts von Jesus gekreuzigt wurde, das Königreich des Himmels erhalten sollte, der Dieb jedoch, der links den Kreuzestod starb, verdammt worden sei.

Und mit dieser historischen und kulturellen Extrapolation der äußersten Positionen geraten wir in immer neue extreme Gegenüberstellungen, bewertende Denkmuster und innere Spannungsbögen, meistens in solche von Richtig und Falsch oder von Gut und Böse. Es ist abenteuerlich, was sich da im Laufe der Zeit in unseren Köpfen ansammelte. Ist nicht das, was wir anschauen können, was berechenbare Tatsache, also real ist, nicht deshalb grundsätzlich „richtig" und damit auch „gut"? Während das, was von links her kommt, als unbewußt-fließend erlebt wird, als kreativ wuchernd, prozeßhaft und nicht direkt erfaßbar, – ist das nicht wahrscheinlich „nur" frei erfunden, eingebildet, also falsch und vielleicht sogar verwerflich und „böse"? Und so weiter, und so weiter. Und in der Nähe dieser Einteilungen und Fixierungen finden sich natürlich auch die Vorstellungen über eine Zuordnung der Geschlechter, wobei der Frau mehr der dunkle und unklare, jedenfalls der zweitrangige Anteil zufiel, von dem sich die Frauen bis heute nicht restlos befreien konnten (in manchen Ländern ist ihnen immer noch das Wahlrecht verwehrt). Der Mann dagegen steht als Erstgeborener der Schöpfungsgeschichte für das Recht und das Richtige an sich, beansprucht Macht und Weisheit sowie die gesellschaftliche Führung.

Verlust von Vielfalt, Buntheit und Natürlichkeit

Was bei derartigen Polarisierungen fast immer übersehen wird, ist jedoch die Tatsache, daß extreme Polarisierungen zwangsläufig in die Polemik führen und fast immer den Versuch darstellen, Machtstrukturen, beziehungsweise Schutzmauern gegen oft unbewußte Ängste aufzubauen. Dazu kommt noch: Wenn wir unsere Realität schlichtweg und ständig nach dem Schema „Schwarz – Weiß" beurteilen, gehen uns alle lebendigen Zwischenstufen, um im Bild der Farbe zu bleiben, alle Graustufen – und wichtiger noch – geht uns das gesamte Farbenspektrum verloren. Wo bleiben dann „grau" und „mausgrau", „hellgrau", „lichtgrau", „nebelgrau", „blaugrau" oder „grüngrau"? Stellen wir also die im Schwarz-Weiß zerstörte Ganzheit wieder für uns her, indem wir jetzt einmal einige ausgeklammerte Farben imaginieren, zum Beispiel Samtrot, Blattgrün, Himmelblau, Veilchenlila, Erdbeerrot, Kirschrot, Kanariengelb, Maigrün, Kobaltblau, Königsblau, Strohgelb oder Elfenbeinfarben. Sofort können wir spüren, wie wieder innere Prozesse in uns aufleben und uns lebendig werden lassen.

Auch für unseren körperlichen Bereich benötigen wir eine ähnliche Ausgleichsarbeit und Wiederherstellung der Lebensvielfalt. Denn auch heute noch bevölkern hier einige rigide Schwarz-Weiß-Muster die Landschaft und grenzen unsere Lebendigkeit aus. So war zunächst nur das „gut", was sich vom Herzen an aufwärts befand, alles darunter dagegen schlecht, peinlich und zur Verdammung bestimmt. Kopf und Gesicht, Denken und Sprechen, Herz und – bis zu einem gewissen Grade – Brust waren in unserem Werte- und Normensystem angesehen, alles aber, was sich darunter befand, wurde verdrängt und verfemt. Die Taille der Frauen wurde so stark geschnürt, daß die inneren Organe Schaden nahmen, der Bauch galt mindestens als peinlich, Becken und Schambereich waren nicht nur nicht gesellschaftsfähig, sondern durften eigentlich gar nicht existieren, und die Beine wurden noch zu Beginn des zwanzigsten Jahrhunderts in Familien, die auf sich hielten, nicht als solche benannt, sondern allenfalls als „Ständer". – Die natürliche Ganzheit des Leibes und des Lebens ging damit verloren.

Und jetzt kommen wir wieder zum Reiten: Sie werden es nicht für möglich halten, aber etwas aus diesen mittelalterlichen

Denkmustern spiegelt sich auch heute noch in der Reiterei wider. Dadurch, daß das menschliche Becken, der Schambereich oder die Oberschenkel nicht nur nicht gesellschaftsfähig waren, sondern eigentlich gar nicht existieren durften, haben wir bis heute nicht den angemessenen Umgang mit diesen Bereichen erwerben können. So können wir gerade in Reiterkreisen immer wieder erleben, daß harmlose oder neutrale Bemerkungen teils gewohnheitsmäßig, teils absichtlich in den sexuellen Bereich gezerrt werden. Gerade für uns Reiterinnen ist es deshalb wichtig, uns zu schützen, indem wir uns über die eigene Sexualität so weit wie möglich Klarheit verschaffen und ihr erlauben, zu uns zu gehören.

Spiegelung der Polarisierung in der Sprache der reiterlichen Ausbildung

Übrigens behalf man sich aus der Unfähigkeit, den nicht gesellschaftsfähigen Bereich des Körpers zu benennen, mit eigenartigen Wortschöpfungen und anatomischen Hilfsvorstellungen. Wollte man beschreiben, daß das Becken einseitig oder beidseitig angezogen werden sollte (Unanständig!), hätte man die Bauchmuskulatur (Gefährlich!) bemühen müssen. Also sprach man davon, daß die betreffenden Vorgänge vom „Kreuz" aus in Bewegung zu setzen seien. Das Kreuz ist zwar auch weit unten, aber immerhin noch dem weniger verfänglichen Rücken zuzuordnen. Noch schwieriger war es, die eigentliche Sitztechnik zu definieren. Nun, das anatomische Verständnis war vielleicht noch nicht so weit verbreitet, jedenfalls schuf man zu diesem Zweck den Begriff des „Sitzdreiecks", bestehend aus „den beiden Sitzknochen und dem Spalt" – und überließ es dem Reitschüler, sich unter „dem Spalt" vorzustellen, was immer ihm dazu einfallen mochte. Immerhin benutzte die Deutsche Reiterliche Vereinigung diesen Begriff noch 1985 in der dreiundzwanzigsten Auflage ihres ersten Bandes der „Richtlinien für Reiten und Fahren – Grundausbildung für Pferd und Reiter". Erst ein Jahr später wurde diese Darstellung korrigiert. Nun wurden als Auflagepunkte „die beiden Gesäßknochen und die mit ihnen in Verbindung stehenden Schambeinäste" genannt. Inzwischen, nach völliger Neubearbeitung, heißt es in verständlicher Weise: das Gewicht „wird auf beide Gesäßhälften und die innere Oberschenkelmuskulatur gleichmäßig verteilt."

Es ist der Verdienst der beiden Ärzte Heinrich und Volker Schusdziarra, die anatomischen Voraussetzungen der wegen ihrer Nähe zum Sexualbereich peinlich ausgesparten, aber für das Reiten nun einmal unverzichtbaren Körperteile bereits 1978 in ihrem Buch „Gymnasium des Reiters" sauber analysiert und in die bewußte Auseinandersetzung einbezogen zu haben. Damit haben sie die Voraussetzungen dafür geschaffen, daß die Bewegungen des Treibens und des In-der-Bewegung-Mitgehens überhaupt erst erklärbar wurden. Bis dahin galt als allgemeine Vorstellung, daß es eine Begabung für das Reiten gebe und daß es erlernen könne, wer diese Begabung habe, während die anderen eben nie über ein gewisses Niveau hinausgelangen könnten. Wer Glück hatte und als Kind aus seiner Bewegungsgenialität und noch unverbildeter Unbefangenheit heraus das Reiten erfaßt hatte, verfügte über eine solche Begabung. Reitenlernen für Erwachsene war dagegen nur in einem begrenzten Umfang möglich.

Hier liegt im übrigen auch heute noch die Erklärung für die „steife Mittelpositur", die so oft von den Richtern bei der Beurteilung des reiterlichen Sitzes kritisch angemerkt wird. – Wir müssen beim Reiten zu der Unbefangenheit zurückfinden, die uns erlaubt, die Muskeln des Beckens und der Hüften zu entspannen, gleichsam zu öffnen und uns ganz tief auf Bewegung, Rhythmus und Energie einzulassen, die uns der Pferderücken anbietet. Wir dürfen die Lebendigkeit auch in diesem Körperteil genießen und wollen sie uns – gerade als Frauen – nicht durch Verklemmungen vermiesen lassen.

Lassen Sie uns zusammenfassen: Wenn wir in der Vorstellung leben und reiten, daß alles, was „oben" ist, „gut", alles, was „unten" ist, dagegen „schlecht" sei, so bedeutet das, daß unendlich viel Ausgrenzung nötig ist, um diese veralteten Kategorien durchhalten zu können, und daß wir damit einen hohen Preis zahlen, nämlich den, unsere „Schiefe" zu fixieren statt sie in einen lebendigen Prozeß hineinzunehmen und aufzulösen, das heißt, uns geradezurichten.

Uns wird deutlich, daß die Auseinandersetzung mit der „Schiefe" im Reitenlernen zum Schlüsselerlebnis schlechthin werden kann, und zwar besonders dann, wenn wir nach den Veränderungen auf der körperlichen Ebene nun auch auf der seelischen die Erfahrung machen, welche Befreiung es bringt, uns hier ebenfalls auf die entsprechenden Prozesse einzulassen und zu lernen, extreme Haltungen und Vorstellungen aufzulösen und geradezurichten. Als Folge erleben wir eine ganz neue Ganzheitlichkeit, ergeben sich für uns ganz neue Lebensmöglichkeiten.

Spannungsbogen und Mitte

Wir kommen dann zum Beispiel in die Lage, festzementierte, zwanghaft eingegrenzte und verteidigte Extrempositionen aufzulösen, uns freizuatmen und wieder Weite herzustellen, anderes zu sehen und die ehemals fixierte „Festung" als nur einen Pol auf einem nun weiten Spannungsbogen mit vielen anderen lebendigen Standpunkten zu begreifen. Das Leben besteht aus vielen solcher Extrempole, zwischen denen sich aber Bögen spannen, auf denen wir uns frei bewegen und im jeweiligen Abwägen der wirksamen Zusammenhänge entsprechend neu und lebendig Stellung beziehen können. Sobald sich auf solche Weise ehemals unüberbrückbar erscheinende Gegensätze vorurteilslos aufeinander zubewegen, entsteht für uns ein Freiheits- und Handlungsraum mit ungeahnten Entwicklungsmöglichkeiten, ganz gleich, um welches Gegensatzpaar es sich dabei auch immer gehandelt haben mag.

Geraderichten auf der Ebene der Menschenschulung beschreibt den Prozeß, in dem wir lernen, die Extreme und verschiedenen Pole unseres Lebens zu sehen, sie auszuhalten und in dem dazwischen entstandenen Raum – aus dem Zentrum heraus – in stimmiger Weise unsere eigene Position zu beziehen. Die östlichen Lebensschulen nennen das „die Mitte finden" und verstehen darunter nicht etwa Mittelmäßigkeit oder eine punktuelle Mitte als fixen „Standpunkt", sondern ein konstruktives Gegenbild zu einem unzentrierten Aktionismus im Äußeren, dem wir in unserer heutigen Zeit in einer bedrohlichen Häufigkeit bis zu inzwischen längst pathologisch gewordenen Erscheinungsweisen zu erliegen drohen. Die Bilder von Menschen, die nur noch durch „den besonderen Kick", durch Thriller oder Drogen, im Erleben von berauschenden Gipfelerlebnissen und Highlights, im Geschwindigkeitsrausch oder in atemberaubenden Spekulationen und Exzessen ihre Befriedigung suchen, sind uns allen bekannt.

Identifikation mit einem Extrempol und Wiedergewinn von Mitte und Balance

Der Vollständigkeit halber muß in diesem Zusammenhang noch auf eine bestimmte Sonderform des Themas „Spannungsbogen" eingegangen werden, die uns in der psychosomatischen Praxis aber immer wieder begegnet. Wir haben es dabei mit Menschen zu tun, die so weit aus der Mitte geraten sind, daß sie in ihrem Bewußtsein keinen Spannungsbogen mehr erleben können, auch jeden weiteren Pol verleugnen oder abspalten und, gewissermaßen stellvertretend, sich selbst als ganze Person assoziativ mit *einem* Extrem identifizieren, sich darin hermetisch abkapseln – alles Umfeld als feindliches erleben – und dann überhaupt nicht mehr beweglich sind. Damit ist für diese Menschen eine Position entstanden, in der ihre Flexibilität und damit ihre Entwicklung und im Grunde all ihre Lebendigkeit blockiert ist und Vorstellungen von Freiheit und Autonomie keinen Platz mehr finden. Nichts geht mehr. Als Bild für ein solches Verhalten steht mir immer das etwa dreijährige Kind vor Augen, das im sogenannten „Trotz" vor Wut und Zorn, total mit seinem Unglück assoziiert und in seiner Ausweglosigkeit gefangen, trampelt, schreit und sich auf den Boden wirft. Hier gilt es, Auswege zu finden – Wege hinaus – in andere Möglichkeiten, eben die zweiten und dritten Möglichkeiten zu suchen, die aus der Extremposition befreien, auf daß der andere Pol gesehen werden kann, sich eben der ganze farbige, vielfältige Bogen des Lebens wiederherstellt.

Von der „Sucht" ist zu sagen, daß sie ein Extrembeispiel für eine solche absolute und zwangsläufige Identifikation darstellt. Im täglichen Leben begegnen wir jedoch vielen einfacheren, aber deshalb auch nicht gerade ungefährlichen Sonderformen, zum Beispiel denen, die „nur" durch Überlastung und Streß beziehungsweise unsensibles Umgehen mit dem eigenen Körper entstanden sind. Dazu erzähle ich Ihnen von einem Reiter, der eines Tages zu mir kam, weil er Schwierigkeiten mit seinem – ursprünglich gut ausgebildeten – Pferd bekommen hatte. Auf der rechten Hand ließ es sich fast nicht mehr reiten, machte sich steif, sprang zur Seite und war kaum zu bewegen, vorwärts zu gehen. Auf der linken Hand gab es diese Schwierigkeiten nicht. In der genauen Beobachtung zeigte sich, daß der Reiter sich immer dann, wenn er das Pferd beim Handwechsel nach rechts umstellte, korrekt bemühte, auch seinen Sitz entsprechend zu verändern, indem er die Zügel nachfaßte und die Lage der Beine der neuen Biegung anpaßte. Nur bei der Gewichtsverlagerung geschah etwas Eigenartiges: er rutschte zwar kurzfristig auf die rechte Seite hinüber, dann aber zog es ihn reflexartig – und ihm nicht bewußt – wieder nach links zurück, und er knickte leicht in der Hüfte ein. Wir arbeiteten einige Stunden daran, diesen Reflex aufzulösen, ich ließ mir immer neue Übungen einfallen – jedoch nichts half, der Reflex war stärker, die Flexibilität einfach verlorengegangen. Dann aber kam er eines Tages ganz aufgelöst zu seiner Reitstunde und mußte als erstes loswerden, was geschehen war. Zu Hause hatte sich eine lange bestehende Krise – als Folge seiner ständig wachsenden beruflichen Überlastung – weiter zugespitzt und bedrohte jetzt seine Ehe. Er erzählte von dieser Situation und auch davon, daß er seine Frau verstehen könne. Er sei so fertig, daß ihn schon „die Fliege an der Wand" störe. Dann faßte er alles mit den Worten zusammen: „Das Problem bin nämlich ich." Ich fragte ihn, wie er üblicherweise mit Problemen umgehe, und er sagte: „Die werden weggemacht." Er hatte sich mit seinem Problem so total assoziiert, persönlich identifiziert, daß er keinen Handlungsspielraum mehr erkennen konnte im Sinne unseres lebendigen Bogens, auf dem sich auch noch andere Möglichkeiten denken ließen. Es galt nun, aus diesem Teufelskreis herauszukommen und den Lebensbogen wiederherzustellen, zum Abstand, zur Dissoziierung zu finden.

In dieser Stunde bat ich ihn, einmal zu versuchen, sein Problem mit in den Unterricht hineinzunehmen und dafür mit seinem Pferd zusammen einen Ausdruck zu finden. Das Problem geriet damit aus der Identifikation mit der Person heraus und in eine distanziertere Dynamik. Wer kann schon assoziiert und „eingeschlossen" bleiben, wenn er sich mit Leib und Leben einem anderen Leib und Leben anvertraut?! – Im Verlauf der Stunde löste sich die Schwierigkeit mit der Gewichtsverlagerung. Wir verloren darüber keine Worte. Ich ließ ihn ständig Wechsel reiten, vermied aber den Ausdruck der „rechten Hand", sondern ließ ihn „*aus dem Zirkel*" und „*durch die ganze, beziehungsweise durch die halbe Bahn wechseln*". (Bildlich-verbaler Umgang mit Mitte und Wegen, Dissoziierungen) Der Reiter ritt „*Schlangenlinien*" in allen Variationen, konnte sich gut auf die Arbeit konzentrieren und das Pferd arbeitete zufrieden mit. Zur nächsten Stunde brachte dieser Mann seine Frau mit. Sie hätten eine Eheberatung aufgesucht und auch schon die ersten Ansätze dazu gefunden, neu aufeinander zuzugehen. – Inzwischen hat der Mann sein Geschäft umstrukturiert, einen Partner hineingenommen, und die Ehe hat sich „wieder eingerenkt".

Betrachten wir das eben angeführte Beispiel noch einmal genauer, so können wir erkennen, daß es dem Reiter plötzlich möglich war, sein Problem aus der symbiotischen Verkoppelung mit der eigenen Person herauszulösen und sich selbst im mittleren Raum eines neu gewonnenen lebendigen Bogens zu bewegen und auszubalancieren. In diesem Balanceakt ist es so, als ob die Schalen einer Waage beginnen, sich zu bewegen und sich je nach den verschiedenen Gewichten unserer Wünsche und Wertungen allmählich im Gleichgewicht einpendeln. Das Bild der Waage und der Balance erlaubt dem Menschen, sich als Person von dem Problem zu lösen, es mit Abstand vor sich auszubreiten und in befreiter Wahrnehmung anzuschauen und abzuwägen. Damit gelingt es auch, die abgespaltenen – nicht erwünschten – Lebensbereiche wieder aufzuspüren und einzugliedern. Solange der Reiter sich in der Extremsituation als „das Problem" definierte, trat er unbewußt – und deshalb um so wirkungsvoller – *selbst* an die Stelle der unerwünschten Lebensbereiche oder -qualitäten. Wundern wir uns dann noch darüber, daß die Zahl der autoaggressiven Erkrankungen, nämlich der Krankheiten, bei denen das Immunsystem körpereigene Zellen angreift und zerstört, in diesem Jahrhundert so stark zugenommen hat? Selbstverständlich handelt es sich dabei um ein zutiefst unbewußtes und nur selten dem Bewußtsein überhaupt zugängliches „Tun". Hier herrscht eine sehr feine Dynamik, die sich in den untersten Bewußtseinsschichten abspielt. Aber wir können einen Zugang dazu finden, wenn wir lernen, die Identifikation des Problems mit uns selbst aufzulösen, wenn wir Abstand, Bewegung und Spielraum schaffen und beginnen, die hilfreichen (und kreativen!) Botschaften aus der eigenen Tiefe zu hören und zu verstehen.

Das Geraderichten auf der Entwicklungsebene des Menschen ist demnach auch ein Integrationsprozeß, bei dem es darum geht, die abgespaltenen, verschütteten, nicht gewollten, verleugneten und geächteten Bereiche unserer Existenz aufzuspüren, neu kennenzulernen, abzuwägen, aufzuwerten und in das bewußte

Denken, Fühlen und Handeln aufzunehmen. Erst, wenn sich der Bogen wieder zwischen freien (nicht von der Person zwanghaft besetzten) Polen spannen läßt, bleibt genügend Platz für den Menschen, kann er den wirklichen Umfang seiner einmaligen Individualität ermessen. Erst wenn er aus der Spannung zurücktritt und beide Pole wahrnehmen kann, wird er auch die Energie, die dazwischen wirkt, spüren und aus der umfassenden Übersicht die Kompetenz erlangen, die eigene Position in einer für ihn stimmenden Weise zu beziehen.

In diesem Zusammenhang fällt mir eine Situation aus meinem Reitunterricht ein, die zeigt, wie es einer Reiterin in der geraderichtenden Arbeit möglich wurde, eine vernachlässigte Seite ihres Wesens wieder in ihre Persönlichkeit zu integrieren. Es handelte sich um eine sehr ehrgeizige Reiterin, die neu in meinen Unterricht gekommen war. Sie verlangte sich unendlich viel ab, so daß ihr Pferd gar nicht mehr aus der Spannung herauskam. Das Liebenswerte an dieser Frau trat hinter diesem Ehrgeiz zunächst fast völlig in den Hintergrund. Sie wirkte schon fast streitsüchtig, so angespannt war sie. Während diese Spannung auf mich überzuschwappen drohte, hielt ich mich an dem Gedanken fest, daß sie eine feine und sensible Seite haben *mußte* – sonst hätte sie mich nicht um Korrektur gebeten. Von der ganzen Anspannung war sie steif, saß ohne mitzuschwingen im Sattel und arbeitete aus den Schultern und den Ellenbogen heraus mit den Zügeln. Wo sollte ich die Korrekturen ansetzen, so daß sie möglichst schnell ein Erfolgserlebnis hatte und ihr Ehrgeiz ausgehebelt wurde, ohne daß ein weiteres Sich-Mühe-Geben noch zusätzliche Verspannungen bewirkte? Schließlich entschied ich mich, das zu korrigieren, was dem Pferd die deutlichste Entlastung verschaffen konnte, und hoffte einfach, daß dann im Schneeballsystem – und auch die Reiterin betreffend – weitere Entspannung folgen würde. Nun hatte sich diese Reiterin angewöhnt, mit jedem Impuls, den sie absichtlich oder unabsichtlich setzte, ihre Hände an den Bauch heranzuziehen, und meine Korrektur lautete: „Vor mit der inneren Hand!" Wir verbrachten die gesamte Reitstunde mit dieser Anweisung. Die Bewegung zum Bauch hin hatte sich so tief eingeschliffen, daß die entsprechende Korrektur genügend Irritation auslöste, aber auch genügend Anforderung stellte. Und während die Reiterin so arbeitete und ich immer wieder mein Sprüchlein sagte, begann sie plötzlich zu lachen, wollte sich ausschütten vor Lachen und erklärte mir dann, sie könne es selbst nicht fassen, normalerweise sei sie so ehrgeizig und könne es kaum ertragen, Dinge zweimal gesagt zu bekommen, und hier reite sie nun und bekomme nichts anderes zu hören als: „Vor mit der inneren Hand!". Sie habe einfach Spaß daran, komme zwar nicht sofort gegen ihre Gewohnheit an, merke aber, wie ihr allein diese Auseinandersetzung gut tue.

So gelang ihr als Reiterin das Geraderichten in bezug auf ihre Körperhaltung, indem sie zwischen der rechten und der linken Hand einen Ausgleich herstellte; als fortgeschrittene Sportlerin konnte sie diesen Prozeß für ein Loslassen und Raumgeben, für einen Abbau von Spannungen nutzen, und auf der menschlichen Ebene setzte sie sich intensiv mit ihrer weichen Seite auseinander, lernte, diese zu akzeptieren, brachte das innere und das äußere Bild von sich selbst zur Übereinstimmung und *erweiterte* ihre bisher fixierte Position zum Spiel zwischen den Polen – eigentlich eine Position, die schon von einer beginnenden „Versammlung" zeugte, indem sie mit Leichtigkeit und mit liebevollem Humor mit ihrer eigenen Situation umzugehen verstand.

Sensibilität und Achtsamkeit

Diese kleine Schilderung ist – über die eigentliche Begebenheit hinaus – ein gutes Beispiel für die typische mehrdimensionale Integrationsarbeit beim Reiten und insbesondere beim Geraderichten. Wir bewegen uns hier in einem niemals endenden Lernprozeß und können mit der Zeit immer sensibler die uns betreffenden Botschaften aufschlüsseln. Mit dieser Sensibilität wächst auch unser Selbstvertrauen und unser Mut; und eines Tages wagen wir es vielleicht sogar, uns auch auf unsere verdrängten oder abgespaltenen Bereiche einzulassen. Mögen wir uns zunächst noch vor dem fürchten, was sich uns da vielleicht, aus der Tiefe kommend, offenbaren könnte. Aber mit der Zeit wird es uns immer deutlicher und selbstverständlicher werden, daß diese vermeintlichen „Monster" nur sehnlichst darauf warten, endlich erlöst und gezähmt und in unser bewußtes Leben eingebunden zu werden. Jedes Eintauchen in eine solche unbewußte Region schenkt uns weitere Botschaften, Entdeckungen und Weisheiten. Allmählich lernen wir auf diese Weise immer achtsamer mit uns umzugehen und in neuen Positionen sowohl unsere körperlichen

Kapazitäten als auch unsere seelischen Schwingungen und die soziale Verträglichkeit zu berücksichtigen.

Diese Achtsamkeit führt dazu, daß wir auch unsere eigenen Bedürfnisse neu wahrnehmen. Und weil wir ja gerade üben, nichts auszugrenzen oder zu blockieren, sondern alles erst einmal zuzulassen, ist es plötzlich möglich, auch neue Befindlichkeiten und Gefühle aufzunehmen und auf diese Weise die seelische Ebene mit der körperlichen Ebene zu verbinden. Nehmen wir hierzu nur einmal das Beispiel der „Belastbarkeit". Die stimmigen Bilder hierfür gewinnen wir wieder im Umgang des Reiters mit seinem Pferd. Würden wir das Tier aus seiner Box ziehen, wenn es dort mit hängenden Ohren nach einem anstrengenden Tag endlich zur Ruhe kommen will? Sicherlich nicht. Doch wie steht es in dieser Hinsicht mit uns? Auch wir kennen nach langen und übervollen Arbeitstagen genauso das absolute Bedürfnis nach Ruhe. Aber sind wir nicht immer wieder bereit, dieses eindeutige und berechtigte Gefühl zu überhören und mit unserem eigenen Körper (ihn auf diese Weise abwertend) so unsensibel umzugehen, wie wir dieses niemals unserem Pferd zumuten würden? Die Achtsamkeit hilft uns bei der Aufgabe, die körperlichen und seelischen Bedürfnisse und Anforderungen gleichzeitig wahrzunehmen, und in unserem Alltag geraderichtend miteinander zu verknüpfen.

Zum Prozeß des Geraderichtens gehört aber auch, daß sich unsere Orientierung ständig erweitert, unsere Organe für Wahrnehmung und Wirklichkeit immer feiner werden und wir immer weitere Bereiche von Mitte und Raum und lebendigem Bogen als zutiefst zu uns gehörig erkennen. Wenn wir die Sensibilität der Pferde als Vorbild für uns nehmen, können auch wir mit der Zeit immer feinsinniger werden und möglicherweise ebenfalls die Fähigkeit erwerben, Gedanken bereits auf der Bildebene ihrer Entstehung zu lesen. Damit würden wir unser Denken aus seiner reduzierten, eindimensionalen Struktur in ein bildhaftes, mehrdimensionales Erfassen von Zusammenhängen führen und so die Grundlage für jenes spirituell-realistische Imaginieren ausbilden, das mit genialer Präzision und hoher Intuition verschiedene Ebenen von Wirklichkeiten zu erfassen vermag. Und wie eines aus dem anderen folgt, so ergibt sich damit überhaupt eine große

Aktualisierung unseres imaginativen Vermögens

innere Weite und vielleicht sogar Weisheit, und möglicherweise entdecken wir sogar eines Tages, daß das, was wir gerade als aufregend neu erleben und erkennen, schon uralte Erfahrungen sind: Denn in den Bildern der Märchen steht ja nichts anderes. Da geht es um nichts anderes als darum, das Wasser des Lebens zu finden und in der Mitte zu reiten. Da fühlen wir uns mit dem jüngsten Königssohn verbunden, der – im Unterschied zu seinen falschen Brüdern, die rechts und links in fixierten Vorstellungen festsitzen und versagen – „mitten auf der goldenen Straße" auf das Schloß zureitet und dort das neue Königreich übernimmt.

Geraderichten – ein Ansatz zum Ganz-Sein und Heil-Werden

Das Entdecken und Annehmen von bisher verborgenen oder abgewerteten Bereichen unserer Seele birgt die Geheimnisse von Verwandlung und Heilung in sich. Indem wir Anders-Sein in unserer Außenwelt zu akzeptieren lernen, können wir auch ganz neue Bereiche in uns selbst zulassen und zu einer neuen Ganzheit zusammenfügen. In der Bildsprache des Märchens führt dieser Prozeß zur „Hochzeit". Gemeint ist ein Fest, auf dem die neu erworbene Ganzheit gefeiert wird und nun erst in der Lage ist, die Herrschaft über das Reich (über das „Königreich" unseres eigenen Wesens) anzutreten. Diese „Erlösung" zu einer Ganzheit setzt Kräfte frei, die in Wirklichkeit Heilungskräfte sind und denen gegenüber – wieder in der Bildsprache gesprochen – „feindliche Heere" machtlos sind, und weder als Viren noch als Krebszellen eine echte Chance bekommen.

In dem Kapitel über die Anlehnung habe ich Ihnen schon erzählt, daß die Pferde in ihrer sozialen Ordnung bestimmte Führungsaufgaben entweder einem weiblichen oder einem männlichen Leittier übertragen. Wenn wir als Menschen einen Führungsanspruch gegenüber einem Pferd erheben, wird dieses zunächst einmal genau überprüfen, ob es sich auch lohnt, diesem Menschen zu gehorchen und mit ihm zusammenzuarbeiten. Wenn wir dann nicht auch in dieser Beziehung „geradegerichtet" sind und nicht beide Eigenschaften, männliche wie weibliche, repräsentieren und sie je nach der Situation einsetzen können, geistesgegenwärtig und spielerisch zu handhaben wissen, dann werden die Pferde bald unsere Schwachstellen – unsere Schiefen – herausgefunden haben und uns an diesen immer wieder austricksen. Erscheinen wir dem Pferd zu weich, wird es sich nicht im geringsten um das kümmern, was wir von ihm wollen, erscheinen wir ihm zu hart, entzieht es uns sein Vertrauen. Sind wir zu langsam oder zu schnell, gerät es aus dem Takt. Ist jemand zu wenig Respektsperson, wird er unter Umständen sogar abgeworfen, und bei einem ganz ausgeprägten Mangel an Respekt springt so ein Pferd auch noch über seinen Reiter hinweg und läuft nach Hause. Sind wir dagegen zu sehr Respektsperson, bekommt das Pferd Angst und traut sich nicht, mit uns zu arbeiten. Haben wir aber im Prozeß des „Geraderichtens" das rechte Maß im Verhältnis von links und rechts, von innen und außen, von männlich und weiblich gefunden, dann wird das Pferd sich bei uns gut aufgehoben fühlen.

Insgesamt können wir nur staunen über die unendlichen Erfahrungen und Integrationsmöglichkeiten, die sich durch das eigene „Geraderichten" für uns erschließen, und über die Schätze, die sich für uns dadurch auftun. Wir müssen nur den Mut finden, uns für den ganzen Reichtum unseres Lebens zu öffnen. Die Pferde sind uns hierbei freundliche und treue Helfer, die jede unserer Entwicklungsstufen dankbar begleiten, wie sie andererseits aber auch jede Schwäche und Inkonsequenz unbestechlich quittieren.

KAPITEL 6
Versammlung

Wer geradeaus will, wer das Leben sucht, wer die Ferne liebt, wer Gebieter ist und zumeist Gebieter seiner selbst, wer gefaßt ist und in sich gesammelt, wer sich vertraut und klaren Geistes ist, mag gut reiten. Reiten ist ein unaufhörliches Ja-sagen.

Rudolf G. Binding

Wir erreichen nun die sechste und letzte Stufe der Grundausbildung, die mit dem Titel „Versammlung" überschrieben ist. Wenn wir das Bild der Treppe benutzen und zurückschauen, können wir feststellen, daß wir inzwischen schon einige Stufen erklommen haben: Wir haben uns mit dem Wesen Pferd vertraut gemacht, wissen, wie es körperlich, seelisch und sozial organisiert ist, wo wir es fordern können und unterstützen müssen, haben Erfahrungen gesammelt und Fähigkeiten ausgebildet, wir haben sozusagen das Handwerkszeug zusammen. Dieser letzte Abschnitt, die letzte Stufe der Grundausbildung führt uns nun – im Bild der Treppe – auf die Ebene, auf die hin die gesamte bisherige Ausbildung ausgerichtet war und die wir „Versammlung" nennen. Denn jetzt geht es darum, die einzelnen Elemente aufeinander abgestimmt zusammenzufassen, sie zu integrieren und dann den Blick zu weiten und uns auf dem Plateau zu bewegen, das sich nun vor uns ausbreitet – in der Ausbildung des Pferdes, des Reiters und in unserer eigenen persönlichen Entwicklung. Doch was ist damit gemeint?

Lassen Sie uns zunächst anschauen, was die „Ausbildungsskala" in den „Richtlinien für Reiten und Fahren" dazu sagt:

Traditionelle Definition von Versammlung

„Das Ziel der gesamten gymnastischen Ausbildungsarbeit ist es, ein leistungsbereites und gebrauchsfähiges Pferd zu erhalten. Dafür ist entscheidend, daß die Last des Pferdes einschließlich des Reitergewichtes möglichst gleichmäßig auf alle vier Beine verteilt wird. ... In der Versammlung übernehmen die Hinterbeine bei stärker gebeugten Hanken (Hüft- und Kniegelenken) vermehrt die Last und treten weiter in Richtung auf den Schwerpunkt. Die Vorderbeine werden dadurch entlastet und deren Bewegungen freier. Reiter und Betrachter haben das Gefühl, daß das versammelte Pferd „bergauf" geht. Die Schritt-, Tritt- und Sprunglänge wird kürzer, ohne Einschränkung an Fleiß und Aktivität. Im Trab und Galopp bleibt der Schwung in vollem Umfang erhalten, was in einem erhabeneren Bewegungsablauf zum Ausdruck kommt. ... Bei ausreichend entwickelter Tragkraft ist das Pferd also in der Lage, sich ausbalanciert in allen drei Grundgangarten in *Selbsthaltung* zu bewegen."

Die Schwierigkeit im Verständnis der Versammlung liegt darin, daß es sich dabei zum einen um einen Prozeß in der Ausbildung handelt, nämlich darum, daß die Hinterbeine vermehrt Last aufzunehmen lernen und stärkere Tragkraft entwickeln. Zum anderen aber ist Versammlung ein Zustand, und zwar ein Zustand, der nach einem langen Lern- und Übungsprozeß erreicht wird und in dem die Grundfähigkeiten (Takt, Losgelassenheit, Anlehnung, Schwung, Geraderichtung und Versammlung) integriert und sozusagen miteinander verschmolzen sind.

Dieser Ausbildungsabschnitt „versammelt" auch alle anderen

Und dieser vollendete Zustand entsteht auch meistens vor dem inneren – und äußeren – Auge, wenn wir über „Versammlung" sprechen. Wenn wir jedoch Gelegenheit haben, einem erfahrenen Reiter bei der Arbeit zuzuschauen, dann können wir erleben, wie dieser immer wieder die Grundelemente aufgreift, immer wieder am Schwung, am Takt – oder wo gerade nötig – korrigiert, auch dann, wenn er mit seinem Pferd an den weit fortgeschrittenen Lektionen arbeitet. Allerdings werden diese Korrekturen immer subtiler, immer feiner, und die einzelnen Elemente stehen immer verläßlicher, immer selbstverständlicher zur Verfügung. Nur wenn es gelingt, das unter Takt, Losgelassenheit, Anlehnung, Schwung, Geraderichten und Versammlung Gelernte voll im Bewußtsein zu halten und in jeder Phase weiter an seiner Vervollkommnung zu arbeiten, besteht die Aussicht, die glücklichen Momente der „Versammlung" zu erleben.

Sich in Selbsthaltung bewegen

Dann wird aus dem Ver-Sammeln ein Sich-Sammeln, ein Sich-Konzentrieren, und der innere und äußere Schwerpunkt, die Mitte, wird von Reiter und Pferd, von jedem für sich und gleichzeitig von beiden gemeinsam, gefunden. Wenn Reiter und Pferd diese gemeinsame Mitte gefunden haben, dann sind sie nicht mehr einzeln, nicht zerstreut, fahrig oder schwankend, sondern gesammelt, versammelt, dann bewegen sie sich „ausbalanciert in Selbsthaltung". Dann haben sie ihr Selbst gefunden, werden sie von ihrem Selbst getragen, und ihr innerer Zustand wird in einem erhabenen Bewegungsablauf sichtbar.

Und auch das soll uns bewußt sein: „Versammlung" ist niemals ein Endzustand, den wir – vielleicht in zwei Ausbildungsjahren – erreichen und dann als erreicht abhaken können. Sie ist das Idealziel, dem sich auch der erfahrene Reiter immer nur weiter annähern kann, das ihn vor immer neue Herausforderungen stellt, ihm damit aber auch immer wieder neue Wachstumschancen eröffnet.

Doch vorerst befinden wir uns noch in der Grundausbildung, und da ist „Versammlung" selbst noch ein Ausbildungsinhalt. Hier muß das Pferd nämlich lernen und üben, seine Hinterbeine immer weiter unter seinen Schwerpunkt zu setzen, und der Reiter muß lernen, die Hinterbeine seines Pferdes so zu aktivieren, daß dieses durch das weitere Untertreten zunehmend die Last des Körpergewichtes aufnimmt. Bei diesem Üben, dem Gymnastizieren, wird die gesamte Muskulatur des Pferdes, insbesondere aber die der Hinterhand, auf Kraft und Beweglichkeit trainiert, so daß sie erst jetzt ihre volle Funktion entfalten kann.

In seiner Entwicklung ist das Pferd inzwischen schon ziemlich weit vorangeschritten, hat aber seine volle Tragfähigkeit noch nicht erlangt. Deshalb ist es ganz besonders wichtig – und darauf weisen alle Pferdeausbilder von Rang und Namen hin – daß wir in diesem Stadium fordern, aber keinesfalls überfordern, daß wir unsere Ansprüche sofort zurückstecken, sobald sich auch nur eine leise Anspannung bemerkbar macht. Werner Storl formt diesen Grundsatz zum Merksatz: „Bei Überforderung und Verspannung müssen die Anforderungen sofort reduziert werden, und es muß erst wieder vollkommene Losgelassenheit erreicht werden", und Kurd Albrecht von Ziegner betont, es gehöre „ein großes Maß an Selbstdisziplin und Verständnis dazu, die Versammlungsbereitschaft des Pferdes nicht auszunutzen, bevor es nicht physisch und psychisch" zur Versammlung befähigt sei. Betrachten Sie daher das, was Sie mit dem Pferd bisher erarbeiten konnten, was es Ihnen an Vertrauen entgegengebracht und in

Versammlung fordert einen disziplinierten Reiter

Ihre Obhut gegeben hat, als ein Geschenk, als ein Geschenk von unermeßlichem Wert, und haben Sie die Geduld abzuwarten, bis es Ihnen weitere Geschenke entgegenzubringen in der Lage ist.

Diese Geduld werden Sie leicht aufbringen, wenn Sie sich klarmachen, daß die versammelnden Gänge und Lektionen unter dem Reiter nicht in der Natur des Pferdes liegen. Wohl zeigen Pferde in Freiheit einzelne Bewegungsabläufe wie sie später in fortgeschrittenen Lektionen erarbeitet werden. Doch treten diese Bewegungen beim frei laufenden Pferd immer nur einzeln als kurze Bewegungsfolgen und niemals – wie etwa in einer Dressurprüfung – als minutenlange Abfolge aneinander gereihter Kunstleistungen auf. Auch werden die Bewegungen des freien Pferdes durch äußere Anlässe und entsprechende innere hormonell bedingte Reflexe herbeigeführt. Wenn da ein anderer Hengst die Herde bedroht, dann bewirkt ein ganzes Zusammenspiel von Hormonen die ausdrucksstarken Bewegungen des „Imponiergehabes" oder des Steigens. In diesem Fall folgt das Tier inneren Befehlen über eine Reihe biologischer Signale und hat keine Wahl! In diesem Augenblick gibt es nur einen Reiz (den anderen Hengst, die fremde Stute) und eine ganzheitliche Antwort darauf, unter Einsatz des gesamten Körpers mit allen Sinnesorganen. Verlangen wir aber in einer Dressurprüfung die Piaffe oder die Passage von unserem Pferd, dann fehlt dieser hormonelle Stimulus. Es ergibt keinen biologischen Sinn für das Pferd, gerade jetzt ein Imponierverhalten zu zeigen, noch dazu unter den erschwerenden Bedingungen des zusätzlichen Reitergewichtes. Das Pferd muß in der Umsetzung des reiterlichen Impulses diese Kraft ganz allein aus seiner Muskulatur und in freier Leistungsbereitschaft entwickeln, während es in natürlichen Lebenssituationen durch eine Kampfespose, eine Imponiergeste oder ein Werbungsverhalten geradezu in die entsprechenden Bewegungen hineingetrieben wird.

An diesem Beispiel wird wiederum deutlich, wie intensiv das Pferd für Sie arbeitet, aus welcher Einbindung, welcher Leistungsbereitschaft und welch grenzenlosem Vertrauen! Erinnern wir uns daran, wie leicht und stark unser eigener Energiefluß wird, wie leistungsfähig und beweglich wir sind, wenn wir begeistert, vielleicht verliebt sind, und wie schwer uns unser Tagespensum ohne einen solchen Anreiz fallen kann. Auch bei uns Menschen wirken – abhängig von der Situation – verschiedene Hormone und transportieren eine zäh sich dahinwälzende Schwere, die dann sowohl auf der seelischen als auch auf der körperlichen Ebene eine Fülle gegenseitiger Beeinflussungen nach sich zieht, oder auch eine überströmende Leichtigkeit, die uns erheben und begeistern kann.

Auf jeder Ausbildungsstufe, besonders aber auf der der Versammlung geraten wir in das Spannungsfeld zwischen Natur und Kunst, zwischen ursprünglicher Schönheit und der Schönheit als Ausdruck formender Erziehung. Für manche Leute ist ein Pferd, so wie es die Natur geschaffen hat, vollkommen, und sie halten es für frevelhaft, irgendetwas daran formen zu wollen. Diese Einstellung ist zu respektieren, wenn diese Menschen sich aus ihrer Haltung heraus darauf beschränken, Pferde artgerecht zu halten, und auf das nicht von Natur aus vorgesehene Reiten verzichten. Sobald aber jemand ein Pferd reiten will, ist zumindest die Grundausbildung *unabdingbare Voraussetzung*, damit das Pferd nicht dadurch zu Schaden kommt, daß es dem Menschen in einer Weise dienen muß, die seinem Körperbau und seinem Wesen zunächst fremd ist.

Spannungsfeld zwischen Natur und Kunst

Machen wir uns deshalb noch einmal klar, daß Pferde von Natur aus pflanzenfressende Steppentiere sind. Das bedeutet, daß sie sich in der Freiheit über viele Stunden langsam vor sich hinkauend, Grasbüschel rupfend gemächlich durch die Landschaft bewegen. Gelegentlich toben sie sich auch einmal aus, manchmal müssen sie fliehen, in der Regel aber ziehen sie einfach in gemütlichem Tempo zur nächsten Wasserstelle oder zu neuen Futterplätzen. Zwischendurch ruhen sie, für kurze Zeit schlafen sie auch, und nur selten sind sie so ununterbrochen körperlich durch athletische Leistungen und seelisch in ihrer Konzentration gefordert wie während einer Trainingseinheit unter einem Reiter.

Hinzu kommt, daß beim Grasen die Vorderfüße abwechselnd eingeknickt werden und damit die Last des Körpergewichtes immer wieder aufgehoben wird. Verlangen wir aber vom Pferd, daß es in einer Reitstunde dreißig bis sechzig Minuten konzentriert arbeitet – Schritt, meistens Trab und auch Galopp – und es kann die Vorderbeine nicht zwischendurch entlasten, muß vielmehr noch zusätzlich das Gewicht seines Reiters abstützen, dann müssen wir als Menschen dafür sorgen, daß durch eine Veränderung in den Bewegungsabläufen die andernfalls zwangsläufige Schädigung des Pferdes vermieden wird. Dazu dient die Verlagerung des Gewichtes auf die Hinterhand. Wenn das Pferd dann gelernt hat, die Last des eigenen Körpers und das zusätzliche Reitergewicht von den Hinterbeinen her aufzunehmen, läßt sich der Dienst am Menschen wieder mit der Pferdegesundheit vereinbaren, findet das Pferd unter seinem Reiter in der ausgebildeten Versammlung wieder zu der Schönheit und Leichtigkeit im Ausdruck, die der des natürlichen Pferdes, das keinen Reiter zu tragen hat, zumindest gleichwertig ist.

Entwicklungszeiten sind Durchgangsphasen

Bevor dieser Zustand allerdings erreicht ist, scheint manch Kritiker Recht zu haben, der einem Pferd in seinen natürlichen Bewegungen mehr Schönheit zuschreibt. Aber in diesem Stadium befindet sich das Pferd ja auch in einer Entwicklungsphase, in der es die ursprüngliche Anmut verloren hat und sich erst zu neuer Vollkommenheit entwickelt. Das ist so wie mit den Jährlingen im Vergleich mit den Fohlen, über die Rudolf G. Binding in seinem Buch „Das Heiligtum der Pferde" schreibt:

„Auch Pferde haben ihr Alter und das Recht auf Entwicklung ... Aber merkwürdig genug: das Fohlen, das noch vor wenigen Monaten so großköpfig, kurzleibig und langbeinig zur Welt kam: sobald es dort die Mutter verläßt, ist es als kindliche Erscheinung fertiger, vollendeter als der Jährling, der sich zu seiner zukünftigen Gestalt hinbewegt ... Sobald das Fohlen seine Mutter verlassen hat, steht es entschlossen auf eigenen Beinen. Es kümmert es nicht, daß sein Fell grannig und rauh, sein Schwanz kurz und krummhaarig, seine Mähne unbotmäßig und struppig sich gebärdet, daß seine Ohren mit dicker Wolle ausgekleidet und seine Beine mit langen gelblichen Deckhaaren überzogen sind. All das Grüne kümmert es nicht. Es gilt die Ohren zu spitzen. Es gilt aufzutreten. Es gilt, nicht zu kurz zu kommen. Es gilt aufzumerken. Es gilt den Dingen ins Gesicht zu sehen. Es gilt womöglich eine Spitze zu übernehmen".

Und über die Jährlinge schreibt er – und dieses Bild läßt sich unmittelbar für die jungen Pferde in der Ausbildung übertragen:

„Unausgeglichener Gestalt, unausgefüllt, fast Rahmen nur für die künftige Gestalt, treiben sich die Jährlinge in ihren Herden dahin. Sie sind wie eine schwankende Frage ohne das Bemühen einer

Antwort. Alles ist noch jugendlich unbestimmt, Andeutung, Versprechen ... Kraft und Willen sind noch lose, und der Körper zu hoch emporgeschossen, flach und unerfahren ... Sie scheinen auf etwas zu warten ... Ein Zwischengeschöpf, nicht Fisch nicht Fleisch, nicht Fohlen nicht Pferd, nicht mehr kindlich, noch nicht erwachsen, verrät sich."

Die Arbeit des zweiten Ausbildungsjahres und insbesondere die versammelnden Übungen führen dazu, daß das Pferd auf einer „erhabeneren" Stufe zu seiner Schönheit zurückfindet und eine Geschmeidigkeit unter dem Reiter entwickelt, die das Versprechen seiner Gestalt einlösen wird.

Lassen Sie uns jetzt genauer hinschauen, was beim Versammeln eigentlich geschieht, um dann im nächsten Schritt herauszuarbeiten, wie wir uns als Reiter an die Versammlung heranreiten. Wir geben dem Pferd Impulse, die es dazu anregen, seine Hinterfüße mit jeder einzelnen Bewegung weiter nach vorne, unter den Bauch, unter seinen Schwerpunkt zu setzen. Dazu muß das Pferd „die Hanken", das sind die Hüft-, Knie- und Sprunggelenke der Hinterbeine, stärker beugen – vergleichbar mit der Bewegung eines Menschen, der leicht in die Knie geht wie etwa beim Balancieren oder beim Skifahren. In dieser Beugung bewirken die genannten Gelenke eine Federung, fangen sie die beim Auffußen auf den Rücken einwirkenden Stöße elastisch ab. Gleichzeitig wird ein Teil der Vorwärtsbewegung, des Schubes aus der Hinterhand, aufgefangen und durch eine veränderte Muskelarbeit in Tragkraft umgeformt. Mit dieser Gewichtsaufnahme durch die Hinterhand wird das Pferd – egal, was wir später mit ihm vorhaben – „rittiger".

Schubkraft wird zu Tragkraft transformiert

Das Gymnastizieren der Hinterhand ist in jedem Fall hilfreich. Es schont die Gelenke, schützt unsere und des Pferdes Gesundheit, möglicherweise sogar unser Leben, auch wenn wir mit unserem Pferd „nur durch den Wald reiten" wollen. Da gibt es nämlich schöne wenig befestigte Waldwege, die auch beritten werden dürfen und sich herrlich als Galoppstrecken eignen, die aber nach einem längeren Regen auch erheblich aufweichen können. Auf einem solchen Weg kann es dann geschehen, daß das Pferd plötzlich im tiefen aufgeweichten Boden seine Vorderfüße nicht mehr im gewohnten Rhythmus frei bekommt. Schon aber folgt die Hinterhand nach, der Bewegungsfluß wird abrupt gebremst, das Pferd stolpert. Mit einem nicht genügend gymnastisch gearbeiteten Pferd gerät auch ein geübter Reiter in dieser Situation in Schwierigkeiten: Es besteht die Gefahr, daß er zusammen mit seinem Pferd stürzt. Ein gymnastisch trainiertes Pferd dagegen wird auf die Hilfe des Reiters – ein leichtes Zurücksitzen mit gleichzeitigem leichten Anziehen des Beckens – sein Gewicht verstärkt auf die Hinterhand verlagern und dadurch die entlasteten Vorderbeine wieder frei bekommen.

Durch das versammelnde Gymnastizieren richtet sich mit einsetzender Hankenbeugung der Körper des Pferdes gemäß seiner anatomischen Konstruktion im vorderen Bereich mehr auf, wird der Reiter etwas weiter nach hinten gesetzt und bekommt das Pferd durch die Entlastung zunehmend Spielraum für seine Vorderbeine. Jetzt erst verteilt sich sein Gewicht samt dem seines Reiters gleichmäßig auf alle vier Füße. Für Reiter und Betrachter erscheint das Pferd in seiner Länge verkürzt.

Dieses Ergebnis darf aber einzig und allein aus dem Zusammenwirken von Schwung und Geraderichten erarbeitet werden, das heißt aus dem Impuls zum Vorwärtsreiten und dem Ausgleich der Polaritäten. Allzu leicht entsteht nämlich die Versuchung, dieses Ziel dadurch erreichen zu wollen, daß man die Zügel ein bißchen stärker annimmt, den Schwung etwas weniger nach vorne durchläßt, um auf diese Weise das Pferd „zusammenzustellen." Doch stattdessen „fällt das Pferd auseinander": der Pferdekopf wird hochgezogen, der Hals verspannt sich über dem Widerrist, der ganze Rücken wird steif und die Hinterhand hängt – nur geringfügig, für den Betrachter aber deutlich als gestörtes Bild erkennbar – der Bewegung hinterher. Das Pferd sieht dann so aus, als bestehe es aus zwei Hälften, der vorderen, voller Spannung zusammengezogen, und der hinteren, die gleichsam „leer" erscheint, irgendwie hinterherläuft. Und irgendwo dazwischen befindet sich der Reiter, der zunehmend Mühe hat „zu sitzen", weil die Bewegungen, die vom Pferderücken zu ihm heraufdringen, immer härter und unangenehmer werden. Das „von hinten nach vorne" gerittene Pferd dagegen baut seine Bewegungen auf dem Vorwärtsdrang der Hinterbeine auf und wird darin von seinem Reiter unterstützt. Es kann den

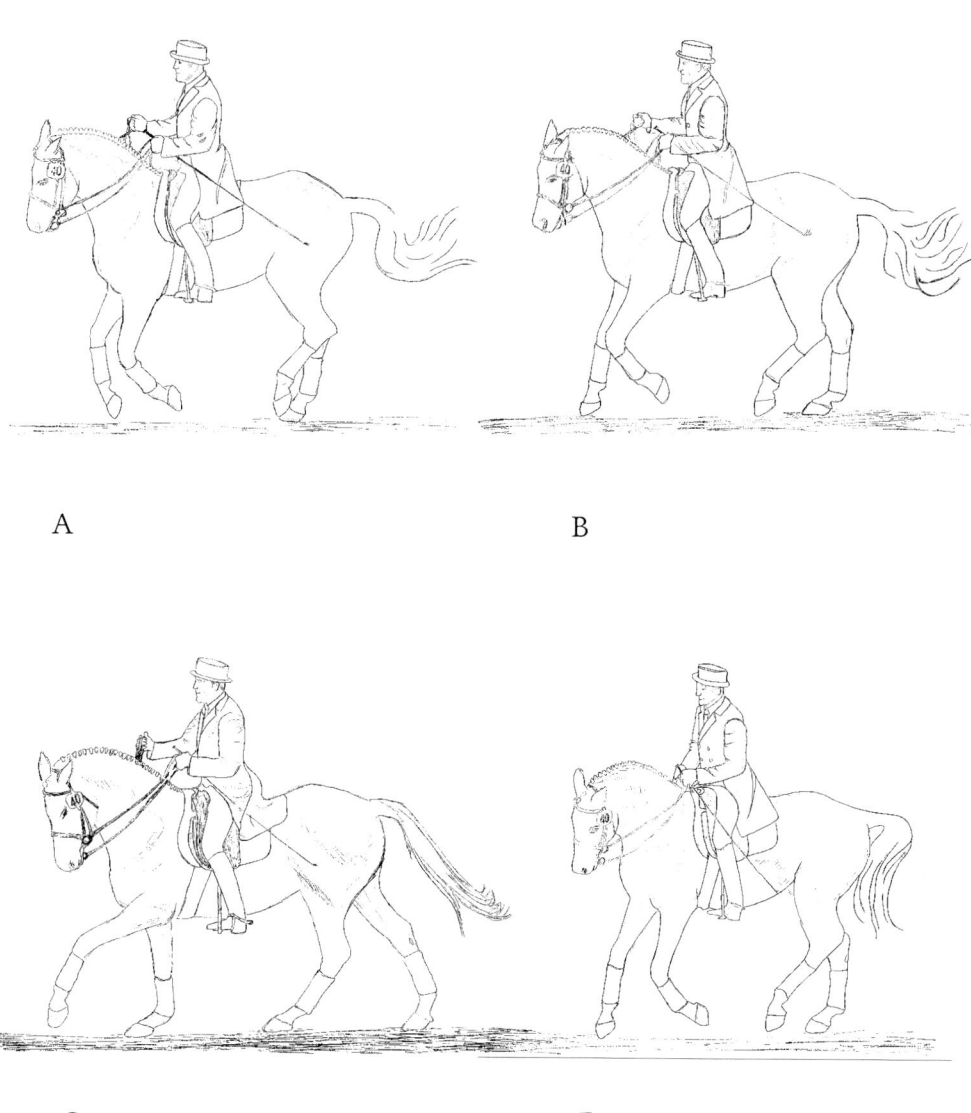

Abb. 13: In dieser Folge willkürlich herausgegriffener Momente eines einzelnen Galoppsprunges kann man sehr schön erkennen, wie der Reiter sein Pferd allein aus dem Sitz in die folgende Bewegung führt und wie er „in der Bewegung" sitzt. Die Zügel stehen dabei nur leicht an, gerade soviel wie das Pferd für seine Bewegung braucht.

Schwung entwickeln, bleibt im Energiefluß, weich im Rücken und entfaltet die erforderliche Tragkraft.

Wenn nun das Gewicht zunehmend auf die Hinterbeine verlagert wird und die Vorderbeine entlastet sind, dann wird – bei verkürzt erscheinender Rückenlänge – der gesamte Bewegungsrahmen des Pferdes größer. Mit der erhöhten Schulterfreiheit können die Vorderbeine weiter und höher der Gesamtbewegung vorausgeschickt werden. Der Eindruck, daß das Pferd „bergauf" gehe, ist zum einen ein Gefühl, das sich beim Reiter im Sattel, zum anderen ein Bild, das sich beim Zuschauer einstellt. Mit jedem Schritt, jedem einzelnen Tritt oder Sprung bewegt sich das Pferd in diese Aufrichtung hinein, jede einzelne Bewegung tendiert nach vorne und nach oben, der Schwerkraft entgegen. In seiner reinsten Form ist dieses Bewegungsbild wohl bei der Galopp-Pirouette zu beobachten, wenn sich das Pferd auf einem gedachten Kreis, dessen Mittelpunkt das innere Hinterbein bildet, in einzelnen aneinandergereihten Galoppsprüngen auf der Stelle dreht. Wenn Sie selbst diese Lektion reiten, dann ist Ihr Pferd schon sehr weit ausgebildet, und Sie selbst können auf einige Jahre Reiterfahrung zurückschauen.

Die Kadenz der Bewegung Mit der zunehmenden Versammlung entwickelt sich im Bewegungsablauf ein weiteres Merkmal, die „Kadenz der Bewegung". Mit diesem Begriff wird in der Reitkunst die besondere Ausstrahlung einer durchgestalteten Bewegung beschrieben, die wir zum Beispiel im versammelten Trab wahrnehmen können, stärker aber noch in Piaffe und Passage, wenn die gesamte Bewegung zu höchster Ausdruckskraft gesteigert wird.

Durchlässigkeit Der andere Begriff, über den wir schon beim Schwung gesprochen haben, der auch für das Geraderichten wesentlich, von der Versammlung aber überhaupt nicht zu trennen ist, ist der der „Durchlässigkeit". Damit wird beschrieben, daß das Pferd gleichmäßig losgelassen und gehorsam auf alle Hilfen – vorwärtstreibende, verhaltende und seitwärts wirkende – reagiert. Im Zusammenhang mit der Versammlung verdient dieser Begriff besondere Erwähnung, weil jetzt die verschiedenen Fähigkeiten zusammenwirken müssen, die Beweglichkeit ebenso wie die Bereitschaft des Pferdes, die Impulse des Reiters „durchzulassen". Es geht also neben den körperlichen Bedingungen um Gehorsam, um Gehorsam im besten Sinne des Wortes, nämlich als ein Auf-einander-hören. Dazu muß der Reiter seinerseits so weit fortgeschritten sein, daß er eine klare Pferdesprache zu sprechen in der Lage ist und seine Hilfen so gibt, daß das Pferd sie verstehen kann. Eine gelungene Geraderichtung des Reiters ist dazu ebenso vorauszusetzen wie die des Pferdes. Denn wie sonst sollte ein Pferd bei der differenzierten Arbeit, die jetzt von ihm gefordert wird, unterscheiden, ob sein Reiter einen Impuls mit dem Bein gesetzt oder ob er – Halt suchend – gerade nur mit dem Unterschenkel gewackelt hat. Der Reiter muß in seinem Sitz und seiner Einwirkung so souverän geworden sein, daß das Pferd zuverlässig erkennen kann, daß er sein Gewicht auf die andere Seite verlagert hat, daß er wirklich umgesessen ist.

Pferde, die schon lange in einem Reitschulbetrieb arbeiten, schützen sich oft durch eine gewisse Sturheit. Sie haben sich angewöhnt, die verlangten Übungen auf die Stimme des Reitlehrers hin zu zeigen, statt darauf zu warten, daß es da auf ihrem Rücken ruckt und die Zügel schmerzhaft im Maulwinkel zwikken. Sie haben längst gelernt, daß es besser ist, *nicht* zu reagieren, wenn sich der Sitz des Reiters auf ihrem Rücken verändert. Diese Pferde haben oft ein so tiefes Mißtrauen gegenüber den Impulsen ihrer Reiter entwickelt, daß sie sich nur noch schwer darauf einlassen. Sie ignorieren einfach, daß diese Impulse sowohl sinnvoll als auch beabsichtigt sein könnten. Andererseits ist auch eine solche „Stumpfheit" von Vorteil: Die Reitschüler denken dann nämlich, sie seien „schon recht gut", der Reitlehrer kann sich auf seine Pferde verlassen, und die Pferde schaffen sich die innere Ausgeglichenheit und Beständigkeit, nach der sie suchen, indem sie sich auf bekannte Signale des Ausbilders in der Mitte der Bahn verlassen.

Bei der Arbeit an der Durchlässigkeit wird uns wieder einmal deutlich, welch hohe Ansprüche das Reiten an den Reiter stellt. Erziehen kann nur, wer selbst erzogen, mit sich selbst im Reinen ist. Der Reiter kann nur dann Durchlässigkeit, das Befolgen seiner Anweisungen, erwarten, wenn er vorher ein klares Bild in sich trägt von dem, was er erreichen will, und dieses in präziser Weise seinem Pferde mitzuteilen vermag. Und dazu gehört

Die Verständigung zwischen Pferd und Reiter wird präziser und transparenter

Durchsetzungsvermögen und Entschlossenheit: Nur der Reiter, der bei einer Galoppverstärkung von Angst und Zweifeln völlig frei ist, wird sein Pferd in den Galoppsprüngen unterstützen können, die so raumgreifend erscheinen, als habe das Pferd Flügel.

Halbe Paraden – ganzheitliche Kommunikation

Durchlässigkeit – das bedeutet auch, daß der Energiekreislauf geschlossen ist, nach allen Richtungen geschlossen, so daß die Energie fließen kann. Wenn wir so weit gekommen sind, dann ist die Abstimmung unserer Hilfen und Einwirkungen so fein geworden, daß wir eigentlich nicht mehr von Gewicht, Schenkeln und Zügeln zu reden brauchen, sondern nur noch von der darunter wirkenden Energie. Wir nehmen die Energiekreisläufe wahr. – Aber dann ist das Reiten ja gar nicht mehr so gemütlich, dann kann man sich dabei ja gar nicht mehr mit den anderen Reitern unterhalten! – Nein, das kann man dann nicht mehr! Das Reiten verträgt an diesem Punkt keine halbherzige Zuwendung mehr, es verlangt die absolute Konzentration auf den Augenblick, auf die Bewegung in uns und unter uns, auf das Strömen der Energie. Abgesehen davon vollbringt unser Partner Pferd gerade jetzt Höchstleistungen, auch voller Konzentration – und gebührt ihm da nicht die größte Achtung und Aufmerksamkeit?

Ich habe in meinem Unterricht schon oft gesehen, daß Menschen und Pferde, die ausbildungsmäßig noch weit von der Versammlung entfernt waren, in ihrer Konzentration auf eine Aufgabe plötzlich Ansätze einer Versammlung zeigten. Die Reiter entwickelten in diesem Moment eine Wachheit und Sorgfalt, die ihre Pferde die Hinterbeine weiter untersetzen ließ als je zuvor. Udo Bürger beschreibt in seinem Buch „Vollendete Reitkunst" diese Konzentration, von der er sagt, wir könnten sie sehr weit treiben und dabei „die Bewegung unter uns deutlich in Kraftlinien fühlen". Und er fährt fort:

> „Wir merken, daß die Antriebskraft von uns nur beherrscht und gesteuert werden kann, wenn ihre Richtung – die Kraftlinie – durch uns hindurchgeht und wir wirklich genau im Mittelpunkt sind. Wenn das Pferd aber schief ist, geht die Kraftlinie seitlich an uns vorbei, wir können sie dann nicht mehr steuern."

Erkenntnisse, die Sally Swift später in ihrem „Centered Riding" (Reiten aus der Körpermitte) konsequent herausgearbeitet und damit neue Leitlinien für eine kompetente Erteilung von Reitunterricht aufgestellt hat.

Doch nun noch einmal zu den „halben Paraden", die wir beim „Schwung" bereits besprochen haben und die auf dem Weg zur Versammlung eine so große Rolle spielen. Wir haben erfahren, daß diese nur minimale Einwirkungen beschreiben, die den Energiekreislauf lediglich irritieren sollen, und daß damit keineswegs so harte Einwirkungen gemeint sind wie etwa ein Ziehen am Zügel. Deshalb ist es meiner Ansicht nach auch nicht sinnvoll, den Begriff der „Paraden" in der Grundausbildung überhaupt einzuführen, und ich selbst gebrauche ihn dort nicht. Bis ein Reiter diesen Energiekreislauf nämlich zum ersten Mal selbst gespürt hat und auf diese Weise wenigstens eine Idee davon bekommt, von was da die Rede ist, vergeht viel Zeit. Das Kippen des Beckens steht dann meistens noch nicht zur Verfügung, die Beine befinden sich noch mehr zufällig im engen Kontakt mit dem Pferdeleib, also bleiben die Hände übrig. Und was macht der Schüler damit? Nun, wenn er schon nicht an den Zügeln zieht, dann nimmt er sie wenigstens an – und wirkt im Endeffekt bei aller guten Absicht doch wieder über einen Schmerzreiz im Maul auf das Pferd ein.

Wenn es dann allerdings gelingt, diese Paraden so zu reiten, wie sie ursprünglich gemeint sind, dann haben wir mit ihnen ein außerordentlich feines Mittel der Kommunikation zur Verfügung, einer ganzheitlichen Kommunikation, bei der Pferd und Reiter aus der gemeinsamen Bewegung zu Verständnis und Verständigung gelangen. Wir können dem Pferd damit signalisieren: „Hej, paß lieber ein bißchen besser auf, sonst erschrickst du gleich wieder vor der Stange" oder „Jetzt werden wir gleich angaloppieren." Wir können ihm sagen: „Stell dich schon einmal darauf ein, es geht gleich wieder um die Ecke, paß auf den Takt auf," oder „Beweg deine Füße!" Und mit diesen Paraden sagen wir dem Pferd gleichzeitig: „Ich mag dich. – Wir beide, wir konzentrieren uns zusammen auf die Aufgabe." In dieser Weise eingesetzt dienen die Paraden dazu, die Aufmerksamkeit des Pferdes zu wecken und zu erhalten, Stellung und Biegung einzuleiten oder durchzuhalten, den Takt zu stützen, die Durchlässigkeit zu sichern, Übergänge der Gangarten und ihrer Tempi vorzubereiten. Sie sind gleichsam das „rote Telefon", der direkte Draht zu den Hinterbeinen.

Von hinten nach vorn reiten

Als Reiter brauchen wir viel Erfahrung, eine Menge Feingefühl und immer wieder die Bereitschaft hinzuspüren, hinzuspüren und noch einmal hinzuspüren. Jedes Reiten „auf Sicht" statt „auf Gespür" führt bereits zu Fehlern, zu einem „Von vorne nach hinten". So zum Beispiel, wenn Sie halten wollen und nach unten schauen, um zu kontrollieren, ob das Pferd alle vier Füße nebeneinander stehen hat. Das gut gerittene Pferd wird allein das Verschieben des Reitergewichtes, das zwangsläufig mit dieser Aktion verbunden ist, als Zeichen zum Antreten nehmen, und schon werden Sie mit den Zügeln entgegenwirken müssen, um das Pferd in der Ruhestellung zu halten. – Auch, wenn Sie beim Leichttraben schräg nach unten, auf die äußere Schulter des Pferdes schauen, entwickelt sich ein „Von vorne nach hinten": Allein Ihre kontrollierenden, sich an den Vorderbeinen des Pferdes orientierenden Augen beeinflussen – völlig unbewußt – Ihre gesamte Körperhaltung und implizieren eine Rückwärtstendenz. Das korrekte „Von hinten nach vorne" kann erst entstehen, wenn Sie als Reiter den Mut aufbringen, sich ganz auf Ihr Gespür zu verlassen, wenn Sie gelernt haben, über Ihr Gesäß und die Rückenaktivität des Pferdes die Signale für die Bewegung der Hinterbeine richtig zu vermitteln. Erst, wenn Sie in den Hinterbeinen Ihres Pferdes wirklich „zu Hause" sind, werden Sie konsequent „von hinten nach vorne" reiten!

Versammelnde Lektionen

Wenn wir uns die Versammlung erarbeiten wollen, dann nutzen wir alle Übungen, die beim Pferd die Hinterbeine ansprechen, sie dazu anregen, Last aufzunehmen und weiter unterzutreten. Als Reiter werden wir da zunächst das tun, was auch bisher schon vorgekommen ist, und uns auf die besondere Art der Ausführung konzentrieren. Wir fangen mit der Arbeit im Trab an und arbeiten in erster Linie an den Übergängen vom Trab zum Schritt.

Wenn wir das Pferd wirklich durchparieren wollen, es nicht einfach „bremsen", sondern zum Schritt reiten wollen, dann sitzen wir vorher eine Reihe halber Paraden, teilen dem Pferd mit: „Paß auf, gleich beginnt was Neues" und fangen seine Aufmerksamkeit völlig für den Rhythmus unseres Sitzes ein. Wir sitzen in den Schrittrhythmus um, schaukeln unser Becken langsamer und ausgeprägter, eben im Bewegungsmaß des Schrittes, und das Pferd paßt sich mit seinem Rücken und dessen Bewegung dieser Vorgabe an. Es kann gar nicht anders als in einen raumgreifenden, ruhigen Schritt überzugehen. Zögen wir dagegen am Zügel, würden wir den Energiefluß abrupt stoppen, das Pferd könnte den Schub des Körpergewichtes nicht rechtzeitig abfangen, fiele auf die Vorhand, und wir müßten die Unterbrechung des Bewegungsstromes durch verstärkten Krafteinsatz der Beine aufzufangen versuchen.

Der Übergang zum Schritt wirkt in noch stärkerem Maß versammelnd, wenn er durch eine Verkürzung der Trabtritte eingeleitet wird, wenn also vor dem Umsitzen zum Schritt einige Tritte des Trabes kürzer gesessen werden – ohne daß wir dabei langsamer werden! Die meisten Pferde wissen natürlich spätestens nach der zweiten Trabverkürzung, wie es dann weitergehen wird, und werden versuchen, ihrem Reiter zuvorzukommen und sofort in den Schritt zu fallen. Wenn Sie das spüren, fahren Sie einfach anders fort: Statt zum Schritt durchzuparieren legen Sie einfach zu und verlängern die Trabtritte zum Mitteltrab.

Beim Üben des Mitteltrabes ist zu empfehlen, nicht eine lange Seite nach der anderen oder Diagonale um Diagonale der Reitbahn dazu zu benutzen, die Trittverlängerung zu üben. Denn das regt die Pferde meistens nur im Sinne eines andressierten Verhaltens dazu an, dem Reiter zuvorzukommen, um einfach loszulaufen – statt mit ihm in Kontakt zu bleiben. Eine viel wirkungsvollere Gymnastik besteht darin, die Vorbereitung zum Mitteltrab zunächst nur über einige wenige Tritte zu entwickeln und dann wieder in den Arbeitstrab zurückzukehren.

Mit diesen Übungen legen wir bereits die Grundlagen für die verschiedenen Tempi des Trabes, nämlich „Arbeitstrab", „Mitteltrab" und „versammelter Trab". Der „starke Trab" zeigt noch einmal eine Steigerung gegenüber dem Mitteltrab, wird aber erst in den Dressurprüfungen der Klasse M verlangt und fordert schon ein hohes Maß an Versammlungsfähigkeit bei Pferd und Reiter. Wichtigstes Kriterium bleibt während all dieser Übungen der Pferderücken und das Fühlen des Reiters. Sobald sich da etwas verfestigt, muß sofort zurückgeschaltet und eine Phase von lösenden Lektionen eingelegt werden. Gerade am Anfang fordert diese Gymnastik vom Pferd viel Kraft und den Einsatz bis dahin wenig geforderter Muskelgruppen, die dann auch entsprechend schnell ermüden. Ebenso wird der lernende Reiter anfangs bald an Leistungsgrenzen stoßen, denn auch ihm wird genauso viel Gymnastik und vor allem ein hohes Maß an Konzentration abverlangt.

So wie wir die Übergänge im Trab reiten, reiten wir sie dann später auch im Galopp. Wieder gibt es hier die verschiedenen Tempi, den „Arbeitsgalopp", den „Mittelgalopp", und den „versammelten Galopp" sowie zusätzlich noch den „starken Galopp". Auch in dieser Gangart haben die Übergänge versammelnde Funktion. Hierzu kommen dann noch die Übergänge zwischen Galopp und Schritt, die vom Reiter eine besonders genaue Vorausschau und Beherrschung verlangen, da sich die Bewegungsmuster zwischen diesen Gangarten stärker unterscheiden als die zwischen Trab und Schritt oder die zwischen Galopp und Trab.

Versammelnde Lektionen gegenüber lösenden Lektionen

Aus diesen Betrachtungen können Sie schon ersehen, daß die sogenannten versammelnden Lektionen eigentlich keine eigenen Übungseinheiten für sich darstellen. Sie werden erst dazu, indem wir sie mit besonderer Zielsetzung und in besonderer Weise reiten. Alle Biegungen und Wendungen, die vom Pferd mehr als die übliche Haltung der Wirbelsäule verlangen, dienen der Versammlung, sobald sie so geritten werden, daß die Hinterbeine zu vermehrtem Untersetzen angeregt werden. Eine eigene Gruppierung der Gymnastikübungen nach ihrem versammelnden Charakter wird erst sinnvoll, wenn wir in unserer Ausbildung die versammelnden Phasen den lösenden gegenüberstellen.

Im Auftakt unserer Reitstunde werden wir niemals ganze Paraden üben. Sie können erst vom gelösten Pferd ohne Spannungsaufnahme ausgeführt werden. Und natürlich auch nicht das Rückwärtsrichten. In diesem Abschnitt werden wir vom Pferd weder verlangen, daß es in der sauberen Biegung einer Viertelvolte durch die Ecken der Reitbahn tritt, noch daß es überhaupt schon seinen Körper auf enge Wendungen einstellt. Der Auftakt unserer Arbeit sollte immer ganz unter dem Zeichen der Vorfreude auf ein gemeinsames Tun stehen, dem Sich-aufeinander-Einstimmen dienen – und diese Freude gönnen wir natürlich auch unseren Pferden!

Das Schenkelweichen zählt in dieser Phase zu den lösenden Übungen und kann die versammelnden Seitengänge gut vorbereiten. Die Seitengänge, wie wir sie unter den Übungen zum Geraderichten aufgezählt haben, haben allesamt versammelnden Charakter. Sie helfen die Last auf die Hinterbeine zu verteilen, ohne daß der Schwung dabei verloren geht.

Bitte denken Sie immer wieder daran, daß alle versammelnden Übungen für das Pferd ein Intensivtraining darstellen. Sie müssen äußerst behutsam vorgehen und ihm immer wieder kleine Verschnaufpausen gönnen! Es ist so verlockend, mit einem gelösten Pferd in Arbeitsstimmung etwas Neues auszuprobieren und es dann wieder und wieder zu üben, bis man selbst die Bewegungsabläufe beherrscht. Leider führt das nur selten zu dem gewünschten Erfolg, und es fordert viel Disziplin vom Reiter, das Üben an einem Punkt, der noch lange nicht befriedigt, einzustellen, um dann am nächsten oder vielleicht auch erst am übernächsten Tag erneut damit zu beginnen. – Es ist schon richtig, daß wir das Tagespensum mit einem Erfolgserlebnis für das Pferd – und damit auch für uns – abschließen sollen. Aber wer sagt denn, daß der Erfolg unbedingt in einem geglückten fliegenden Galoppwechsel liegen muß?

Ich erlebe es immer wieder, daß ich dazukomme, wenn ein Reiter zu bestimmten Übungen ansetzt und immer wieder ansetzt. Das Pferd ist längst lustlos, der Reiter genervt, aber „es hat immer noch nicht geklappt". (Und es wird ganz offensichtlich heute auch überhaupt nicht mehr klappen!) Wenn ich dann sage: „Übt das doch morgen weiter", höre ich als Antwort: „Aber so kann ich doch nicht aufhören!" Ich biete dann meistens meine Unterstützung an – von außen hat man es immer leichter – lasse auf dem Zirkel traben, die Zügel im Leichttraben aus der Hand kauen, aussitzen, lasse die Zügel wieder aufnehmen und zum Beispiel im Trab eine Schlangenlinie von vier Bogen durch die ganze Bahn reiten mit Wechsel zum Schritt beim Durchreiten der Mittellinie und anschließendem Wiederantraben. Das ist dann eine einfache Übung, die trotzdem noch einmal die Konzentration von Pferd und Reiter fordert und sie zu einem guten Abschluß führt, denn sie gelingt dem Ausbildungsstand entsprechend immer. Dann kann ich den Reiter loben und der wieder sein Pferd – und alle sind zufrieden.

Versammlung integriert alle bisherigen Ausbildungserfahrungen – Versammlung erfordert höchste Präsenz

Reiter, die in ihrer Ausbildung die Stufe der Versammlung erreichen, werden erleben, daß in diesem Schwerpunktthema die Fäden aller bisher erarbeiteten Ausbildungselemente zusammenlaufen. Die große Herausforderung dieser Stufe liegt nicht in der Schwierigkeit der versammelnden und versammelten Lektionen, auch nicht in der erforderlichen gymnastischen Beweglichkeit, sondern in dem Anspruch an die Persönlichkeit des Reiters. Jetzt muß es sich zeigen, daß seine Ausbildung an und mit dem Pferd auch eine Arbeit an seiner inneren Entwicklung gewesen ist, daß er innerlich stark geworden ist und damit auch jetzt seinem Pferd gewachsen. Er hat seine Mitte gefunden und kann sich in sicherem Selbstvertrauen auf sein Pferd einlassen, auf die Bewegung, auf sich selbst und auf die augenblickliche Situation. Dieses Sich-Einlassen bedeutet, sich zu öffnen, wahrzunehmen, nach innen und außen, zu spüren, sich der Bewegung des Pferdes ebenso wie den Informationen des eigenen Körpers anzuvertrauen, und es bedeutet, geistesgegenwärtig, präsent im Hier und Jetzt zu sein.

Das richtige Maß als Merkmal für Versammlung

Auf der Stufe der Versammlung müssen wir es endlich gelernt haben, das richtige Maß für uns und für unser Pferd zu finden. Das gilt für unsere Anforderungen ebenso wie für unseren Zeitrahmen. Ein entsprechend abgestimmter Unterricht wird immer Erholungsmomente berücksichtigen, kürzere oder längere Verschnaufpausen für Pferd und Reiter einlegen. Wenn der Reitlehrer oder der Reiter die Ermüdung einmal nicht mitbekommt, besteht in einer vertrauensvollen Zusammenarbeit die Aufgabe, den jeweils anderen darauf hinzuweisen. Aus meiner Sicht zeugt das Wort vom „Sich-zusammen-reißen" von einer falsch verstandenen Disziplin und gehört nicht zum Reiten, selbst wenn wir es sonst – in der Zwangsjacke, in der wir uns oft zu bewegen gezwungen sind – nicht als etwas Absonderliches ansehen. Mit uns können wir das vielleicht sogar noch machen, aber doch nicht mit dem Pferd, das ein so feinsinniges Wesen ist! Also müssen wir die Grenzen erkennen und im richtigen Moment aufhören können. Es ergibt keinen Sinn, über die Grenzen der Konzentration oder der körperlichen Kraft hinauszugehen. In jedem Kapitel habe ich Ihnen von den feinen Einflüssen erzählt, denen wir uns beim Reiten aussetzen, von den feinen Abstimmungen, auf die Pferde reagieren, und den hoch konzentrierten Energien, die im Zusammenspiel von Pferd und Reiter wirksam werden. Wenn wir müde werden, läßt die Konzentration nach, wird die Koordination der Bewegungen und die Reaktionsfähigkeit verzögert. Wir können dann unsere Impulse nicht mehr gezielt setzen, und alles, was wir in mühevoller Arbeit aufgebaut und womit wir das Pferd an Präzision gewöhnt haben, geht wieder verloren. – Andererseits setzen wir uns auch einer richtigen Gefahr aus, wenn das Pferd aus Müdigkeit unaufmerksam wird, nicht mehr zuverlässig reagiert und seine Füße nicht mehr sicher zu setzen in der Lage ist.

Unsere Ausbildung geht weiter und ist so differenziert geworden, daß ich jedem Reiter rate, sich besonders in dieser Phase nach einem guten Unterricht umzusehen. Um die feinen Unterschiede und Abweichungen zu bemerken, um die es in dieser Ausbildungsphase geht, brauchen wir ein geschultes Auge und eine unbestechliche Person, die aus dem notwendigen Abstand heraus sofort einhakt, sei es um uns auf etwas hinzuweisen, das wir erst noch lernen müssen, sei es um Störungen im Bewegungsablauf zu spiegeln und zu korrigieren, die sich sonst als fehlerhafte Kompromisse einschleichen könnten.

Wir sind also auf der Suche nach einem Unterricht, der in Inhalt und Stil zu dem Anspruch paßt, mit dem wir an das Pferd und an das Reiten herangehen. Und da wissen wir sofort und mit untrüglichem Instinkt, was wir *nicht* wollen: Zu einer so feinen und vielschichtigen Körper- und Sinnesarbeit, wie wir sie uns vorstellen, paßt kein Kommando- und Exerzierton. Wenn wir einen solchen dennoch gelegentlich in den Reitschulen antreffen, so gehört er einer vergangenen Zeit an. Ja, wir verstehen: Reiten

Lernen und Lehren

und Militärwesen waren historisch einmal eng miteinander verbunden, und dazu gehörte auch Machtdenken, Herrschaft und Befehl. Aber diese Zeit ist vorüber: Reiten hat sich heute aus seiner militärischen Vergangenheit emanzipiert, und überdies sind wir mündige Schüler, die statt einer vorgegebenen und dem Äußeren verhafteten Hierarchie ein verständnisvolles Miteinander wollen. Deshalb suchen wir eine Reitlehrerin oder einen Reitlehrer, die oder der mit dem diffizilen Wesen Pferd, mit dem diffizilen Wesen Mensch und mit dem diffizilen Wesen des Reitens vertraut ist. Wir suchen einen Lehrer, der selbst innerlich „versammelt" ist, so daß er in seiner Person das Ziel repräsentiert – aus *innerer* Autorität und Kompetenz heraus –, zu dem die Ausbildung führen soll. Unter einem solchen Lehrer, der voller Aufmerksamkeit, Konzentration und Verständnis unterrichtet, seine hilfreichen Anweisungen und Korrekturen sensibel und gezielt gibt und der dabei den Energiefluß von Pferd, Reiter und eventuell Gruppe genau im Blick behält, sind wir gern lernwillige Reitschüler.

Ein „versammelter" Lehrer weiß um die Auswirkungen seines Reitunterrichtes, die weit über die bloße Vermittlung von Reittechniken hinausgehen und den Reitschüler in seiner Persönlichkeitsentwicklung tiefgehend beeinflussen, ihn aber niemals in seiner persönlichen Sphäre einengen dürfen. Er kennt die Bedeutung der positiven Grundhaltung, begegnet jedem, Pferd und Reiter, mit grundsätzlicher Wertschätzung und wird sich abwertende Äußerungen noch nicht einmal in Gedanken erlauben. Wenn aber zum Beispiel jemand mit dem geliebten Tier im Unterricht auftaucht und zum Beispiel viel zu groß, jedoch nicht zu schwer für dieses Pferd ist, so daß sich das klassische „Dressurreiten" von vornherein verbietet, dann wird der Lehrer den Sachverhalt ansprechen und sicherlich einen Weg finden, auf dem der Reiter mit seinem Pferd schließlich doch noch zurecht kommt und beide wieder Spaß haben, vielleicht beim Ausreiten oder in Reiterspielen. Der versammelte Reitlehrer nimmt solche Herausforderungen an und wird alle Konzentration und Aufmerksamkeit aufwenden, um Probleme solcher Art zu lösen. Und er wird auch keinen Reiter etwa wegen seines Alters, seiner Unsportlichkeit oder seines Körperbaus zurückweisen, sondern mit jedem, der wirklich reiten lernen will, nach der speziellen Zugangsmöglichkeit suchen.

Natürlich gibt es Grenzen – meist dann, wenn die gesundheitlichen Voraussetzungen nicht gegeben sind. Körperliche und auch seelische Ausnahmezustände müssen zuerst abgeheilt und wieder ins Gleichgewicht gebracht sein, bevor jemand mit dem Reiten beginnt. Hier gilt es also zu unterscheiden und zu beraten.

Mir geht es als Reitlehrerin oft so, daß ich von der liebevollen Energie, die zwischen einem Reiter und seinem Pferd wirkt, derart fasziniert bin, daß ich mich unversehens selbst in diesem Energiespiel befinde und dann daraus leicht die weitere Arbeit entwickeln kann. Auch hier erweist sich, was in der Arbeit mit den Pferden so wichtig ist, als gute Strategie: Wenn ich an eine Arbeit herangehe und eine Anweisung gebe, lebt in mir bereits das Bild davon, wie das Ergebnis oder die Ausführung im besten Fall aussehen kann. Während ich die Anweisung ausspreche, liegt mir das Lob für die gelungene Ausführung bereits auf den Lippen. Damit öffne ich gewissermaßen einen Raum, spreche sozusagen innerlich eine positive Prophezeiung für das Gelingen aus und erlebe immer wieder mit großer Freude, wie mein zum Ausdruck kommendes Vertrauen dazu führt, daß diese Prophezeiung sich auch tatsächlich erfüllt. Und schon kann das „Gut!" als positive Bestätigung ausgesprochen werden. Gebe ich aber eine Anweisung und warte ab, was das Pferd oder der Reiter damit wohl machen werden, dann ist die Umsetzung manchmal längst eingetreten, bevor ich noch von außen darauf reagieren kann, und möglicherweise kommt mein „Gut!" jetzt in dem Augenblick, in dem ich eigentlich schon die nächste Korrektur anbringen müßte. Auf diese Weise hat meine Erwartung so etwas wie eine vorbahnende Funktion, sie bildet die Schiene, auf der dem anderen die Ausführung leichter gelingt.

Mentales Vorangehen

Wenn Sie einen Unterricht finden, der in einer solchen Grundstimmung von Takt – auch im übertragenen Sinne – von Losgelassenheit, Vertrauen, Anlehnung und Haltung getragen wird, dann können Sie diese Stimmung als Basis für Ihre eigene Arbeit übernehmen und in den eigenen Übungen zwischen den

Reitstunden aktivieren. Ein solcher „versammelter" Reitunterricht wirkt über die Reitstunde hinaus!

Bilder – Vorbilder – Versammlung

Wir arbeiten hier an der Versammlung, und allein in diesem Wort liegt bereits eine außerordentliche Kraft und Wirksamkeit. Sie beruht darauf, daß uns mit dem Wort „Versammlung" ein Bild zunächst von außen vor Augen gehalten wird, das wir als ein inneres Bild nachvollziehen können und das dann als solches unser Denken und Tun bestimmt. Dazu wieder einmal ein Beispiel: Gelegentlich werde ich gebeten, Pferde zu reiten, die Unarten oder Schwierigkeiten entwickelt haben und denen ich dann wieder zeigen soll, „wo's langgeht". Dies ist eine echte Herausforderung, weil die Reiter mir erst einmal ihr Problem schildern oder ich gerade mit eigenen Augen das „unartige Tier" beobachtet habe. In jedem Fall ist das ein ganzer Korb voller Negativeindrücke. Also brauche ich etwas, was ich dem entgegensetzen kann, wenn meine Korrektur effektiv sein soll. Früher habe ich dazu Bilder von zufrieden und schwungvoll vorwärtsgehenden Pferden vor meinem inneren Auge entstehen lassen. Bis ich eines Tages herausfand, daß bereits ein starkes Bild zur Verfügung steht: Das Ordnen der Zügel in der linken Hand unmittelbar vor dem Aufsitzen birgt bereits alle Qualitäten der Sammlung in sich. Wenn dieses bewußt geschieht, ordnet sich dabei mein Inneres, klären sich die gerade gesehenen Bilder der Unordnung. Ich sammle mich und dabei entsteht bereits ein deutlicher Kontakt zu dem Pferd, das sofort aufzuhorchen scheint: „Hej, was ist denn da los?" Diese Versammlung, die bereits im Kontakt mit dem Pferd beginnt, erweist sich als so eindrucksvoll und effektiv, daß ich sie längst nicht mehr nur vor „Korrekturritten" anwende.

Lassen Sie uns noch einen Schritt weitergehen und das Bild von einem „Menschen in Versammlung" entwickeln, der seine Mitte, sein Selbst gefunden hat. Da können wir jedesmal spüren, wie eine aufbauende Kraft von solch einem „Vor-Bild" ausgeht und in uns wirksam wird. Ja, wir möchten wünschen, daß das Lernziel „Versammlung" als ein allgemein-menschheitliches erkannt wird und nicht nur der Reitschüler in den Genuß seiner heilsamen Wirkung gelangt!

Wenn wir uns beim Reiten um Versammlung bemühen, befinden wir uns in einem Lernprozeß, den der Aikido-Lehrer George Leonard als den „Weg des Meisters" bezeichnet und dem er einen bestimmten Rhythmus zuordnet. Diesen Rhythmus stelle ich Ihnen hier kurz vor, weil er auch für die Reitausbildung hilfreich ist. Der Weg zur Meisterschaft verläuft nämlich nicht in kontinuierlicher Steigerung. Er verläuft vielmehr in einem Rhythmus von Stufen und Absätzen. Die einzelnen Stufen sind durch kleine Lernsprünge miteinander verbunden, in denen sich das Lernen in relativ kurzer Zeit vollzieht. Denken Sie daran, wie schnell Sie etwas verstehen! Das „Aha" dauert jeweils nur einen kurzen Moment, und das erste Umsetzen nach einem solchen „Aha" bringt auch meistens schon ein deutliches Erfolgserlebnis. Dann aber wird ein Absatz erreicht, das gerade Gelernte scheint oft nicht mehr zu funktionieren, es muß verarbeitet werden, und die Lernkurve verharrt nun über kürzere oder längere Zeit auf dieser Ebene. In allen komplexen Lernvorgängen ist das so. Ein „Aha" zieht fast lawinenartig eine Flut von Impulsen nach sich. Aber deren Umsetzung und Integration braucht dann ihre Zeit, insbesondere wenn körperliche Muster mitbetroffen sind. Diese Zeit des Übens und Umsetzens bezeichnet Leonard als „Plateau". Erst wenn sich das neue Gleichgewicht auf diesem „Plateau" herausgebildet hat, das Gelernte automatisiert und in das körperliche Bewegungsprogramm als selbstverständlich eingegliedert worden ist, wird der Organismus wieder aufnahmefähig für weitere Veränderung. Erst jetzt wird wieder ein neuer Lernsprung möglich, wiederum gefolgt von einer Zeit des Verarbeitens und Integrierens – jetzt auf einem erhöhten Niveau.

Versammlung führt auf den „Weg des Meisters"

Diese Plateauzeit wird oft als Flaute erlebt, in der nichts Wesentliches geschieht. Meine Reitschüler beginnen dann zu stöhnen, daß sie „so gar nicht" vorankommen. Diese Zeiten des Übens verlangen eine besondere Zuwendung der Reitlehrerin, sind sie doch Phasen, in denen Schüler leicht die Geduld verlieren, das Gefühl haben, niemals weiter zu kommen, nach dem Sinn des Ganzen fragen und manchmal auch alles aufgeben möchten. Da ist es in gewisser Weise tröstlich zu wissen, daß es sich um einen ganz normalen Vorgang handelt, der zu jedem Lernen gehört und der einfach überstanden werden muß. Denn Sie gehören doch hoffentlich nicht zu den drei Lernmuster-Typen, den „Dilettanten", den „Fanatikern" oder den „Phlegmatikern", die Leonard als besonders anfällig dafür bezeichnet, ihren Weg zur Meisterschaft in einer Plateauphase zu unterbrechen oder gar zu beenden, da sie aus ihren inneren Bedingungen heraus mit dem scheinbaren Stillstand nicht zurechtkommen. Für Leonard sind diese Muster weit über die sportlichen Bezüge hinaus gültig, und er regt an, sie auch in unseren Alltags-, Berufs- oder Beziehungsfragen aufzuspüren.

Ich füge hinzu, daß außerdem unsere Pferde ebenfalls ihre eigene Art und ihr eigenes Temperament haben, uns unsere Plateauzeiten erträglich oder auch weniger erträglich zu machen. Jeder Reiter kennt zum Beispiel die Erfahrung, daß es plötzlich „klickt!" Endlich weiß er, wie zum Beispiel das Becken gedreht und gekippt werden kann, um mit der Bewegung im Trab mitzuhalten. Dieses Erlebnis kann einen regelrechten Glücksrausch auslösen – und wer dächte dann nicht, jetzt reiten zu können? Endlich hat man es verstanden, könnte jetzt üben, anfangen, „richtig" zu reiten. Unerklärlicherweise aber zeigen die Pferde manchmal gerade jetzt besonders „schlechte Laune". Diese „Laune" kann unter Umständen durch einen Muskelkater hervorgerufen sein, wenn zum Beispiel durch das richtige Einsitzen des Reiters der Rücken zu freieren Tritten angeregt wurde und es damit zum verstärkten Einsatz bisher wenig benutzter Muskelgruppen gekommen ist. Meistens aber ist es die große Erwartung „jetzt geht's erst richtig los!", die beim Reiter so viel Spannung erzeugt, daß die Pferde darauf negativ reagieren. – Ebenso können wir es erleben, daß ein Pferd plötzlich „träge" wird, wenn unsere innere Spannung unter das aktivierende Maß sinkt, weil wir „es ja jetzt können". Dann reagiert das Pferd auch darauf und schaltet folgerichtig auf „Ausruhen", möglicherweise schon in dem Augenblick, in dem wir mit dem Sattelzeug in Sichtweite kommen.

Der sich versammelnde Reiter sieht im Spiegel seines Pferdes sich selbst

Ein Reiter, der sich auf die Versammlung zubewegt und sich auf deren Angebote zum Wachstum einläßt, wird zu der Einsicht kommen, daß er die Gründe für ein verändertes Verhalten seines Pferdes immer auch bei sich selbst zu suchen hat. Gelangt er zu einer versammelten Haltung, dann entfällt eine Vielzahl üblicher Vorurteile, Glaubenssätze und Überheblichkeiten. Dafür stellt sich mehr und mehr der Sinn für die echten Verhältnisse ein, und es entwickelt sich eine Art Bescheidenheit, nicht jene, die nach gängigen Vorstellungen ein Zurückstehen oder ein Sich-klein-machen auferlegt, sondern eine, die stark genug ist, auch eigene Unzulänglichkeiten einzubeziehen und ehrlich an diesen zu arbeiten, das heißt, immer wieder neu zu beginnen, immer wieder neu in sich das zu „versammeln", was in körperlicher, seelischer und sozialer Hinsicht bisher gelernt wurde, den Mut des Schwunges, die Balance des Geraderichtens und all die anderen Qualitäten unserer Ausbildungsstufen.

Wie auch immer unser Lernvorgang sich im einzelnen abspielt, seine Ergebnisse haben uns verändert und verändern uns weiter. Wir befinden uns mitten in dem unendlichen Lernfeld, das uns die Versammlung im Sinne unserer Menschenbildung bietet, und nehmen die Anregungen auf, die wir auf der bewußten und noch weit mehr auf der unbewußten Ebene bekommen. Besonders letztere haben sich mit unserem Selbst verbunden. Zunächst zeigte sich das in einer wachsenden Sicherheit, dann immer mehr in einem ausgeprägteren Selbstbewußtsein. Das Selbstwert-Gefühl wurde durch ein Selbstwert-Wissen verstärkt, ein Wissen, das keiner Unsicherheit oder Zaghaftigkeit mehr zum Opfer fällt und keinen Rechtfertigungszwängen mehr unterliegt. In unserer Zeit, die immer noch unsicher mit Gefühlen umgeht, ist ein solches Selbst-Verständnis von unendlichem Wert, weil es auch körperlich erfahren wird und sich dadurch tief in unserer Lebensrealität verankert.

So hat zum Beispiel das „Von-hinten-nach-vorne-Reiten" längst unser Körperbewußtsein beeinflußt und uns eine ganz neue Haltung empfinden lassen. Ein Energiekreis, der von hinten her impulsiert wird, schafft eine neue Qualität in unseren Mustern von Vorwärtsorientierung, in denen es oft genug zu Verkrampfungen kommt, in denen sich Nacken- und Rückenmuskulatur oft verhärten, wir dies aber genauso oft auch gar nicht mehr spüren, weil wir für unseren Rücken kein Bewußtsein mehr haben. Die unzähligen Fälle von Rückenleiden und Wirbelsäulensyndromen sind nicht immer nur eine Folge unserer einseitigen Sitz- oder Körperhaltung, sondern leiten sich ebensooft von einer falschen inneren Haltung her. Dieses Phänomen ist so

Den Rücken erleben

ausgeprägt und so häufig anzutreffen, daß man sagen kann: uns fehlt inzwischen weitgehend jede Sensibilität für unseren rückwärtigen Bereich. Hier heißt das Zauberwort „Durchlässigkeit". Und wirklich spürt der Reiter nach seinen Übungen der Durchlässigkeit, der Losgelassenheit und der Versammlung bald eine ganz neue – umwerfende – Lebendigkeit, die er sich oft gar nicht erklären kann. (Übrigens macht der Bogenschütze in der Kunst des Bogenschießens dieselbe beglückende Erfahrung. Auch er muß es ja lernen, sich vom Rücken her zu orientieren und bekommt im Laufe seiner Ausbildung ein völlig neues Rückengefühl geschenkt.) Staunend also erlebt der Reiter seine vorher so nicht wahrgenommene Ganzheit, seinen Rücken, sein Rückgrat und seine Aufrichtekraft. Ist es da ein Wunder, daß er sein ganzes Wesen, sich selbst, neu zu ergreifen lernt, zu einem neuen selbstbewußten Handeln findet, Verantwortung für sich selbst bewußter als bisher zu übernehmen in der Lage ist und auch seine Entscheidungen klarer fällen kann? Natürlich haben ihm die Pferde im gesamten Ausbildungsprozeß diese Entschiedenheit bereits abverlangt, aber die Versammlung ist die Stufe, auf der er das bisher Erreichte am eigenen Körper spüren kann.

Verantwortung für sich selbst – Entscheidungsfähigkeit – innere Autorität

Mit dem Erüben der Versammlung, die sich auch für den Reiter vom Rücken her aufbaut, kommen wir zu einer außerordentlich energiegeladenen Haltung und zu einer starken, wirksamen Kraft für die Gestaltung unseres gesamten Lebens. Wenn ich diesen Zusammenhang verstanden habe, dann hat sich etwas verändert in meinem Leben, und ich habe dies nicht nur mit dem Kopf begriffen, sondern vor allem durch eine konkrete sinnlich-körperliche Erfahrung – in jeder Reitstunde, bei jeder Begegnung mit dem Pferd und besonders in den versammelnden Lektionen. Anfangs schien es mir eine gewaltige Aufgabe zu sein, für das Pferd Verantwortung zu übernehmen, jetzt *fühle* ich mich fähig, eine Verantwortung in viel umfassenderem Sinn zu tragen, nicht nur die für Pferd, Beruf, Familie und andere, sondern ganz bewußt die Verantwortung *für mich selbst*, für *mein* Leben, für *mein* Denken, *mein* Fühlen und Handeln.

Die Verantwortung für mich selbst verlangt, daß ich Autorität für mich selbst werde. Früher scheute ich vor diesem Begriff zurück. Allzu sehr schien er mir in unserer Zeit in die Bedeutung von zwanghaften Vorschriften und von „Fremdbestimmung" abgedriftet zu sein. Jedoch „Autorität für sich selbst" – innere Autorität – ist etwas anderes. Sie hat viel mit Klarheit und Sicherheit zu tun, eben mit jenem neuen Selbstwertgefühl, Selbstwertwissen und dann mit jener Selbstbestimmung, die uns der Umgang mit den Pferden lehrt. Seitdem stehe ich bewußt und freimütig zu mir selbst. Ich habe die Fähigkeit, selbst die Gewichtungen in meinem Leben vorzunehmen und selbst zu bestimmen, was ich tue und was ich lassen will. Wie ein solcher Entwicklungsprozeß konkret im Leben aussehen kann, zeigt das Beispiel einer Patientin:

Sie kam in einem Zustand äußerster Erschöpfung zu mir zur Beratung. Ihr Tagesablauf zu Hause war geprägt durch die Versorgung des schwerst pflegebedürftigen Vaters, das Führen des eigenen Haushaltes und durch die volle berufliche Tätigkeit. Die Fahrten zwischen den einzelnen Einsatzgebieten nicht eingerechnet, arbeitete sie täglich vierzehn Stunden, so daß ihr keine Zeit blieb, die eigenen Kräfte zu regenerieren. Vor allem aber quälte sie das schlechte Gewissen, ihrem Beruf nachzugehen, statt den Vater besser zu versorgen, und sie litt unter der Überzeugung, insgesamt doch noch zu wenig zu schaffen. In vielen therapeutischen Gesprächen gingen wir ihre Situation in allen Einzelheiten durch. – Veränderungen im Äußeren waren durch die finanzielle Situation ausgeschlossen.

Die eigentliche Problematik lag darin, daß diese Frau nach ihrem eigenen Leben zu fragen begonnen hatte und im Zweifel war, was dieses ihr noch zu bieten habe. Diese Frage brachte ihr das schlechte Gewissen ein, und sie stand vor der Alternative: „Entweder die Pflichten und ein ruhiges Gewissen – oder ein selbstbestimmtes Leben mit einem schlechten Gewissen". Als sich unsere Gespräche bis zu diesem Punkt entwickelt hatten, gerieten sie ins Stocken, und so bot ich der Patientin an, die Therapie auf dem Pferd fortzusetzen. Sie war als Kind ein paar Male geritten und ging auf meinen Vorschlag sogar ein bißchen neugierig ein. In den folgenden Stunden arbeiteten wir mit Sitzübungen an der Longe, und die Frau konzentrierte sich intensiv auf ihre Körpergefühle, genoß zutiefst, sich tragen zu lassen. Fast schien es, als nehme sie in den Therapiestunden ein bißchen Urlaub von ihrer überwältigenden Belastung. In der befreienden Körperarbeit löste sich das zermürbende Grübeln zugunsten einer zunehmenden Klarheit, die sich zuerst in inneren Bilder ausdrückte – sie begann lebhaft zu träumen – und dann auch im Gespräch. Sie entschied, daß sie keine äußeren Veränderungen ihrer Lebenssituation vornehmen werde.

Eigentlich – könnte man denken – war gar nichts geschehen, hatte sich nichts verändert. Und doch hatte sich etwas Wesentliches ereignet und die gesamte Situation von Grund auf gewandelt: Diese Frau hatte gelernt, zu ihrer eigenen Souveränität zu finden und aus dieser Souveränität heraus ihre Entscheidungen zu treffen. Damit war sie frei geworden von den vorher ihr Leben von außen her bestimmenden, beengenden und verunsichernden Zwängen. Sie hatte die Verantwortung für sich und ihre Entscheidung übernommen in dem Sinne, daß sie sich selbst ihre Lebensfragen stellte und diese dann auch selbst beantwortete. Ich erhielt in der Folgezeit eine Reihe von Anrufen, in denen sie mir berichtete, daß sie jetzt mit sich und ihrem „Gewissen" im Reinen sei, auch nicht mehr so übermüdet, und die Situation nun viel besser ertragen könne. Sie habe sich niemals vorstellen können, daß die Gewinnung eines neuen Standpunktes eine so befreiende Auswirkung haben könne. – Als nächstes erhielt ich dann Grüße aus Irland, wo sie Reiterferien verbrachte und sich damit einen großen Wunsch ihrer Kindheit erfüllte.

Lebendigkeit, Flexibilität und Kongruenz

Immer wieder habe ich erlebt, daß Menschen vor klaren Entscheidungen in ihrem Leben zurückscheuen aus Angst, eine falsche Wahl zu treffen. Hier kann das Bild von der reiterlichen Versammlung hilfreich sein. In ihr lösen sich Unsicherheiten und Besorgnisse auf. Denn das sich einstellende Gefühl von Stärke läßt die Vorstellung zu, daß Entscheidungen auch wieder revidiert werden können, sobald sich herausstellt, daß ein einmal eingeschlagener Weg doch nicht zum gewünschten Ziel gelangt. In der Versammlung zu reiten, führt einfach zu jener starken Präsenz, aus der heraus der Reiter in jedem einzelnen Moment die Bewegung zusammen mit seinem Pferd wieder neu zu greifen vermag.

Das folgende Beispiel zeigt, welch ungeahnte Erfahrungen durch das Reiten vermittelt werden können und welche Auswirkungen sie auf die gesamte Lebensführung haben – bis hin zur Überwindung von Krankheits- und Todesgedanken. Eine Reiterin, die seit einiger Zeit durchschnittlich alle vier Wochen eine Reitstunde bei mir genommen hatte, rief eines Tages an mit der Frage, ob sie eine Extrastunde haben könne, sie brauche etwas, das sie aufbaue. In dieser Stunde fiel es ihr ungewohnt schwer, sich auf ihre Aufgaben zu konzentrieren, bis sie schließlich damit herausrückte, daß ihr Mann von einer bösartigen Krankheit befallen sei und die Ärzte ihm nur noch eine kurze Lebenszeit einräumten. Tief berührt fragte ich sie, ob sie dann heute überhaupt Reitunterricht haben wolle. Doch, sie wollte. Also ließ ich sie versammelnde Übungen reiten, ließ sie den Trab für einige Tritte verkürzen und daraus zum Schritt parieren oder aus einigen verkürzten Tritten wieder zulegen. Dazwischen bot ich ihr immer wieder lösende Lektionen an. Von außen wirkte es so, als ob sich die Reiterin unter diesen Übungen fangen konnte, und wir beendeten die Stunde etwas eher als sonst. Nachdem sie ihr Pferd wieder auf dem Anhänger versorgt hatte, kam sie noch einmal zurück und fragte, ob wir noch ein bißchen reden könnten. Wir setzten uns etwas abseits in den Schatten eines Baumes, und sie erzählte mir von ihrem Mann, von der Krankheit, den Ängsten, von ihrer Beziehung, daß ihr Mann ihr so viel bedeute und wie sie ihr Leben miteinander geteilt hätten. Und dann sagte sie, sie und ihr Mann hätten geplant, gemeinsam aus dem Leben zu scheiden, und sie habe eigentlich nur noch einmal zum Abschied bei mir reiten wollen. Aber beim Reiten sei ihr klar geworden, daß ihr Vorhaben keine Lösung sei. Sie wisse noch nicht, wie es weitergehen könne, aber sie werde die gemeinsame Zeit, die ihnen noch verbleibe, nicht verkürzen.

Ich fragte sie, ob sie alles das, was sie mir soeben über ihren Mann erzählt hatte, nämlich wie viel er für sie bedeute und wie lieb sie ihn habe – ob sie das alles *ihm selbst* auch schon einmal so gesagt habe? Das verneinte sie verwundert, weil doch beide wüßten, was sie aneinander hätten. So riet ich ihr, es wenigstens einmal zu versuchen. Einige Monate später erhielt ich dann einen langen Brief von dieser Frau, in dem sie erzählte, daß sie dieses Gespräch tatsächlich mit ihrem Mann geführt hätte – noch am

Lebensgeschenke

selben Abend – und daß dieses Gespräch eine zusätzliche Tiefe für ihre Beziehung und für die folgende Zeit der fortschreitenden Krankheit gebracht habe.

Worauf es mir in diesem Beispiel ankommt: Diese Frau war im Reiten und in der Bewältigung der damit verbundenen Aufgaben wieder zum direkten Kontakt mit dem Hier und Jetzt des Lebens gekommen und hatte aus dieser Erfahrung heraus Kraft gewonnen, auch die Kraft für neue Formen der Beziehung und somit für die Entscheidung – zwar noch mit etwas bangen Gefühlen – aber doch im Hier und Jetzt zu bleiben. Eine Entscheidung für das Leben also – unabhängig von dessen Dauer.

... und irgendwann wird aus Versammlung Weisheit ...und „sichere Basis"

Die Kräfte, die uns aus dem übenden Umgang mit der Versammlung erwachsen, sind keine, die unser Leben im herkömmlichen Sinne unbedingt leichter machen, aber sie sind tragfähig, auch für das Schwere, das uns begegnet, ebenso tragfähig wie ein Pferderücken. Es entsteht eine Art Weisheit, die hier erritten wird. Die weiß nichts von Überheblichkeit, sie ist ein ständiges Spiel, ein dauerndes Probieren, ein freundliches, oft auch humorvolles Umgehen mit dem eigenen Selbst – und wird uns eines Tages zur „sicheren Basis" führen.

Bowlby und Kohlrieser haben diesen Begriff von der *„sicheren Basis"* geprägt, die ein Mensch für sich findet, wenn er in sich selbst gegründet ist. Aus ihr heraus ist er handlungsfähig und kann auch immer wieder zu ihr zurückkehren. In den östlichen Lebensweisheiten spricht man in diesem Zusammenhang von der *„Mitte"*, in der ein Mensch *ist*, und aus der er seine Kraft schöpft. In unseren Märchen ist es der Moment des König-Werdens, in dem ein Mensch sich als fähig erweist, sein inneres *Königreich* zu regieren. In der christlichen Mystik entspricht es der Erfahrung, *„Licht-vom-Licht"* zu sein. So hat man sich offensichtlich zu allen Zeiten um Begriffe bemüht, die die Vorstellung von Lebenserfüllung und Orientierung zum Ausdruck bringen und den Menschen auf der höchsten Stufe seiner Entwicklung zeigen. Und in der Reiterei ist eben diese höchste Stufe *„die Versammlung"*.

Mit der „Versammlung" haben wir den letzten Ausbildungsschritt der Grundausbildung abgeschlossen. Wir haben jetzt – nachdem wir uns mit Takt, Losgelassenheit, Anlehnung, Schwung, Geraderichtung und Versammlung beschäftigt haben, sie vertieft und geduldig geübt haben – unser Handwerkszeug zusammen. Wir haben eine Basis geschaffen und wollen einen Blick zurück auf unsere Entwicklung werfen: Am Anfang unseres Buches haben wir damit zusammen voraussetzungs- und im ganzen manchmal vielleicht ahnungslos begonnen, genauso wie ich seinerzeit, als ich mir ein Pferd anschaffte und mit dem Reiten begann. Viele Menschen, die irgendwann einmal beschließen, es mit dem Reiten zu versuchen, haben keine Vorstellung davon, auf was sie sich da einlassen. Sie denken vielleicht an körperliches Training und Freizeitbeschäftigung und ahnen noch nicht, daß diese Ausbildung weit darüber hinausgeht und sie in einen Lern- und Entwicklungsprozeß hineinführt, der tiefgreifende Auswirkungen auf ihre gesamte menschliche Existenz hat. Inzwischen ahnen wir es nicht nur, wir wissen es. Wir haben es an uns selbst erfahren, daß das Reiten eine unerhörte Herausforderung an uns darstellt, daß wir, wenn wir einem Pferd gewachsen sein wollen, selbst innerlich stark und souverän werden müssen. Die Ausbildungszeit war nicht immer leicht für uns, aber mit jeder Erkenntnis, jedem Gelingen verband sich die beglückende Erfahrung, daß uns unsere Pferde als sensible und unbestechliche Begleiter dazu verholfen haben, uns selbst zu finden, kongruent und authentisch zu werden, Geistesgegenwart und Führungssicherheit zu gewinnen. Nach diesen Erfahrungen verstehen wir heute die große therapeutische Auswirkung des Reitens im Hinblick auf die Erhaltung und Wiedererlangung von körperlicher und seelisch-geistiger Gesundheit sowie auf die Mobilisierung von Abwehr- und Aufbaukräften – gerade in unserer Zeit.

Ist Versammlung das Ende?

Es erfüllt uns mit Freude, daß wir in unserer Reitausbildung so weit gekommen sind, aber wir wissen auch, daß wir uns damit nicht an einem Ende befinden, sondern wieder einmal an einem neuen Anfang. Die Grundausbildung ist zwar abgeschlossen, aber die Entwicklung kann nun immer differenzierter werden. Bisher haben wir die Voraussetzungen geschaffen für das, was einmal echte Reitkunst werden soll, jetzt begeben wir uns auf den Weg, der uns diesem Ziel näherbringt. Von diesem Weg wissen wir, daß er auch weiter ein Weg der Arbeit und des Lernens sein wird, und wir freuen uns in der Gewißheit darauf, daß er uns von Stufe zu Stufe wird wachsen lassen und – zum Glück! – nie endet, denn dann stünden uns keine neuen Lernerfahrungen mehr bevor!

Das höchste Glück   Der Spruch von dem höchsten Glück der Erde, das auf dem Rücken der Pferde liegt, entfaltet somit für uns seine volle Bedeutung. Wem es gelingt, sich auf diesen Entwicklungsprozeß einzulassen, daran zu wachsen und dem Pferd – diesem großen, schnellen Tier – gewachsen zu werden, sein Vertrauen zu gewinnen, sich von ihm tragen zu lassen und seine Mitarbeit zu gewinnen, der kann diesen Lernprozeß, der mit höchster Intensität unser ganzes Wesen ergreift, der uns immer mehr zu unserem eigenen Sein und Selbst führt wirklich und dankbar als „höchstes Glück der Erde" empfinden.

Nachwort

Als ich selbst anfing zu reiten, war mir natürlich nicht klar, auf welches Abenteuer ich mich da einließ! Pferde standen meinem Herzen immer nahe, aber ich hatte bis dahin keine Gelegenheit gehabt, wirkliche Erfahrungen mit ihnen zu sammeln. So träumte ich als Kind von einem Pferd, das mir gehörte. Ich erzählte ihm immer vor dem Einschlafen, was ich an diesem Tag erlebt hatte, und da es das Pferd meiner Träume war, konnte es sprechen. Wir erzählten uns Abend für Abend, wenn die Eltern „Gute Nacht" gesagt hatten, alles Wichtige. Dann kam eine Zeit, in der mir das Träumen nicht mehr reichte und ich mir ein lebendiges Pony wünschte. Damals verschwand mein Traumpferd, und übrig blieb ein Wunsch, der aber keine Erfüllung fand. Schließlich verschwand auch dieser Wunsch aus meinem Bewußtsein. Ich wurde älter, besuchte die Schule und die Universität, fand meine erste Anstellung, dann meine zweite, und eines Tages merkte ich, daß ich irgendeine sportliche Betätigung brauchte, und zwar eine, die Spaß machen und mit Verpflichtungen verbunden sein sollte. Da fielen mir meine Wünsche und Träume wieder ein, und ich begann zu reiten. Kurz darauf begegnete ich ihr: einer kupferfarbenen Dunkelfuchs-Stute mit rotbraun schimmernder Mähne und ebensolchem Schweif, die einzelnen Haare changierend in allen Brauntönen von Blond über Rot bis hin zu einem vereinzelten Schwarz. Ich mochte die Stute sofort aus tiefem Herzen. Bis heute weiß ich nicht, welcher Teufel – oder welche Göttin? – mich damals ritt, als Reitanfängerin dieses Pferd zu kaufen, das bis dahin nur wenig ausgebildet war. Aber die Erfahrungen, die ich mit ihm dann in unserer gemeinsamen Zeit machen sollte, stellten sich als Glück und wichtige Lernschritte für meine spätere Lehrtätigkeit und therapeutische Praxis, ja für mein ganzes Leben heraus.

Da ich zunächst überhaupt nicht reiten konnte, mußte ich das erst einmal lernen. Die Stute, die ich erworben hatte, erwies sich als intelligent und hochsensibel, zeigte sich aber zum damaligen Zeitpunkt von einer äußerst schwierigen Seite, und ich mußte als erstes versuchen, dieses Verhalten zu verstehen. Ein wesentlicher Faktor, der zum Gelingen des Experimentes beitrug, bestand darin, daß ich einen erfahrenen Reiter fand, der gerade kein eigenes Pferd zur Verfügung hatte. Der durfte die Stute mit reiten und sollte als Gegenleistung das in Ordnung bringen, was meine Unkenntnis immer wieder verursachte. Bis zu diesem Zeitpunkt hatte ich noch nie eigenverantwortlich mit Pferden zu tun gehabt. Als Jugendliche hatte ich zwar an einem Schnupperkurs im Reiten teilgenommen, aber im wesentlichen war ich damals nur, so oft ich konnte, im Reitstall gewesen und hatte die Reitlehrerin – später den Reitlehrer – angehimmelt. Und an jeder Pferdewiese war ich stehengeblieben, um den Tieren Grasbüschel hinzuhalten und allen, die es wissen oder auch nicht wissen wollten, zu erklären, daß eine Wiese, auf der Pferde stehen, keine „Wiese", sondern eine „Koppel" sei.

Aber weiter reichte mein Wissen nicht. Und als ich jetzt so plötzlich ein Pferd besaß, hatte ich mir eine Vielzahl von Fragen zu stellen. Ich brauchte Grundlagenkenntnisse und suchte die in Büchern über Pferdehaltung und Pferdeverhalten, über Pferdepsychologie und Pferdesozialisation. Dabei erfuhr ich viel Wissenswertes. Besonders berührte mich die Geschichte vom „Klugen Hans".

Heute werden viele schöne Bücher herausgegeben, aus denen wir lernen können, wie Pferde untereinander kommunizieren, wie sie miteinander „reden" und was sie uns durch Ausdruck, Körperhaltung und Gesten mitteilen wollen. Ebenso werden Kurse in Pferdesprache angeboten, in denen den Menschen beigebracht wird, wie sie gehen, sprechen und gestikulieren sollen, damit ihre Pferde sie besser verstehen können und umgekehrt sie die Pferde. Andere Zugänge werden über Massagen vermittelt, eindrucksvolle Möglichkeiten, den Kontakt mit den Pferden herzustellen und auszuweiten. Es scheint jedoch so, als ob alle diese Maßnahmen darauf abzielten, die Pferde „besser" zu machen, ihre Verspannungen zu lösen, ihr Zutrauen zu gewinnen, ihnen Unarten abzugewöhnen oder ihre Nerven zu stärken.

Übrigens gehört in diesen Zusammenhang eine Beobachtung, die man immer wieder machen kann, daß nämlich die Gründe für allerlei Fehlverhalten des Pferdes an falscher Stelle gesucht werden. Mir werden häufig Pferde vorgestellt, die sich angeblich nicht gut reiten lassen, die sehr nervös, verspannt, verhalten oder unaufmerksam sind. Ihre Besitzer vermuten dann Krankheiten als Ursache und sind schnell dabei, mit allerlei Kräutertinkturen oder homöopathischen Mitteln zu versuchen, die Pferde mehr für das Geritten-Werden zu interessieren oder sie zu beruhigen. Vielleicht werden auch Stärkungsmittel eingesetzt, um der Lebenslust der Tiere wieder auf die Beine zu helfen. Aber bevor „Mittel" eingesetzt werden, sollte man grundsätzlich immer zuerst auf den Reiter schauen. Immer wieder liegen bei ihm die wirklichen Ursachen. Oft sind hier nur geringfügige Korrekturen notwendig, damit die Pferde wieder „loslassen" können. Manchmal muß der Reiter nur darauf achten, geschmeidiger zu sitzen oder die Zügel gefühlvoller in die Hand zu nehmen. Bereits dadurch können die Tiere in die Lage kommen, ihren Takt wieder aufzunehmen und dem Reiter eine neue Vertrauenschance zu geben. In einigen Fällen halten die Reiter auch aus einer unbewußten eigenen Angst heraus ihre Pferde zu stark im Tempo zurück, so daß diese sich bei diesen „Schneckengängen" anfangen zu langweilen und natürlich auf „dumme Gedanken" kommen. Ich schätze die Heilkräuter und insbesondere die homöopathische Medizin sehr und halte es in manchen Fällen auch für gut, einem Pferd ein solches Mittel zu geben, aber in der Regel sollten Medikamente nur bei nachweisbaren Krankheitssymptomen verabreicht werden.

Während wir uns so um unsere Vierbeiner bemühen, machen wir uns selten klar, daß wir selbst, die Menschen, ebenfalls unglaublich feinfühlig und subtil beobachtet werden und somit ständig auf dem Prüfstand stehen. – Und was tun eigentlich wir, um uns zu verbessern? Machen wir regelmäßig unsere Gymnastikübungen, um Beweglichkeit und Gleichgewicht zu schulen und damit unsere reiterliche Einwirkung zu verfeinern? Wie erreichen wir die Entspannung, die wir von den Pferden verlangen? Wie gehen wir mit uns selbst um, während wir so viel für die Pferde tun?

Mit der Zeit habe ich herausgefunden, wie sehr es berechtigt ist, diese Fragen zu stellen und die entsprechenden Zusammenhänge stärker zu beachten. Allein durch die Tatsache, daß ich meine Kondition verbessere, verbesserte ich auch die des Pferdes. Sein Verhalten hing immer auch mit dem meinen und mit meiner inneren Verfassung zusammen. War ich zum Beispiel in meinen Gedanken noch mit irgendeiner beruflichen Frage beschäftigt, dann reagierte die Stute abwehrend. Kam ich jedoch entspannt und auf die vor mir liegenden Stunden orientiert in den Stall, dann wurde ich freundlich empfangen. Viele Menschen in den sogenannten Heilberufen haben Schwierigkeiten damit, nach ihrer Arbeit abzuschalten, und gerade die Psychotherapeuten werden dazu verleitet, die Probleme ihrer Patienten mit nach Hause zu nehmen. Von Furie, meiner Stute, lernte ich, die Tür der Klinik wirklich hinter mir zu schließen und mich völlig auf die jetzige Aufgabe umzustellen. Sollte ich dennoch wieder einmal unfreundlich empfangen werden, so wußte ich Bescheid: Es war nicht die „schlechte Laune" meines Pferdes, sondern ich ging besser noch einmal aus dem Stall, strich mir symbolisch die Schultern ab und atmete ein paarmal tief durch, bevor ich mich wieder zu meinem Pferd begab, das mich jetzt in seiner üblichen freundlichen Art begrüßte.

Immer wieder habe ich mich gefragt, woran die Pferde solche Zustände von uns Menschen erkennen können. Werden ihnen unsere Stimmungen – wie beim „klugen Hans" – durch minimale Körperverhaltensweisen deutlich? In meiner eigenen Ausbildung als Psychotherapeutin kam ich mit dem Neurolinguistischen Programmieren (NLP) in Kontakt und lernte, daß wir üben können, auch bei Menschen bereits die geringsten Veränderungen zu beobachten und wahrzunehmen, den Klang der Stimme, die Spannung und Durchblutung der Gesichtshaut, die Weite der Pupillen, darüber hinaus die Haltung des Körpers, die Ausführung von Gesten, den Gang und viele andere Bewegungsäußerungen. Sicherlich ist dieses Lernen nur ein erster Schritt, aber wer das Glück hat, mit Pferden umzugehen, erlebt im Laufe der Jahre eine intensive und spannende Weiterentwicklung. Die Begegnung und die Beschäftigung mit ihnen hält uns einen ständigen Spiegel vor, durch den wir uns selbst erkennen, neue Seiten von uns entdecken und uns eben auch verändern können.

Natürlich ist es ein großer Unterschied, ob ein Erwachsener reiten lernt oder ein Kind. Für einen Erwachsenen bedeutet das Reiten eine völlig andere Herausforderung. Während Kinder auf unbefangene Weise spielerisch in die Reitbewegungen hineinfinden, versuchen wir als Erwachsene erst einmal, die uns noch ungewohnten Bewegungsabläufe mit dem Kopf zu verstehen, das heißt, wir denken zuerst, bevor unser Körper auch nur ansatzweise bereit ist, auf bestimmte gewohnheitsmäßig eingefahrene Krümmungen oder Verspannungen zu verzichten. Damit aber sind unsere Nervenbahnen blockiert und für neue Bewegungsanweisungen gesperrt: „die Telefonleitung ist besetzt". Erst wenn wir in unserer Vorstellung eine halbwegs angemessene Idee von einer Bewegung entwickelt haben, beginnen wir, sie an den Körper weiterzugeben. Nun handelt es sich beim Reiten aber meist nicht um einzelne Bewegungen, die erlernt werden müssen, sondern um mehrere gleichzeitig, die einander durchdringen, um komplexe Bewegungs*muster*. Zu den wichtigsten gehören die, die das Pferd selbst in den verschiedenen Gangarten anbietet, dann die Bewegungen, mit denen der Reiter zu reagieren hat, und schließlich die, mit denen er das Pferd lenkt. In der Geschwindigkeit, in der dies alles abläuft, ist es unmöglich, mit dem Kopf alle Einzelheiten auseinanderzusortieren oder diese gar auf ihren erwünschten oder unerwünschten Anteil am Gesamtablauf hin zu überprüfen. Jetzt gehört für einen „denkenden Menschen" eine Menge Geduld dazu, die unerwünschten (oft sehr alten) Muster in seinem eigenen Bewegungsablauf allmählich zu erkennen und „auszutricksen", um dann die neuen Anforderungen zu bewältigen. Das Ziel ist und bleibt „das richtige Reiten", aber wir müssen uns von vornherein dafür öffnen, daß dieser Prozeß seine Zeit braucht.

Und schon sind wir mit den Geheimnissen des Wachstums in Berührung. Wir brauchen Zeit und müssen uns die Zeit zugestehen, den Körper in die neuen Bewegungsmuster hineinwachsen zu lassen, in eine neue Haltung hineinzufinden. Ungeduld hat noch keinem geholfen, sie führt meistens nur zu stärkeren Spannungen. Wo jedoch der Körper verspannt ist, kann er nicht fühlen, wo die Seele verspannt ist, kann sie ebenfalls nicht fühlen, auf beiden Ebenen fehlt dann der lebendige und spielerische Umgang mit den Möglichkeiten.

So ist es in diesem Zusammenhang notwendig, *in Ruhe* die einzelnen Muster auseinanderzunehmen, ihre Bewegungsabläufe zu erfassen, sie in ihren Zusammenhängen zu analysieren und die unterschiedlichen Impulsen zu erkennen. Dieses Verständnis versetzt uns dann in die Lage, die komplexen, scheinbar unkontrollierbaren Bewegungsabläufe überhaupt zulassen zu können. Sobald sie uns vertraut geworden sind, erwächst uns eine Sicherheit, die die Basis für unsere weitere Arbeit bildet.

Insgesamt wurde das Reiten in seinen einzelnen Prozessen für mich im Laufe der Jahre zu einer immer vielschichtigeren und lohnenderen Auseinandersetzung. Während ich die Mitteilungen aus der Verhaltensforschung sowie die Veröffentlichungen über das seelische und soziale Wesen der Pferde überprüfte, erlebte ich gleichzeitig durch das Reitenlernen eine intensive Begegnung mit meinem eigenen Körper und konnte über das tägliche Training eine hervorragende körperliche Kondition entwickeln. Daß Pferde unsere innere Verfassung ablesen und widerspiegeln, führte mich in eine umfassende und konsequente Selbsterfahrung, die eine hilfreiche Auseinandersetzung mit meinem eigenen Wesen zur Folge hatte. So ist es nicht übertrieben zu sagen, daß ich eigentlich über den Kontakt zu meiner Stute mein Erwachsenenleben „erlernte", zum Beispiel, Beziehungen zu halten und Bindungen zu leben. Als sich mir einige Jahre später in Kalifornien in der therapeutischen Arbeit mit George Kohlrieser die Bedeutung einer „sicheren Basis" für die Entwicklung von Kompetenz, d. h. von absoluter Verhaltens- und Handlungssicherheit erschloß, erkannte ich hier wichtige Parallelen zur reiterlichen Ausbildung. Auch hier wird ja im Umgang mit dem Pferd ganzheitlich und unausgesprochen ein inneres Sich-Halten, eine innere Haltung mitgeübt. „Haltung" wurde dadurch – zunächst für mich, später auch in meiner therapeutischen Arbeit – zum umfassenden Begriff, der eben diese „sichere Basis" für alle weiteren Auseinandersetzungen zu schaffen vermochte.

Diese erarbeitete Haltung ist natürlich niemals als eine starre zu verstehen, sondern bedeutet vielmehr das ständige Wiederherstellen eines äußeren *und* inneren Gleichgewichtes. Nur so erweitert sich der Begriff der „Haltung" zum Gesamtausdruck für den seelisch-geistigen Zustand und damit zur Voraussetzung von Kompetenz, die dann generell in jedem Handeln als sicherer Umgang mit Grenzen und mit Verantwortung zum Ausdruck kommt.

Ich hatte es ja geahnt, bereits in den ersten Tagen meines „Pferdebesitzer-Daseins", daß in der gerade begonnenen Begegnung weite therapeutische Dimensionen verborgen lagen! Im Grunde war es ein innerlich vorgebahnter Weg, als ich entdeckte, daß sich in dem umfassenden Begriff der „Haltung" eine Heilungsmöglichkeit anbietet, die imstande ist, den Menschen nicht nur auf der körperlichen, sondern auch auf der seelischen Ebene in sein Gleichgewicht zu bringen. Damit eröffnete sich eine wirksame Behandlung aller Krankheitsvorgänge in ihren psychosomatischen Aspekten.

Über den Begriff der „Haltung" habe ich lange nachgedacht und dabei Entscheidendes gelernt: Wenn ich beim Reiten eine Haltung entwickele, die meinem Körperbau entspricht, die sich für mich gut anfühlt und die ich ständig neu aus dem Gleichgewicht heraus schaffe, eine Haltung, in der ich mich vertrauensvoll auf dem Rücken des Pferdes halte, ohne für das reine Festhalten noch Kraft oder Gedanken verwenden zu müssen, dann spüre ich, daß diese Haltung mit einer großen Sicherheit in meinem Inneren einhergeht. Diese Sicherheit ist die Basis für körperliche wie seelische Gesundheit. Und je tiefer wir uns auf die Reitkunst einlassen – dazu brauchen wir keine besondere Methode, das alles gibt die bestehende klassische Reitlehre bereits vor – desto mehr werden wir von diesen Zusammenhängen entdecken, manchmal bewußt, oft nur andeutungsweise und unbewußt. Aber es ist dann etwas Wesentliches mit uns geschehen, auch wenn vielleicht nur ein Gefühl übrigbleibt, „daß es einem nach dem Reiten immer so gut geht"!

Diese Ergebnisse, die zunächst meiner eigenen Erfahrung entstammten, kommen inzwischen auch meinen SchülerInnen und PatientInnen zugute: Sie erhalten das Angebot, sich den genannten Herausforderungen zu stellen und sich auf einer tiefen, grundlegenden Ebene zu verändern. Dabei sehen und erleben wir immer wieder von neuem, daß sich im Reiten jene „Haltung" entwickelt, in der sich die seelischen und körperlichen Vorgänge „von selbst" enger aufeinander abstimmen, so daß aus deren ganzheitlichem Zusammenspiel die sichere Basis entstehen kann, die Handlungsfähigkeit und Verhaltenssicherheit begründet. Diese Phase des Gleichgewichtfindens rückt grundsätzlich unsere Einseitigkeiten zurecht, da sich diese aus der Notwendigkeit, Balance zu schaffen, heraus in das Ganze integrieren *müssen*. Und: Wieder ausbalanciert und „ganz" zu sein, ist ein Erfolgserlebnis, das Mut macht, weitere Schritte zu tun und die erreichten Teilziele wieder genauso auszukosten. Eines Tages wird unser Mut dann vielleicht dazu imstande sein, uns auch zu den Tiefen und Schatten der eigenen Seele zu führen, um dort unter Umständen irgendeinen „wilden Drachen" zu zähmen (der möglicherweise schon ganz lange und sehnsuchtsvoll darauf wartet!).

Dieses Sich-Einlassen auf die tieferen Ebenen der Pferde- und Selbstbegegnung geschieht im Verlauf des Reitenlernens ganz natürlich und wie von selbst. Es bleibt uns trotz aller Entdecker- und Erlebensfreude oft unbewußt. Die ordnende und heilsame Wirkung vollzieht sich auch dann, wenn der Prozeß nicht durchschaut oder mit Worten begriffen wird. Vielleicht merken wir es aber daran, daß sich unser „Auftreten" ändert, unsere Mitmenschen anders auf uns reagieren, nicht mehr „so leicht an uns vorbeikommen". Manchmal kommen wir ihm auf die Spur, wenn wir unserer eigenen Sprache nachsinnen. Da *galoppieren* unsere Gedanken, machen *Kapriolen*, da *scheuen* wir uns oder halten unsere Zunge *im Zaum*. Wird uns der Prozeß aber bewußt, können wir in einen erfrischenden inneren Dialog mit uns selbst treten. Am Anfang stellen sich oft Botschaften in stimmigen Bildern, ähnlich denen im Märchen oder im Traum, ein. In dem Maße, in dem sie uns vertraut werden, wir in unserem Bewußtsein mit ihnen umzugehen lernen, finden wir allmählich die dazugehörigen Worte und Begriffe, die schließlich immer sicherer zur Verfügung stehen. Diese Bilder, wir bezeichnen sie als Imaginationen, schenken unserer Phantasie dann eine ungeahnte Fülle von Anregungen und verbinden uns mit den Verwandlungskräften unserer Seele. In diesem Zusammenspiel erschließen sich uns immer weitere, bisher verborgene Energiefelder unseres Lebens.

In der Sprache der Märchen heißt das übrigens, daß in bestimmten Situationen schwarze, weiße, rote, goldene oder silberne Pferde für die Reiter zur Verfügung stehen. Haben Sie eine Idee, was das wohl jeweils für Pferde sein könnten und was es für einen Menschen bedeutet, wenn er sie reitet, das weiße, das schwarze, das rote, das silbern schimmernde oder das goldene? Carl Gustav Jung nennt diese Pferde Archetypen. Sie bilden mit ihrem Reiter eine Einheit und haben dieselbe Farbe wie seine Rüstung – wodurch die enge Zusammengehörigkeit der beiden sinnfällig wird. Die meisten Menschen heute haben noch eine Ahnung von diesen Beziehungen, sonst könnten uns Bücher wie „Der Pferdeflüsterer" nicht so tief in unserer Sehnsucht berühren. Es sind sowohl die weiblichen als auch die männlichen Bereiche unserer Seele, die hier angesprochen werden; beide werden auf gesunde Weise gestärkt und zurechtgerückt.

Insgesamt gesehen ist Reitenlernen grundsätzlich ein mehrschichtiges Angebot. Immer wird parallel zu den Ausbildungsschritten am Pferd auch im persönlichen Bereich ein Neuerlernen und Neuergreifen von Leben und Lebensqualität angeregt und gefördert. So handelt es sich um einen unendlichen Prozeß. Das Schöne auf diesem Weg ist, daß uns jede einzelne Wegstrekke, und sei sie auch noch so klein, bereits zu einem wichtigen und befreienden Erlebnis führen kann. Schließlich entsteht durch immer mehr Wachheit und Aufmerksamkeit die bewußte Führung, und eines Tages lernen Reiter und Pferd, gewissermaßen als Höhepunkt einer langen gemeinsamen Arbeit, zu „tanzen": Sie finden zu jener zauberhaften Leichtigkeit, die auf Turnieren in den großen Lektionen so anmutig wirkt oder die auf einsamen Waldwegen jene Zu-Frieden-heit auslöst, in der der eine im anderen wirklich die Einheit erlebt. Hier kann sich das Pferd willig seinem Reiter unterordnen und auch der Reiter ein tiefes Gefühl von Erfüllung und Einklang mit sich und dem Tier finden. Dabei ist beiden klar, wem welcher Platz zusteht, ein Verhältnis, das weder die Vermenschlichung des Pferdes noch die Herabwürdigung des Reiters duldet.

Sich auf einen solchen Prozeß einzulassen, bedeutet Training in körperlicher, seelischer und geistiger Hinsicht. Ich habe es selbst erlebt: Wie oft war es draußen kalt, neblig und naß, wie oft habe ich gedacht, ich hätte keine Lust, mich bei diesem Wetter aufs Pferd zu setzen. Wie oft herrschte brütende Hitze, und wie oft fühlte ich mich einfach lustlos, manchmal sogar krank. Und wie oft saß ich dann endlich auf dem Pferd und vergaß all diese „Hindernisse" restlos. Wie oft aber ging auch alles schief, dann nämlich, wenn sich meine Lustlosigkeit auf das Tier übertrug und wir uns gegenseitig mit den negativen Gefühlen des anderen abplagten. Es gab Tage, an denen ich mich schlecht fühlte und mich infolgedessen selbst bemitleidete. Wenn ich dann zum Pferd kam, nahm es mich genauso wenig wichtig wie ich mich selbst: Ich wurde fast herausfordernd von ihm behandelt, die Rangordnung wurde ausgetestet, die Stute ging nicht voran, überhaupt schien nichts zu stimmen. An anderen Tagen dagegen, an denen ich mich trotz schwieriger Situation wohl mehr in Übereinstimmung mit mir selbst befand, war das Pferd im Umgang plötzlich äußerst behutsam. In langer Beobachtung habe ich herausgefunden, daß dieses Verhalten einer objektiven Logik folgt, die ich erst nach und nach zu akzeptieren lernte. Das Pferd verhielt sich wie ein unbestechlicher Spiegel, aus dem ich mit der Zeit die Veränderungen an mir selbst immer besser abzulesen verstand. Ich lernte auch, dem Pferd nichts abzuverlangen, was ich, aus welchen Gründen auch immer, im Augenblick selbst nicht darstellen konnte. Weiter lernte ich, daß es die Ziele für unsere gemeinsame Arbeit an der jeweiligen Tagesform auszurichten galt, das heißt, daß die Orientierung auf das „Hier und Jetzt" wichtig war. Und schließlich: Reiten ist immer eine gemeinsame Arbeit, bedeutet also, daß der Reiter seine Gefühle mit dem Tier abzustimmen hat, damit sich so etwas wie ein Arbeitsbündnis herstellen läßt. Gelingt dieses, gibt es kaum etwas Schöneres. Gelingt es nicht, schleichen sich Fremdheitsgefühle ein, verstärken sich möglicherweise noch, jedenfalls kommt es nicht zu der eben erwähnten Einheit von Reiter und Pferd.

Es ist bekannt, daß Pferde es einem sehr übelnehmen, wenn man sich nur halbherzig mit ihnen beschäftigt, zum Beispiel, wenn man sie „nebenbei" streichelt. Es kann sein, daß sie dann mehr oder weniger behutsam zuschnappen. Auch, wenn man sie einfach nur laufen läßt, statt mit ihnen zu arbeiten, ist es so, als ob das unsichtbare Band zwischen Mensch und Pferd nicht richtig hält. Die Pferde probieren in diesem Fall schnell alles Mögliche aus, um den Kontakt wieder interessanter zu machen. Manchmal erinnern sie dann an kleine Kinder. Diese tun ebenfalls mit überraschender Sicherheit genau das, wodurch die Erwachsenen sich ihnen auf der Stelle wieder zuwenden müssen. Entweder bringen sie uns zum Lachen oder sie ärgern uns. In gleicher Weise finden auch die Pferde genau das Verhalten heraus, das uns zwingt, uns augenblicklich wieder auf sie zu konzentrieren.

Ehe wir uns versehen, ist in unserer vielfältigen Arbeit mit dem Pferd eine echte Bindung entstanden. Damals, als ich anfing zu reiten und dann so schnell zu einer eigenen Stute kam, hatte ich zunächst nur einen Sport gesucht, einen Ausgleich zu meiner beruflichen Tätigkeit. Auch ging es mir darum, über den Sport Kontakte zu knüpfen und andere Menschen kennenzulernen. Für das Reiten entschied ich mich, weil es mich an die Träume und Wünsche meiner Kindheit erinnerte. Als ich dann meiner Stute begegnete, war das die Erfüllung dieser Wünsche, wobei mir klar war, daß ich von nun an auch Verantwortung zu übernehmen hatte und fortan meinen Sport ausüben *mußte,* regelmäßig und jeden Tag! Aber ich dachte zu dem Zeitpunkt noch, ich könnte das Pferd, wenn sich diese Regelmäßigkeit als zu einengend herausstellen sollte, ja auch wieder verkaufen. Doch dieser Gedanke wurde ganz schnell beiseite gefegt, denn im Nu hatte die Stute mein Herz erobert. Aus der täglichen Herausforderung war eine echte Bindung entstanden.

An diese Stelle gehört eine Erläuterung zum Thema „Bindung", das heißt, zum Verhältnis zwischen Mensch und Tier. Im allgemeinen ist dieses Verhältnis eher unklar. Einerseits gelten Tiere juristisch als „Sache". Kühe, Schweine, Hühner – und eben auch Pferde – dürfen industriell gehalten und kommerziell genutzt werden. „Soll" man, „darf" man dann Tiere lieben? – Sie sind doch eine Sache! Andererseits werden Haustiere wie Familienmitglieder behandelt, für sie gibt es Krankenversicherung, Diät und manchmal sogar mehr Liebe und Zuwendung als für die menschlichen Hausgenossen. Im letzteren Fall spüren wir, daß Grenzen überschritten werden, und wir erleben, daß hier ein Konfliktpotential aus einer zu nahen Bindung entsteht. Doch es gibt nicht nur diese beiden Alternativen, sondern zwischen ihnen, oder besser noch *über ihnen* eine dritte Möglichkeit: eine Bindung, die bei Bewahrung des jeweiligen Eigenseins und Abgegrenztseins auf gegenseitiger Achtung, ja mitunter sogar Verantwortung beruht und die – wie in einer guten zwischenmenschlichen Beziehung – sowohl vom Pferd als auch vom

Reiter als die Basis eigener Wachstumsprozesse empfunden wird und tiefe Ebenen des Erlebens berührt.

Für mich war damals die Bindung zu meiner Stute im Handumdrehen sehr tief geworden, lange bevor ich mir selbst darüber im klaren war. Als sie schwer erkrankte, sorgte ich mich eine Woche um sie und hatte jedes Mal, wenn ich den Stall verließ, Angst vor dem, was sich in meiner Abwesenheit ereignen könnte. Die Nächte verbrachte ich im Stall – ich konnte gar nichts anderes tun als einfach nur da zu sein. So saß ich Stunde um Stunde beim Pferd in der Box, die Lichter waren gelöscht, und wir dösten beide vor uns hin. Manchmal sprach ich leise mit ihr, strich ihr über die Ohren. Diese Nächte gehören zu unseren engsten Erfahrungen. Damals entstand eine Bindung, die auf beiden Seiten tragfähig war.

Als bei mir selbst dann eine schwere Krankheit auftrat und mich in tiefste persönliche Auseinandersetzungen führte, richtete sich meine Aufmerksamkeit zwangsläufig auf das Zusammenwirken körperlicher und seelischer Vorgänge, vor allem darauf, inwiefern sich diese krankheitsbestimmend oder gesundheitserhaltend auswirkten. Auch diese Vorgänge ließen sich in ihrer unmittelbaren Auswirkung auf mein Pferd wie in einem Spiegel ablesen. Daraus entstand weitere Bindung, weitere Herausforderung und weitere Verpflichtung. Unvergeßlich ist mir folgendes Erlebnis: Ich hatte in einem Selbsterfahrungsseminar intensiv psychotherapeutisch für mich gearbeitet, stand noch ganz unter dem Eindruck der sich in meiner Wahrnehmung verändernden Wirklichkeiten und fuhr nur noch einmal schnell zum Pferd, weil ich es an diesem Tag noch nicht gesehen hatte. Normalerweise gestalteten sich unsere Begrüßungsrituale lautlos, bestanden aus Gesten, weichen Berührungen von Händen und Nüstern, selten auch einmal verbunden mit einem Prusten, ähnlich einem „hier bin ich!". An diesem Tag aber – und das geschah später nie wieder – begrüßte Furie mich mit jenem halblauten, mehr geschnaubten Wiehern, mit dem die Mutterstute ihr Fohlen ruft. Da hatte sie die Veränderung an mir offenbar schon von weitem wahrgenommen.

Aus der Arbeit mit dem Pferd ergaben sich für mich immer mehr wichtige Hinweise zum Lernen, zum Üben und vor allem zum Gesund-Werden. Später brauchte ich Krankengymnastik, eine Therapieform, die ich als Ärztin unendlich zu schätzen gelernt hatte und auch meinen Patienten häufig verordnete, welche ich darüber aufklärte, wie wichtig es sei, die jeweiligen Übungen auch selbständig und regelmäßig durchzuführen. Was ich damals allerdings nicht wußte, war die Tatsache, wie schwer es ist, die Disziplin für dieses vorgeschriebene Üben auch wirklich alleine aufzubringen. Aber auch diesmal half mir meine Stute, denn es war etwas ganz anderes, mit ihr zu üben und darauf hinzuarbeiten, wieder auf ihr reiten zu können!

Als mir dann viel später klar wurde, daß diese Motivation aus einer wirklichen Bindung erwachsen war, und ich mir darüber hinaus in therapeutischer Selbsterfahrung die Erlaubnis erarbeitete, diese Bindung auch zu bejahen, konnte ich sie von da an bewußt leben und fortan frei über diese Brücke gehen. Damit war ein wichtiger Grundstein für meine Beziehungsfähigkeit überhaupt gelegt, und all diese Erfahrungen wirkten sich dann in vieler Hinsicht auf mein gesamtes Verhalten aus. Natürlich hatten diese Erkenntnisse und Veränderungen nicht nur diesen einen Ursprung. Sie wurden gleichzeitig von den Erfahrungen begleitet, die ich aus meiner Ausbildung als Reiterin, als Reitlehrerin, als Ärztin in der psychosomatischen Medizin und Psychotherapie und nicht zuletzt auch als Patientin gewann. Immer wieder aber war ich fasziniert davon, wie sich hier die verschiedenen Prozesse begegneten, austauschten, wie sie miteinander eine Wechselwirkung eingingen und zur Gesundung beitrugen.

Allmählich begann ich, meine Erfahrungen an andere weiterzugeben, insbesondere auch an Reitschüler. Da ich aber nie vom Reitunterricht leben mußte, konnte ich es mir leisten, den Schwerpunkt meiner Arbeit meinem eigenen Zugang entsprechend zu bestimmen und mein Hauptinteresse auf die menschlichen Entwicklungs- und Gesundungsmöglichkeiten zu richten. So arbeitete ich überwiegend mit Erwachsenen und Jugendlichen, die durch Stürze oder andere negative Erfahrungen Angst vor Pferden oder vor dem Reiten bekommen hatten, beziehungsweise eine gezielte Behandlung für ihre weitere Entwicklung brauchten. Wenn ich Psychotherapie-Patienten aufs Pferd setzte, dann konnte ihre bisherige Therapie noch so sehr „gehakt" haben, jetzt kam sie wieder in Fluß, und Lösungen boten sich auf neue und völlig unerwartete Weise an.

Es wird immer wieder deutlich, daß in dem Augenblick, in dem wir auf ein Pferd steigen, ein Wechsel unseres Bezugssystems erfolgt, sich Wirklichkeiten anders anfühlen, sich unser gesamter Blickwinkel verändert. Für erfahrene Reiter liegt darin nichts Besonderes mehr. Aber für den Lernenden verändert sich die Welt, wenn seine Augen plötzlich von etwa eineinhalb Meter „über Normalhöhe" auf sie herabblicken. Allein diese Tatsache bewirkt ein verändertes Wahrnehmen und bahnt die Bereitschaft an, sich Neuem ganz neu zuzuwenden. Im Laufe der Zeit konnte ich, vor allem aus der Beobachtung der therapeutischen Prozesse, hier unzählige Erfahrungen sammeln und weiß immer genauer, wie tiefgreifend es sich auswirkt, wenn Menschen sich auf Pferde und auf eine wirkliche Bindung mit ihnen einlassen.

Bei längerer Beobachtung kommen wir auch zu der Erkenntnis, daß Pferde an unseren Entwicklungs- und Entfaltungsprozessen nicht uninteressiert sind. Sie erweisen sich im Gegenteil als äußerst sensibel und „dankbar" dafür, tragen diese doch erheblich dazu bei, den Spannungsberg abzutragen, den die Tiere bei uns wahrnehmen. Pferde sind also nicht nur liebevolle Begleiter, nicht nur unerbittliche Lehrmeister und unbestechliche Spiegel, sondern auch noch willige Untergebene, die uns eine schier unendliche Geduld entgegenbringen. Wie lange bin ich auf dem Rücken meiner Stute herumgerutscht, ihr ins Kreuz gefallen, weil ich die Sache mit dem Gleichgewicht noch nicht heraus hatte, und wie lange ist sie dennoch mit mir Runde um Runde gelaufen und hat mir immer neue Chancen gegeben! Mir kam es so vor, als spürte sie mein Bemühen und sah mir die Fehler nach, denn in anderer Hinsicht konnte sie durchaus sehr ungeduldig oder sogar unduldsam sein.

Der Umgang mit dem Pferd ist, wenn wir es zulassen, persönlichkeitsbildend, das Reiten selbst eine Schulung, die – richtig verstanden – Entfaltung für unser gesamtes Dasein bedeutet, und zwar in körperlicher, seelischer und geistiger Hinsicht. Nach dieser Erkenntnis kommt der üblicherweise instrumentalisierte Umgang mit dem Pferd als Sportgerät, als Therapiepferd, als Rückenschulungshilfsmittel oder gar als Partner- und Familienersatz nicht mehr in Frage. Reiten setzt eine „tragfähige" Beziehung voraus, die das Pferd in seinem Pferd-Sein respektiert. In dieser Beziehung hat jeder seinen Part zu lernen – wie beim Tanzen die Tänzer. Sie stolpern, sobald einer der beiden seine Schritte nicht kennt oder nicht beherrscht. Sind sie jedoch miteinander im Einklang, gewinnt das Paar durch die Präsenz der einzelnen seine unwiderstehliche Ausstrahlung.

Doch so unendlich die Möglichkeiten, so groß auch unsere Vorbilder sein mögen, es sind die einzelnen Schritte, die uns weiterbringen, uns unsere Ziele erreichen lassen. Und es sind wir Menschen, die die Brücke bauen: Von der Wahrnehmung hin zur Bewegung, von den Gefühlen und Imaginationen hin zur Tat, von den Wünschen und Träumen hin zu einer veränderten Wirklichkeit. Ich habe Ihnen in diesem Buch von vielen persönlichen Erlebnissen und Erfahrungen erzählt. Jeder von uns kann dieses Erfahrungslernen für sich ausprobieren und seinen ganz eigenen Weg damit finden. Ich wünsche Ihnen auf diesem Weg viel Freude und Glück – wie weit auch immer Sie ihn gehen mögen!

Mein Dank

Wenn ich noch einmal auf die „sichere Basis" zurückkomme: Auch ein Buch braucht eine solche, eine Mitte, aus der heraus es gefunden wird, viele Vor-Geschichten, die mitgeteilt werden wollen, viele Begegnungen, die es reifen lassen.

Die sichere Basis dieses Buches bilden im Wesentlichen die Erfahrungen mit „Furie", meiner Hannoveraner Stute (die eigentlich „Galathea" heißt). Auf ihr habe ich meine ersten Reitübungen absolviert, sie hat mich viele Stunden auf ihrem Rücken geduldet, hat mich als Reiterin zur Pferdefrau erzogen – hat mich getragen und ertragen. Ihr gilt mein besonderer Dank.

Ich danke ebenso den menschlichen Lehrerinnen und Lehrern: denen, die mir beibrachten, was sie über das Reiten, die Reitkunst und den Umgang mit Pferden wußten, ebenso wie denen, die mich in der ärztlichen Kunst und in der Psychotherapie anleiteten, mich zu eigenen Forschungen und Beobachtungen anregten, Ergebnisse mit mir diskutierten und daraus neue Fragen anregten.

Die sichere Basis dieses Buches erhält ihre Stabilität und Tragfähigkeit aus der Arbeit mit inzwischen vielen SchülerInnen, KlientInnen und PatientInnen, die im Unterricht, im therapeutischen Rahmen und in Seminaren viele persönliche Fragen einbrachten, immer wieder neue Antworten herausforderten und so der Theorie immer wieder neuen Schwung gaben. Ihnen allen danke ich für die vielfältigen Anregungen. Besonders danke ich denen, die mir gestatteten, aus unserer gemeinsamen Arbeit hier zu zitieren oder zu berichten.

Und ich danke den FreundInnen, die mich unterstützt und ermutigt haben und die Entstehung dieses Buches mit ihrer Teilnahme, mit ihren Einwänden und ihrer Neugier begleitet haben. Ich danke Christel und Klaus Oehlmann, meinen Eltern, für ihre Unterstützung mit Rat und Tat. Und ich danke meinem Mann Ralf, der geduldig die Entstehung des Buches begleitet und mich während des Schreibens entlastet hat.

Literaturverzeichnis

ASPER, KATHRIN: *Verlassenheit und Selbstentfremdung. Neue Zugänge zum therapeutischen Verständnis.* 3. Aufl. 1993, Deutscher Taschenbuch-Verlag, München

BANDLER, RICHARD: *Veränderung des subjektiven Erlebens. Fortgeschrittene Methoden des NLP.* 1987, Junfermann, Paderborn

BERCKHAN, BARBARA: *Die etwas gelassenere Art, sich durchzusetzen.* 7. Aufl. 1996, Kösel, München

BESSER-SIGMUND, CORA: *Magic Words. Der minutenschnelle Abbau von Blockaden.* 1995, Econ, Düsseldorf

BINDING, RUDOLF G.: *Reitvorschrift für eine Geliebte.* 1962, C. Bertelsmann Verlag, Gütersloh

BLENDINGER, WILHELM: *Psychologie und Verhaltensweisen des Pferdes.* 5. Auflage, 1988, Verlag Paul Parey, Berlin, Hamburg

BOWLBY, JOHN: *A Secure Base: parent-child attachment and healthy human development.* 1988, Routledge, London

BOWLBY, JOHN: *The Making and Breaking of Affectional Bonds.* 6. Aufl. 1994, Routledge, London

BOWLBY, JOHN: *Verlust; Trauer und Depression.* 1991, Fischer Taschenbuch, Frankfurt/Main

BRANDL, ALBERT: *Perfekter Reiten: Dressur, Springen, Military.* 2. Auflage, 1981, BLV Verlagsgesellschaft, München – Wien – Zürich

BÜRGER, UDO: *Vollendete Reitkunst.* 5. Auflage, 1982, Verlag Paul Parey, Berlin, Hamburg

DA SILVA, KIM / RYDL, DO-RI: *Energie durch Bewegung.* 1995, Droemersche Verlagsanstalt, München

DAHLBOM-HALL, BARBRO: *Ich bin der Boss: Machtstrategien für Frauen.* 1997, Scherz, Bern – München – Wien

DEUTSCHE REITERLICHE VEREINIGUNG: *Deutsche Reitlehre. Grundausbildung für Reiter und Pferd.* 1. neu bearb. u. neu gest. Aufl. der Richtlinien f. Reiten u. Fahren, Bd. 1, FN-Verlag, Warendorf

DEUTSCHE REITERLICHE VEREINIGUNG: *Richtlinien für Reiten und Fahren, Band 1. Grundausbildung für Reiter und Pferd.* 26. Auflage, 1994, FN-Verlag, Warendorf

DIETZE, SUSANNE VON: *Balance in der Bewegung.* 1993, FN-Verlag, Warendorf

DILTS, ROBERT B.: *Identität, Glaubenssysteme und Gesundheit.* 1991, Junfermann, Paderborn

ENGLISH, FANITA: *Transaktionsanalyse: Gefühle und Ersatzgefühle in Beziehungen.* 1994, Iskopress, Salzhausen

ERICKSON, MILTON H.: *Die Lehrgeschichten.* Herausgegeben und kommentiert von Sydney Rosen. 2. Auflage, 1990, Iskopress Hamburg

ERICKSON, MILTON H.: *Gesammelte Schriften, Band 1 – 6.* Hrsg. Ernest E. Rossi, Hrsg. der dt. Ausg. Bernhard Trenkle; Gunthard Weber. 1995 -1998, Carl-Auer-Systeme, Heidelberg

ERSKINE, RICHARD G./ MOURSUND, JANET P.: *Kontakt – Ich-Zustände – Lebensplan: Integrative Psychotherapie in Action.* 1991, Junfermann, Paderborn

FROMM, ERICH: *Anatomie der menschlichen Destruktivität.* 1977, Rowohlt, Hamburg

GEHRMANN, WILFRIED: *Doppellonge: eine klassische Ausbildungstechnik; Grundtechnik, Einsatzmöglichkeiten, Leistungsverbesserung.* 1998, FN-Verlag, Warendorf

GERWECK, GERHART: *Die Psyche des Pferdes: sein Wesen, seine Sinne, sein Verhalten.* 1997, Franckh-Kosmos Verlag, Stuttgart

GOLD, MANFRED: *Der Pferdewirt. Reiten – Zucht und Haltung – Rennreiten – Trabrennfahren.* 5. Auflage, 1998, BLV Verlagsgesellschaft, München – Wien – Zürich

GROF, STANISLAF: *Das Abenteuer der Selbstentdeckung.* 1994, Rowohlt, Hamburg

GUÉRINIÈRE, FRANÇOIS ROBICHON DE LA: *Reitkunst oder gründliche Anweisung.* Marburg 1817. 4. Reprint 1999, Olms Presse, Hildesheim

HELLINGER, BERT/ TEN HÖVEL, GABRIELE: *Anerkennen, was ist.* 3. Aufl. 1996, Kösel, Kempten

HELLINGER, BERT: *Ordnungen der Liebe: ein Kursbuch*. 1994, Carl-Auer-Systeme, Heidelberg

HÖFNER, ELEONORE: *Die Kunst der Ehezerrüttung*. 1993, Rowohlt, Hamburg

KAST, VERENA: *Familienkonflikte im Märchen. Eine psychologische Deutung*. 3. Aufl. 1986, Walter-Verlag, Olten

KAST, VERENA: *Wege aus Angst und Symbiose. Märchen psychologisch gedeutet*. 6. Aufl. 1993, Deutscher Taschenbuch-Verlag, München

KAST-ZAHN, ANNETTE: *Jedes Kind kann Regeln lernen*. 2. Aufl. 1997, Oberstebrink, Ratingen

KIEMANN, HEINZ: *Neue Reitschule: Klassische Grundausbildung bis zur Turnierreife*. 1985, BLV Verlagsgesellschaft, München – Wien – Zürich

LAY, RUPERT: *Manipulation durch die Sprache*. 5. Aufl. 1981, Ullstein, Frankfurt/Main – Berlin

LEONARD, GEORGE: *Der längere Atem. Die fünf Prinzipien für langfristigen Erfolg im Leben*. 1991, Scherz-Verlag, Bern – München – Wien

MÁDAY, STEFAN VON: *Psychologie des Pferdes und der Dressur*. Berlin 1912, 3. Reprint 1996, Olms Presse, Hildesheim

MOLCHO, SAMY: *Körpersprache*. 1983, Mosaik-Verlag, München

MOLCHO, SAMY: *Partnerschaft und Körpersprache*. 1990, Mosaik-Verlag, München

MORRIS, DESMOND: *Horsewatching. Die Körpersprache des Pferdes*. 1997, Wilhelm Heyne Verlag, München

MÜSELER, WILHELM: *Reitlehre*. 41. Auflage, 1973, Verlag Paul Parey, Berlin – Hamburg

PESESCHKIAN, NOSSRAT: *Angst und Depression im Alltag*. 1998, Fischer, Frankfurt/Main

PESESCHKIAN, NOSSRAT: *Der Kaufmann und der Papagei*. 21. Aufl. 1997, Fischer, Frankfurt/Main

PESESCHKIAN, NOSSRAT: *Positive Psychotherapie*. 1985, Fischer, Frankfurt/Main

POURTAVAF, ARIANE / MEYER, HERBERT: *Die Brücke zwischen Mensch und Pferd.* 1998, FN-Verlag, Warendorf

PROCKL, ERIKA: *Wenn Erwachsene in den Sattel wollen.* 1998, Cadmos-Verlag, Lüneburg

REES, LUCY: *Das Wesen des Pferdes. Persönlichkeit – Entwicklung – Verhalten.* 1986, Müller Rüschlikon – Zürich

RICHTER, HORST, E.: *Zur Psychologie des Friedens.* 1982, Rowohlt, Hamburg

RIEDEL, INGRID: *Die weise Frau in uralt-neuen Erfahrungen.* 1989, Walter-Verlag, Olten

RIEMANN, FRITZ: *Grundformen der Angst.* 1990, E. Reinhardt, München – Basel

ROBERTS, MONTY: *Der mit den Pferden spricht.* 1996, Gustav Lübbe Verlag, Bergisch Gladbach

ROSSI, ERNEST L.: *20 Minuten Pause: Wie Sie seelischen und körperlichen Zusammenbruch verhindern können.* 1993, Junfermann, Paderborn

SATIR, VIRGINIA: *Kommunikation – Selbstwert – Kongruenz.* 1996, Junfermann, Paderborn

SATIR, VIRGINIA: *Meine vielen Gesichter: wer bin ich wirklich?* 1988, Kösel, München

SCHAEF, ANNE WILSON: *Die Flucht vor der Nähe.* 3. Aufl. 1993, Deutscher Taschenbuch Verlag, München

SCHÄFER, MICHAEL: *Die Sprache des Pferdes. Lebensweise – Verhalten – Ausdrucksformen.* Neuausgabe 1993, Franckh-Kosmos Verlag, Stuttgart

SCHELLENBAUM, PETER: *Das Nein in der Liebe.* 4. Aufl. 1987 Deutscher Taschenbuch-Verlag, München

SCHUSDZIARRA, HEINRICH / SCHUSDZIARRA, VOLKER: *Reitergespräche. Der Weg zum unabhängigen Sitz.* 2. Auflage, 1989, Verlag Paul Parey, Berlin – Hamburg

SCHUSDZIARRA, HEINRICH / SCHUSDZIARRA, VOLKER: *Gymnasium des Reiters.* 1978, Paul Parey, Berlin – Hamburg

STEINBRECHT, GUSTAV: *Gymnasium des Pferdes.* 16. Auflage, 1995, Verlag Dr. Rudolf Georgi, Aachen

STEINDL-RAST, DAVID: *Gratefulness, The Heart of Prayer*. 1984, Paulist Press, Ramsey, New Jersey

STORL, WERNER: *Dressur von A nach L*. 1996, Müller Rüschlikon Verlag, Cham

STRAITON, EDWARD C.: *Pferdekrankheiten erkennen und behandeln*. 6. Auflage, 1985, BLV Verlagsgesellschaft, München – Wien – Zürich

SWIFT, SALLY: *Reiten aus der Körpermitte*. 6. Auflage, 1997, Müller Rüschlikon Verlag, Cham

TELLINGTON-JONES, LINDA / TAYLOR, SYBIL: *Der neue Weg im Umgang mit Tieren. Die Tellington Touch Methode*. 1993, Franckh-Kosmos Verlag, Stuttgart

TELLINGTON-JONES, LINDA / PABEL, ANDREA UND HILMAR: *Die Linda Tellington-Jones Reitschule. Mehr Spaß und Erfolg mit TTEAM und Touch*. 1996, Franckh-Kosmos Verlag, Stuttgart

VAVRA, ROBERT: *Über die wahre Natur der Pferde*. 1979 –1998 Benedikt Taschen Verlag, Köln

WANLESS, MARY: *Die Wanless-Methode. Fühlen statt Denken – Reiten in Harmonie*. 1998, Müller Rüschlikon Verlag, Cham

WANLESS, MARY: *Reiten in Vollendung. Das Praxisbuch zur Wanless-Methode*. 1999, Müller Rüschlikon Verlag, Cham

WATZLAWICK, PAUL / WEAKLAND, JOHN H. (Hrsg.): *Interaktion. Menschliche Probleme und Familientherapie*. 1990, Piper, München

WATZLAWICK, PAUL: *Münchhausens Zopf – oder: Psychotherapie und „Wirklichkeit"*. 1988, Huber, Bern; Stuttgart; Toronto

WIPPICH, JÜRGEN / DERRA-WIPPICH, INGRID: *Lachen lernen*. 1996, Junfermann, Paderborn

WIPPICH, JÜRGEN: *Denk nicht an blau*. 1995, Junfermann, Paderborn

ZIEGNER, K. A. VON: *Elemente der Ausbildung. Leitfaden für den Bereiter junger Pferde*. 1998, Cadmos-Verlag, Lüneburg

Bildnachweis

Abbildungen der Seiten	*Mit freundlicher Genehmigung von*
Frontispiz, S. 61	H. Reinhard
S. 107	T. Miček
S. 105, 113	Inga Fickert
Titelbild, S. 45, 47, 48, 51, Skizze S. 69, S. 99, 125, 149, 193, 221	Dr. Ina G. Sommermeier
Rückseite	Fotostudio Eduard Raab, Hamburg